はじめての人間社会学

第2版

現代社会とSDGs

千葉商科大学　人間社会学部 —編

Humanities and Social Sciences

中央経済社

はじめに

1　現代社会を見る・考えるために

「私たちが生きる現代社会は，どのような社会なのだろうか」，「人間社会はいかにあるべきなのだろうか」。

こうした問いから始まったテキストを私たちは2020年に『はじめての人間社会学』（以下，前著）として出版した。

その後，数年の間に，新型コロナの世界的な拡大，ロシアによるウクライナ侵攻など世界史的な出来事が続いている。

そして，前著で指摘した，「地球規模の課題」，たとえば，貧困や格差，地球温暖化，異常気象や自然災害の頻発なども，「日本の課題」，たとえば，人口減少，少子化，地方の衰退なども，改善されることなく存在し続けている。

一方で，SDGsへの取り組みは世界中で進められてきている。大きな課題を一挙に解決できる方法はない。しかし，少しずつでも取り組み，課題を解決していく他に選択肢もない。SDGs（Sustainable Development Goals：持続可能な開発目標）は，現在の経済・社会・ビジネス・生活が持続不可能だという認識に基づいているが，それほど，現代社会の課題は大きく，多岐にわたっている。だからこそ，持続可能な経済・社会・ビジネス・生活のあり方を目指す必要があるのだ。

なぜ，現在の経済や生活などは持続不可能なのか。そもそも，現在の経済や生活などの実態と課題とはどのようなものなのか。こうした「現代社会の実態と課題」を学び，考え，どうしたら，持続可能な経済や生活などになるのか，「課題の解決の方向性」を学び，考えることが重要だ。そのためには，多様なテーマを，多様な視点で見つめ，考えることが求められるだろう。そして，本書はこうした学び（人間社会学）に貢献できるように執筆された。以下，簡単に本書に関して，紹介しておきたい。

2　本書のコンセプトと現代社会のトレンド

本書『はじめての人間社会学＜第2版＞——現代社会とSDGs』は，私たち千葉商科大学人間社会学部の専任教員による2冊目の著書である。

人間社会学部は，「"人"にやさしい"社会"を仕事・ビジネスでつくる」ために，2014年に新設された。人間社会学部では，「人にやさしい社会」を理解し，考えるために社会学・社会福祉学などを，「仕事・ビジネス」を理解し，考えるために経済学・経営学などを幅広く，融合的に学んでいる。こうした学びが，序章で学ぶように，複雑に関連しあっている現代社会の実態と課題の理解に，そして，社会の課題の解決につながっていくだろう。

さらに私たちのこうした思いは，SDGs，CSR，CSV，ソーシャルビジネスなどを重視し始めた今日の社会のトレンドと合致している。

3　前著（初版）と本書（第2版）について

本書（第2版）と2020年の前著（初版）との関係にも，言及しておきたい。前著では執筆していなかった新しい執筆者が本書では2名加わった。さらに，前著の執筆者の多くは，本書で新たに書き下ろしている。そのため，前著と同じ章・内容も一部にあるが，本書は新しい著書と言っていいほど，大幅に変わっている。そして，そのことは，この間の社会の変化や私たち執筆者の学びの成果を反映している。

4　本書を学ぶみなさんへ

本書は，前著同様に，「現代社会の実態と課題とは？」，「解決のための方向性や取り組みは？」といった簡単に答えを出すことができない問いに対する私たち自身の自問自答を反映している。

また，本書は，大学に入学したばかりの1年生向けに，さまざまなテーマについて，さまざまな角度から考察している。そのため，学術的な厳密性よりも，分かりやすく，興味を持って読めることを優先した記述をしている。

なお，各章の内容は，執筆者個人の見解であり，学部の公式な見解ではない。

本書は，私たち自身の自問自答を反映しているが，読者のみなさん自身にも，自問自答を繰り返してほしい。

5　最後に

　第2版の出版に際しては，初版同様に中央経済社の代表取締役社長の山本継さま，学術書編集部副編集長の酒井隆さまはじめ多くの方々にご尽力いただいたこと，心より感謝したい。

　SDGsの最後の17番目の目標「パートナーシップで目標を達成しよう」のように，多くの方々の協力を得て刊行される本書が，多くの方々と一緒に「"人"にやさしい"社会"」を考え，実現していく機会になれば幸いである。

2023年3月

執筆者を代表して

朝比奈　剛

目　次

第Ⅲ部　自然・人にやさしい 経済・ビジネス

第12章　サステナビリティ実現に貢献する　　　　ソーシャルビジネス　175

第13章　非営利法人と会計　191

現代の人間社会とSDGs

1 | 現代社会とSDGs

　現代の社会，私たちの生活は確かに「豊か」である。200年前の江戸時代には自動車も，飛行機も，電子レンジも，インターネットなどもなかった。今日と比べれば，当時の海外との交流・貿易は非常に限られたものであったし，当時の科学，医療などの水準も非常に低かった。

　こうした江戸時代までの生活・経済・社会を一変させ，今日の「豊かさ」をもたらしたのは，19世紀後半の明治以降の近代化，資本主義における経済成長だった。

　世界の歴史では，18世紀後半にイギリスではじまった産業革命以降，機械化，化石燃料の利用などが進んだ。そして，資本主義の発展とともに，人類は飛躍的に，技術を高め，大量生産・消費・廃棄や化石燃料の利用を拡大させ，豊かさを享受してきた。

　こうした歴史もあり，経済成長は良いことだと肯定され，目的化していった。確かに，社会全体を考えなくても，自分のことだけを考えても，「自分の給与が上がるためには，会社の業績が良い必要があり，会社が利益を上げるためには，国全体の経済成長が必要だ」と思いがちだ。

　しかし，近年，SDGs[1]という言葉をよく見聞きする。"SDGs"「持続可能な開発目標」は，2015年に国連サミットで採択され，2030年までの実現を目指して，世界で取り組まれている目標である。

　現在の世界の課題を解決し，「誰一人取り残さない」ために，「1　貧困をなくそう」から，「2　飢餓をゼロに」，「3　すべての人に健康と福祉を」，「4　質の高い教育をみんなに」へ，そして「13　気候変動に具体的な対策を」，「14　海の豊かさを守ろう」，「15　陸の豊かさも守ろう」，「16　平和と公正をすべての人に」，「17　パートナーシップで目標を達成しよう」まで，下記のように17

1 貧困を なくそう	2 飢餓をゼロに	3 すべての人に 健康と福祉を	4 質の高い教育を みんなに	5 ジェンダー平等 を実現しよう	6 安全な水と トイレを 世界中に
7 エネルギーを みんなに そして クリーンに	8 働きがいも 経済成長も	9 産業と技術革新 の基盤を つくろう	10 人や国の不平等 をなくそう	11 住み続けられる まちづくりを	12 つくる責任 つかう責任
13 気候変動に 具体的な対策を	14 海の豊かさを 守ろう	15 陸の豊かさも 守ろう	16 平和と公正を すべての人に	17 パートナー シップで目標を 達成しよう	

出所：国際連合広報センター（n.d.）

の目標が設定されている。

　この "SDGs", "Sustainable Development Goals"[2] が意図していることを理解することが重要だ。「未来・Goals（目標）がSustainable（持続可能な）Development（開発・発展）」ということは、「現在のDevelopment（開発・発展）は持続不可能」ということだ。

　では、なぜ、今の私たちの生活・社会・経済は持続不可能なのだろうか。以下、**図表0−1**および図表0−2の3段のピラミッド[3]で考えてみたい。このピラミッドは、広井良典氏の『ポスト資本主義』やストックホルム・レジリエンス・センターのロックストローム氏らなどの図・議論にヒントを得ているが、自然、社会、経済の関係のあり方については、長い間、多くの人々によって検討されてきた（第10章）。

　このピラミッドの一番下、基盤は自然である。私たち人間だけでなく、植物、動物は、地球や自然に守られ、多くの恵みを享受しながら、自然の中で相互に依存し合って生存している。そうした地球・自然を基盤に、人類は、人と人が支え合う社会を成立させ、その支え合いに基づいて経済発展や豊かさを実現させることができる。しかし、人間は、そうしたピラミッドを次のように2つのルートで壊し始めている。

　第一のルートで，人間は自らの生存の基盤である地球・自然を破壊し始めている（第1章）。森林の伐採や化石燃料などの浪費は多様な生物の生存のための基盤を脅かすだけでなく，地球の温暖化による異常気象といった被害ももたらしている。さらに，こうした地球や自然に過度な負担をかける生活を一部の先進国が行っているという人間社会の不平等を考えることも重要だ。以下では，エコロジカル・フットプリントを通して，考えてみよう。WWFジャパン「あなたの街の暮らしは地球何個分？」によれば，エコロジカル・フットプリントとは，人が食物を得るために必要な耕作地，牧草地，海などの面積，人が排出する二酸化炭素を吸収するために必要な森林の面積など，人が生きていくために必要な面積である（WWFジャパン，2019）。そして，世界のすべての人がアメリカ人と同じ生活をするためには地球が5個，日本人と同じ生活をするためには地球が2.8個必要だ（同）。アメリカ人も，日本人も，地球1個分を超える生活を，つまり1つしかない地球では持続できない生活をしている。しかし，現実は，地球の上で，アメリカ人も，日本人もそんな生活をしている。どうしてだろうか？　その背景には，例えば，インドの地球0.7個分の生活のように地球1個分未満の生活をしている人が多いという実態がある。したがって，現代社会には，地球5個分の生活と地球0.7個分の生活という不平等の実態と，先進国の豊かすぎる生活が地球に過大な負荷をかけ，地球や自然を壊しながら生活しているという実態がある。このような現状のイメージは，**図表0－1**の左側の矢印「地球・自然を犠牲にして過剰な豊かさを享受する一部の人々や国々」だろう。

　第二のルートで，人間は，支え合う社会を持続不可能な局面に近づけ，壊し始めている。国際的なNGOであるオックスファム（Oxfam）が2022年の5月23日に公表した"Profiting from pain"は，そのタイトル通り，多くの人々の苦痛から，一部の人たちが過剰な豊かさを得ていることを明らかにしている（Oxfam, 2022）。それによれば，コロナ禍以前よりも格差は不平等になっている。オックスファムは，様々なデータで，貧困や格差の実態を明らかにしている。ここでは，「最も豊かな10人は，人類の最も貧しい40％の資産よりも多くの資産を持っている」（Oxfam, 2022, p.4）実態を考えたい。世界の人口を約78億人とすると，その40％は約31億人である。その31億人の資産をわずか10名

3

の資産が上回る実態がある。所得や資産の平等／不平等は，どのような水準なら平等で，どのような水準を超えたら不平等なのか，一定の基準があるわけはなく，判断は難しい。しかし，多くの人々がコロナ禍で感染や不景気などにより，死亡・健康悪化や貧困などの苦しみに直面する一方で，所得・資産を大きく伸ばした人たちもいる。富裕層が本人の能力や努力によって富を得たことも事実だが，なぜ，ごく一部の人に能力や努力や成果，その結果としての所得や資産が集中するのか？　なぜ，人類の40%，約31億人の人々は，十分に能力を発揮する機会が無かったのか？　なぜ，SDGsの最初の目標が，「1　貧困をなくそう」なのか？　SDGsはその後，「2　飢餓をゼロに」，「3　すべての人に健康と福祉を」，「4　質の高い教育をみんなに」，「10　人や国の不平等をなくそう」と続くが，なぜ，このような目標があるのだろうか？　この「なぜ？」を問うことが大学での学びでは重要だ。31億人の資産を上回る資産を持つ10名の富裕層の存在。貧困に苦しみ，食べる物もなく，医療を受けられず，学校で学ぶこともできない多くの人の存在。1つしかない地球の上で，同じ時代を生きているのだから，こうした実態は不平等と言わざるを得ない。このような大きな不平等を放置することは，人々が支え合う社会から，人々が分断され，対立する社会へ変化するリスクを大きくしてしまう。このような現代社会は持続可能な社会ではない。このような現状のイメージは，**図表０－１**の右側の矢印「社会を犠牲にして過剰な豊かさを享受する一部の人々や国々」だろう。

　さて，日本に住む私たちは，地球に住む31億人の資産を超える資産を持つ10人の富裕層ではないが，地球2.8個分の生活をする人間である。日本の豊かさは，一人当たりのGDPでも，乳幼児死亡率や平均寿命でも，中等・高等教育の就学率でも確認できるので，各種のデータの国際比較をしてみて欲しい[4]。私たちは，豊かさを享受するだけでなく，この持続不可能な生活・社会・経済をどうするのか？　という課題解決に取り組む責任もあることをこのテキストを通じて考えて欲しい。

　こうした社会の実態や課題をどのように見て，考えればよいのだろうか？大学では何を学ぶのだろうか？　次の節では，大学で学ぶ社会科学について考えてみよう。

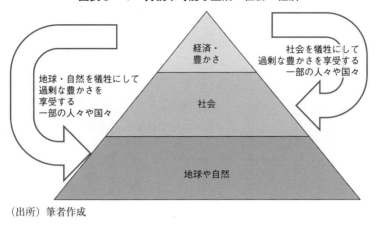

図表０－１　持続不可能な生活・社会・経済

経済・豊かさ

社会

地球や自然

地球・自然を犠牲にして
過剰な豊かさを
享受する
一部の人々や国々

社会を犠牲にして
過剰な豊かさを享受する
一部の人々や国々

（出所）筆者作成

2 | 社会科学の「見取り図」

　1節で述べたように，我々の社会は解決すべき「問題」「課題」で満ちている。社会科学は，社会の「仕組み」を解き明かすことで，その時々の社会の課題解決に寄与すること——たとえ全面的な解決でないとしても——を目的として発展してきた。一口に「社会科学」と言っても様々なものがあるが，ここでは特に経済学と社会学，経営学に関して，環境問題という課題に対してどのようにアプローチするか，その違いについてみてみよう。1節では，地球的規模の問題を中心に述べたので，ここではもう少し身近な環境問題——工場が汚染を排出した結果，近隣住民に被害が出た——を事例として取り上げる。

　第1章で詳しく述べるように，ほとんどの環境問題は，人間の活動，とりわけ経済活動の結果として生じる。環境問題が発生した場合，汚染を除去する，発生させない技術や環境を修復する技術の開発，健康被害の治療を行う医学といった「自然科学」が不可欠であることは，言うまでもない。しかし同時に，社会の課題として，「なぜ，企業は環境問題を発生するような経済活動を行ったのか＝なぜ，汚染対策を行わなかったのか」，被害が拡大したとしたら「なぜ，被害の拡大を防ぐことができなかったのか」ということも問われなければ

ならない。企業が対策を行わない最も大きな理由としては，汚染を除去するための設備を設置するには費用がかかるので，利益を大きくしたい企業には，法律等によって何らかの対策の実施を強制されない限り，汚染除去設備の設置等の公害対策を積極的に行うことは期待できない，ということがあげられるだろう。このように，環境破壊の原因として，企業あるいは消費者の経済活動に原因を求め，その理由を分析するのが経済学的アプローチである。費用をかけて環境対策を行った場合に予想される経済的な影響——利益や雇用にどのような影響があるか——を分析することも経済学の「仕事」である。

　しかし，環境問題は経済的な要因のみによって発生するわけではない。人々の間，あるいは個人と組織の「関係性」も環境問題の（間接的な）原因となり得る。例えば，工場が操業する際，その近くに地域の「有力者」が住んでいる場合と，社会的・経済的に弱い立場の人が多数住んでいる場合とでは，企業の対応は，事前の予防的対策においても，あるいは被害が発生した場合の事後的な対応においても，異なる可能性が高いことは，容易に想像できるだろう。それどころか，社会的・経済的立場が弱い人に被害が集中した場合，被害者が救済されないだけでなく，むしろ批判されることもあり得る[5]。社会的な構造，あるいは人々の間の関係性が問題発生，あるいは問題発生後の対応にどのような影響を与えているか，といったことを分析するのが社会学的アプローチの特徴の1つである。また，環境問題の発生が社会に対してどのような影響を与えたのか，地域内での分断が強まったか，反対運動が発生したとしたら，どのような経緯で運動が行われるように至ったか，といった分析も社会学は行う。

　経営学は，環境破壊の被害が発生しているにもかかわらず，企業が対策を行わないという意思決定を行ったのであれば，何故そのような意思決定を行ったのか，必要な情報が企業上層部に伝えられていたのか，あるいは合理的な意思決定ができない組織上の問題点があったのか，といったことを明らかにする。表面的には，愚かな経営者が誤った判断を下したことが原因と捉えられる場合もあるかもしれない。もし「経営者が愚かであった」ということが事実であったしても，何故愚かな経営者が排除されずに経営者の座に留まることができたのか，何故愚かな判断を組織として修正できなかったのか，といったことも経営学による検討対象となる。

　上記の学問ごとのアプローチの違いは，どのような「視点」から分析するかの違いである。分析の違いは「視点」だけでなく，「手法」の違いもある。どのような学問的なアプローチであっても，数値データをもとに議論する「定量的」アプローチと，文献やインタビュー等に基づく「質的」アプローチがあり得る。

　ここにあげたことは，あくまでも一例にすぎないし，これらの学問が重なり合い，明確に区別できない部分もある。さらに政治学等，他の社会科学もそれぞれの分野で独自の分析を行い得る。いずれにせよ，現実に発生している問題の解決には，問題ごとにどのアプローチを重視するのが適切かという違いはあるとしても，様々なアプローチが必要であるということが理解できるだろう。

　なお，社会の問題を考える際に注意すべきことを述べる。社会を構成する最小の単位は，言うまでもなく「個人」であるから，社会問題の解決は，最終的には個々人の意思に依存している。しかし，すべてを個々人の責任に帰して，「各々ができることをする」で終わらせてしまったら，問題の解決につながるのだろうか。例えば，ある企業が海外に工場を立地したが，環境対策を行わないことが原因で環境破壊を引き起こしている（がその国では法律違反でない）場合，消費者の多くが，その企業の製品を購入しなくなれば，その企業はいずれは環境対策を行うかもしれない。しかし，その効果が現れるにはある程度の時間がかかるだろうし，日々の生活に苦しんでいる貧困層は，製品価格が安ければ，その企業に問題があると知っていても購入する人が多いだろう。したがって，個人が（消費者として）できることを行う「だけ」では，問題解決につながらないか，最終的につながるとしても非常に時間がかかる可能性が高い。この場合，「個人できること」を単に消費者としての購入行動だけでなく，問題が発生している原因が「社会の仕組み」にあるとしたら，その仕組みを変えるために「も」できることを行う，ということが重要だろう。そして冒頭で述べたように，社会の仕組みを理解し，何をすべきかを考える際には，「社会科学」が役に立つ。

3 | SDGsに至る道

　既に1960年代には，先進工業国が経済成長によって物質的な豊かさを達成した負の側面として環境破壊等が露わになった一方，多くの発展途上国は貧困から抜け出せないという状況にあった。そのような状況の中で，1972年，スウェーデンのストックホルムで「国連人間環境会議」が開催された[6]。この会議では，先進工業国が，環境破壊を防ぐために途上国に対して開発を抑制することを求めた。しかし途上国側は，「貧困こそが環境問題」であるとし，成長の抑制には反対した。世界的な環境保全の枠組みを構築することはできなかったのである。

　1973年に発生した第1次石油ショック（原油価格の急騰）が世界的な不況をもたらすと，先進工業国でも再び経済成長を重視する動きが強まり，発展途上国では依然として開発・経済成長優先が続いた。その結果，環境問題は局地的なものにとどまらず，文字通り地球的規模にまで拡大したことが徐々に認識されるようになっていった。典型的なものが，酸性雨，オゾン層破壊，そして地球温暖化（気候変動）である。このような背景がある中で，1987年，「環境と開発に関する世界委員会」[7]が「持続可能な開発（発展）」というビジョンを表明した。「持続可能な開発とは，自身のニーズを満たすための将来の世代の能力を傷つけることなく，現在の世代のニーズを満たす開発」を意味する（World Commission on Environment and Development, 1987）。第10章で詳細に述べるが，持続可能な開発においては，経済面・環境面・社会面の相互依存性を考慮することの重要性が指摘された。それ以降，徐々にではあるが，この認識は広がっていく。

　1980年代後半になると，世界各地で環境問題が深刻であることが顕在化し，それへの対応が国際政治上の大きな課題であると認識されるようになった。1992年にブラジルのリオデジャネイロで開催された「環境と開発に関する国連会議」には，国連加盟国の大多数の国からの参加があり，また多くの大統領・首相クラスが参加したことから，「地球サミット」と称されている。これは，まさに環境問題が重要な課題となったことを象徴していると言えよう。「地球

サミット」は，持続可能な開発の課題への取り組みを加速させた。

　21世紀に入った2001年，途上国の貧困削減を主たる目標として，2015年まで
に貧困削減やジェンダー平等，環境保全など8つの目標からなる「ミレニアム
開発目標」が国連において策定された[8]。この段階で，既に経済・環境・社会
の相互依存性を踏まえた目標が設定されている。このミレニアム開発目標のい
くつかの数値目標，例えば貧困人口の半減は，進捗度が問われる2015年を待た
ずして達成された（春日他，2017, p.162）。しかし，地域的には格差がみられ，
またそもそもミレニアム開発目標の主たる目的は，途上国の貧困削減と差別を
なくすといったことが中心であり，環境に関しては「持続可能性確保」という
目標は掲げられてはいたが，どのように重視すべきかという視点は，ほとんど
示されなかった。ミレニアム開発目標で達成できなかった目標，及び重視され
なかった分野を網羅して，新たに策定されたのが，上述したSDGsである。

　ここで述べた，「持続可能な開発」から「ミレニアム開発目標」，そして
SDGsへの流れは，最終的には様々なレベルでの「政治的な決断」の結果であ
る。しかし，その決定に至る背後には，多くの多様な科学，自然科学は言うま
でも無く，様々な社会科学・人文科学の知見の積み重ねがあったことを軽視す
べきではない。

4 ┃ 人間社会学と本書の構成

　これまで，現代社会の課題，SDGs，社会科学など，基本的なことを概観し
てきた。大事なことは，経済学，社会学，経営学，政治学など，様々な学問を
学び，「社会の仕組み」を理解して，その仕組みを変えることで社会の課題を
解決することだ。

　「はじめに」で言及したが，本学の人間社会学部は「人にやさしい社会を仕
事・ビジネスでつくる」ことを大切にしている。そのため，「人にやさしい社
会」を理解し，考えるために社会学・社会福祉学などを，「仕事・ビジネス」
を理解し，考えるために経済学・経営学などを幅広く，融合的に学んでいる。
こうした人間社会学の初学者向けのテキストである本書では，**図表０－２**のよ
うに，「人・社会にやさしい経済やビジネス」と「地球・自然にやさしい経済

やビジネス」で，持続可能な社会・経済・生活を目指していくことを考えていきたい。

　そのため，本書は，3部構成となっている。第Ⅰ部「自然と人間社会」では，3段のピラミッドの基盤である地球・自然と人間社会の関係について考える。第Ⅱ部「人間社会の支え合い」では，人と人が支え合う社会について考える。そして，第Ⅲ部「自然・人にやさしい経済・ビジネス」では，地球・自然・社会・人に配慮した経済のあり方やソーシャル・ビジネスなどについて考える。各章の執筆者の意見などを参考に，ぜひ，自分で考え，自分の意見を持って欲しい。

図表0－2　持続可能な生活・社会・経済への転換のために

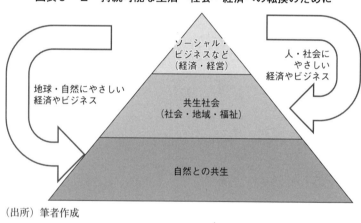

（出所）筆者作成

　そして，本書の理解を深め，学びを深めるために，各章の冒頭に「本章の目的」，「Key Word」，「関連するSDGs」を，最後に「課題」を配置してあるので，自習の際に活用して欲しい。

　これまで学んできたように，今日の私たちの生活・社会・経済は，このまま持続することができない，持続不可能なものだ。だからこそ，Sustainable（持続可能な）な社会・経済を発展（Development）させようというGoals（目標）を掲げているSDGsに，今，世界中で取り組んでいる。これから学ぶ，地球・自然・社会・人に配慮した経済・社会のあり方やソーシャル・ビジネスなどで，

SDGsや「人にやさしい社会」を実現できるのか？　本書を通じて，考えて欲しい。私たち執筆者・教員にも，答えは分からない。だからこそ，一緒に学び，考えていこう。

【注】

1　SDGsについては外務省（n.d.）や南・稲葉（2020）を参照せよ。
2　development＝開発というと，土地の上に何かを作るイメージを抱く人も多いだろう。しかし，Sustainable Development（SD）を議論したThe World Commission on Environment and Development（1987）は，この報告書では「developmentという用語は最も広い意味で利用されている。この言葉は，第三世界の経済的変化や社会的変化のプロセス（processes of economic and social change）に言及するために利用されることが多い」（p40）と，developmentのニュアンスを説明している。そのため，本来であれば，SDもSDGsも社会の「変化」をイメージしやすいように，「持続可能な発展」と訳したほうが適切だと思うが，すでに訳語として定着してしまっているので，本章でも「開発」と記す。第10章も参照せよ。
3　このピラミッドは，広井（2015）の図3・1（p77）に基づく考察やスウェーデンのストックホルム・レジリエンス・センターのロックストローム氏らのウエディングケーキモデル（Stockholm Resilience Center, n.d.）などをヒントにしている。このピラミッドの図は，「頂点の経済が一番重要だ」という図ではなく，「自然に支えられ，社会に支えられて，経済の発展がある」ことを示す図であることを理解することが重要だ。
4　毎年出版される『世界国勢図会』（矢野恒太記念会）などが役に立つ。
5　その典型的な事例が，第1章で紹介する水俣病の被害者である。
6　「ストックホルム会議」前後の記述については，植田（1991）を参考にしている。
7　委員長であった元ノルウェー首相の名前をとって「ブルントラント委員会」と称されることも多い。
8　ミレニアム（millennium）とは，西暦を1000年ごとに区切った「1000年紀」を意味している。ミレニアム開発目標に関しては，井口他（2017），蟹江（2017）を参考にしている。

【参考文献】

井口正彦・宮澤郁穂・蟹江憲史（2017）「ミレニアム開発目標における経験と反省－何が出来て何が出来なかったのか」（蟹江編（2017），22-41）
植田和弘（1991）「持続的発展と国際環境政策－課題と展望」（植田他（1991），233-249）
植田和弘・落合仁司・北畠佳房・寺西俊一（1991）『環境経済学』有斐閣
外務省（n.d.）「JAPAN SDGs Action Platform」（https://www.mofa.go.jp/mofaj/gaiko/oda/sdgs/about/index.html　2022年11月23日閲覧）
春日秀文・馬奈木俊介（2017）「環境と経済発展－21世紀型発展へ向けて」（蟹江編（2017），162-175）
蟹江憲史（2017）「21世紀のグローバル・ガバナンス戦略」（蟹江編（2017），178-195）
蟹江憲史編著（2017）『持続可能な開発目標とは何か-2030年に向けた変革のアジェンダ』ミネルヴァ書房
国際連合広報センター（n.d.）SDGsのポスター・ロゴ・アイコンおよびガイドライン（https://www.unic.or.jp/activities/economic_social_development/sustainable_development/2030agenda/sdgs_logo/　2023年1月8日閲覧）

広井良典（2015）『ポスト資本主義』岩波書店

南博・稲葉雅紀（2020）『SDGs』岩波書店

Oxfam（2022）"Profiting from pain"（https://www.oxfam.org/en/research/profiting-pain 2022年10月20日閲覧）

Stockholm Resilience Centre（n.d.）"Contributions to Agenda 2030"（https://www.stockholmresilience.org/research/research-news/2017-02-28-contributions-to-agenda-2030.html　2022年11月23日閲覧）

The World Commission on Environment and Development（1987）"Our Common Future" Oxford University Press

WWFジャパン（2019）「あなたの街の暮らしは地球何個分？」（https://www.wwf.or.jp/activities/activity/4033.html　2022年11月23日閲覧）

自然と
人間社会

■ 第**1**章 ■

環境と経済・社会
——環境を重視する社会に移行するためには何が必要か

> **本章の目的**
>
> 　本章では，環境破壊に結びつく経済活動が行われる理由を明らかにした上で，何故政府や社会が環境破壊を容認するのか，このような状況を変えるにはどのような条件が必要かを論じる。
>
> **Key Word**
>
> 地球温暖化，化石燃料，二酸化炭素，水俣病，費用，民主主義
>
> **関連するSDGs**
>
> | **7** エネルギーをみんなに そしてクリーンに | **8** 働きがいも経済成長も | **10** 人や国の不平等をなくそう | **12** つくる責任つかう責任 | **13** 気候変動に具体的な対策を |
> | --- | --- | --- | --- | --- |

1 | はじめに

　序章で述べたように，自然環境は我々の社会・経済活動の基盤であり，それなくして人間は生きていくことができないし，汚染の排出等は人間の健康・生命に直接影響を及ぼす。しかしSDGsに代表されるように，これだけ環境保全の重要性が至るところで主張されるようになったのにもかかわらず，環境破壊はなかなか止まらない。環境破壊が続くということは，自らの日常生活・産業活動の基盤を破壊し続けていることになるのだが，それは何故だろうか？

　環境問題には，身近なごみ問題から工場からの汚染物質排出による大気汚染や水質汚濁，乱開発による生態系の破壊，更には地球温暖化問題など，様々な

ものがあるが，ほとんどの環境破壊は，人間が生きていくため，あるいは豊かさを求めて行った経済活動の結果として発生している。ということは，環境破壊を防ぐためには，経済活動が環境破壊に結びついてしまう原因を明らかにする必要がある。原因を明らかにすることによってはじめて，適切な対策をとることが可能になる。

　以下の節では，まず何故環境を破壊するような経済活動が行われるのか，その原因を明らかにする。その上で，それでは何故政府が，更には社会がそれを許容しているのか，その状況を是正するには何が必要か，ということを日本の水俣病を取り上げながら検討し，民主主義的諸条件の重要性について論じる。そして最後のまとめとして，環境問題において「一人一人の意識の重要性」について論じる際に考慮すべき方向性について私見を述べる。

2 | 経済活動と環境破壊

2.1　何故環境を破壊するような経済活動が行われるのか

　一口に経済活動と言っても様々なものがあるが，ここでは企業がモノを生産し，消費者がそれを消費するという状況について考えてみよう。

　製品の生産は，原材料やエネルギー，工場等の設備，そして労働力を組み合わせて行われる。企業は通常，利益を大きくしたいと考えているので，費用はできるかぎり節約しようとする。赤字が続けば，企業は存続することができない。原材料費や人件費など，企業活動にとって不可欠な費用でも削減しようとするが，特に「企業にとって不要」な費用はそうである。「企業にとって不要」な費用とは，「社会にとって必要」だとしても，何らかの理由により企業が負担しなくても済んでしまうような費用である。製品を生産する際に汚染が発生するような場合でも，法律によって汚染の排出が規制されるようなことがない限り，あるいは汚染によって何らかの被害を受けた人から損害賠償を訴えられたりしない限り（そしてそれが認められる可能性が高くない限り），汚染を除去することでかかる費用は「余分な費用」になり，企業はわざわざ汚染の排出を少なくしようとはしない。この場合の「余分な費用」とは，具体的には汚染

を除去する設備を設置する，良質の原材料やエネルギーを利用する，といったことである[1]。

　もし，一部の「良識ある」企業のみが「余分な費用」をかけて汚染除去設備を設置するといった環境対策を行う一方，それ以外の企業は前と同じ行動をとったら，どうなるだろうか。「余分な費用」＝汚染除去設備設置費用が大きく，以前と同じ製品価格のままでは，かかった費用を回収できないような場合には，その企業は製品価格を上げざるを得ない。しかし，「余分な費用」をかけず汚染除去設備を設置しない多くの企業は，製品価格を上げる必要はない。言うまでもなく，ほとんどの消費者は品質が同じであれば，価格が安い製品を選ぶ。つまり，「良識がある企業」が環境対策を行って製品価格が高くなると，環境対策を行わない企業の製品価格が安いままなので，競争に負けてしまう可能性が高い。このことをほとんどの企業は理解しているので，通常は法律による規制等がなければ，わざわざ費用をかけて環境対策を行おうとはせず，結果として環境破壊を発生させてしまうことになる。

　上記を前提とすれば，汚染の排出を規制する法律等がなければ，環境破壊を防ぐことは困難なので，政府（国・地方自治体）が法律等によって，汚染の排出を規制するなど，環境に悪影響を与える活動に対して，政策によって対応することが必要となる。

2.2　現実の環境問題の事例——地球温暖化問題

　今日，多くの人が憂慮する環境問題の1つとして，地球温暖化問題があげられる。ここでは，何故地球温暖化が進んでしまったのかをみてみよう[2]。

　地球温暖化は，「温室効果ガス」といわれる物質が大量に大気中に排出され，その大気中濃度が上昇することによって発生する。「ビニールハウス」（温室）では，寒い冬でも本来は暖かい季節の作物を栽培することができるが，これはビニールが太陽によって温められた空気を外に逃がさないために，温室内の温度を高く保つことができるからである。温室効果ガスは，地球上でまさに温室の「ビニール」の役割を果たして地球上の熱をため込み，地球を暖めてしまう[3]。温室効果ガスには様々なものがあるが，最も考慮すべきものは二酸化炭素（CO_2）である。CO_2は生物が呼吸をしても，ものを燃やしても発生するが，

特に化石燃料を燃焼するときに大量に発生する。化石燃料とは，石油，石炭，天然ガス等で，今日の我々の文明的な生活を支えている燃料（エネルギー）と言っても過言ではない。例えば，電気は我々の生活になくてはならないものだが，**図表1－1**が示すように，今日の日本では電力の約8割は化石燃料の燃焼（＝火力発電）によって作られている。我々が電気を使わない日はないが，その80％は現状ではCO_2を排出しなければ得られない，という状況にある[4]。

図表1－1　日本における2019年度の発電電力量の構成

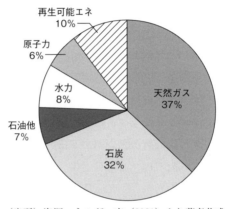

（出所）資源エネルギー庁（2021）より著者作成

また，人の移動や物流のかなりの部分は，ガソリンや軽油を燃焼することで可能になる自動車輸送に依存している。例えば，コンビニエンスストアがあるおかげで，我々は24時間いつでも色々なものを購入でき非常に便利であるが，それは軽油を燃焼させて走るトラックで商品を頻繁に配送＝CO_2を排出しているから可能なのである。他にも，化石燃料は様々な工場等で動力源として使われている。

このように，CO_2はほとんど全ての経済活動に伴って発生し，言わば経済活動のバロメーターとなっている。化石燃料は電力や自動車に代表される，20世紀以降の人類の文明・豊かさを支えてきたエネルギーであり，特定の活動を禁止したり抑制したりすればCO_2排出を防げるというわけではない。実は，温室効果をもつ物質はCO_2だけではなく，同じ排出量あたりの温室効果という

点では，むしろCO_2よりも強力なものもいくつか存在する。しかし，その使用の広がり，経済活動への密着度等を考えると，CO_2の排出抑制＝化石燃料の使用抑制は，他の温室効果ガスと比較して格段に困難である。地球温暖化問題が注目されるのは，被害が文字通り地球の規模というだけではなく，化石燃料の使用抑制が極めて困難であるという事実にもよっている。

　それでは何故，化石燃料の使用が20世紀の文明を支える役割を果たすまでに広がったのだろうか。端的に言えば，化石燃料が提供する「便利さ」に比較して，その価格が相対的に「安い（安かった）」ので，企業，消費者とも化石燃料の使用が合理的だったからである。化石燃料の生産者・供給者は，化石燃料の採掘・輸送等にかかる費用を上回る価格で売らない限り，利益を出すことはできないということを考えれば，化石燃料価格が安いのは，それが使用可能になるまでにかかる費用が安いからである。しかし，その「費用の安さ」は，あくまでも「当事者」にとってのものである。化石燃料を燃焼することによってCO_2が排出され，将来的に地球温暖化が進み，様々な被害が発生すれば，本来はその被害は費用として加算され，化石燃料を燃焼したもの，あるいはそれによって便益を受けたものが負担すべきである。例えば，CO_2排出が原因となって進行した温暖化によって，一部地域の穀物の収穫量が大幅に減少し，農業者が経済的に損害を受けたとしたら，本来であればCO_2の排出者は農業者の損害を賠償しなければならない。その場合，化石燃料の価格は賠償費用を反映し高くなる。しかし現実には，個々のCO_2排出量と温暖化の進行，更にそれが穀物の収穫減を引き起こしているかを明らかにすることは実質的に不可能である。この原因と被害の関係が見えにくいということによって，当事者が費用として計上せずに済んでいる。化石燃料の安さは，見えにくいという理由で，化石燃料を燃焼した時に発生する費用を当事者が負担せずに済んでいるがゆえの安さである。逆に，例えば環境への悪影響が相対的に少ない太陽光発電や風力発電等の再生可能エネルギーがなかなか普及しないのは，発電費用が高い（高かった）からである[5]。

　さて，地球温暖化というくらいであるから，世界的規模の問題である。現在世界中でCO_2はどれくらい排出されているのだろうか。2019年の全世界のCO_2排出量は約335億4500万トン，1990年の排出量が約204億6000万トンであ

るから，30年近くの間に約1.6倍に増加した（日本エネルギー経済研究所，2022，p.235）。**図表１－２**は，排出量上位６カ国のCO_2排出状況を示したものである。化石燃料の燃料＝CO_2の排出は経済活動のバロメーターと先に述べたが，実際，排出量の多い国は，経済規模の大きい国である。いわゆる先進工業国の排出量は，ほとんど変わっていない，もしくはわずかに減少している一方，中国，インドの増加が著しい。

図表１－２　エネルギー起源CO_2排出量の推移

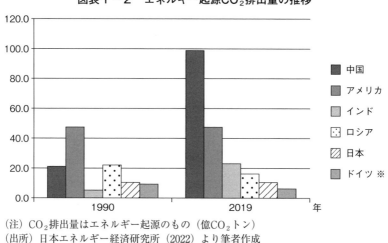

（注）CO_2排出量はエネルギー起源のもの（億CO_2トン）
（出所）日本エネルギー経済研究所（2022）より筆者作成

　2019年の日本の排出量は，全世界の排出量の3.7％を占めている。中国などと比較して，これを少ないと考えて，日本は積極的な温暖化対策を行う必要はないと考える人もいるかもしれない。しかし，日本は，ヨーロッパやアメリカ等の先進工業国と同様，これまでの経済成長の過程で，大量のCO_2を排出しながら今日の豊かさを実現した。既に温暖化は進んでいると考えられるが，それは過去に排出されたCO_2等の温室効果ガスが原因であり，昨日排出されたCO_2によって今日温暖化が進むわけではない。2019年の国民１人当りの排出量で比較すれば，アメリカ14.5トン，日本8.4トン，中国7.1トンと，（いずれ逆転するだろうが）まだ中国よりも先進工業国の方が排出量は多い（日本エネルギー経済研究所，2022，p.248）。地球温暖化を防止するには，中国などの途上国

がCO₂をはじめとした温室効果ガスの排出削減を行う必要があるのは間違いない。しかし，先進国が排出削減努力を行わない場合，「途上国もかつての先進国と同程度の国民1人当りの排出を行う権利がある」と主張したら，それに異を唱えるのは難しい。倫理的な意味でも，途上国に効果的な排出削減を促す意味でも，先進工業国はより一層の温暖化対策が求められる。

　それでは具体的な地球温暖化防止，特にCO₂排出を抑制するためには，何が必要だろうか。2015年に「気候変動枠組み条約」（注2参照）の第21回締約国会議で「パリ協定」が採択され，産業革命期からの平均気温の上昇を2℃未満，可能な限り1.5℃未満に抑える，そのために21世紀後半に温室効果ガスの排出量を実質ゼロにすることを目指すという目標が合意された（外務省, n.d.）。これは地球温暖化防止という目標にとって大きな一歩であるが，実際に目標を達成するには，単に国連で合意してもそれだけでは実効性はなく，その合意事項に基づいて各国で具体的な政策を導入する必要がある。

　CO₂の抑制は，ほとんど化石燃料利用の抑制を意味するので，直接的に必要な主な対策は，省エネルギーと化石燃料から再生可能エネルギー等への転換である。省エネルギーは，なるべく自家用車を使わない，電気のスイッチを小まめに消すといった比較的小さな努力でできることから，エネルギー効率の良い設備への変更まで，様々なものがある。小さな努力でできるような省エネは，エネルギー関連費用節約にもなるので，その必要性を呼びかけるくらいでも，ある程度は進むかもしれない。しかし，設備の変更など，多額の費用がかかる対策は，たとえ長期的にはエネルギー関連費用の節約になったとしても，呼びかけ程度ではほとんど進まない。現時点では費用が高い場合が多い再生可能エネルギーへの転換は，尚更困難で，何らかの政策手段の導入が不可欠だろう。

　既に述べているように，化石燃料が今日の主たるエネルギー源になったのは，化石燃料が当事者にとって安い（安かった）からである。そうであるならば，化石燃料利用を抑制するには，化石燃料の価格を高くすれば良いことになる。具体的な政策手段で言えば，化石燃料に税金を課す，既に課されている場合は課税額を高くする，といったことが考えられる。もし，ガソリンの価格が高くなれば，短期的には自家用車を利用する頻度を減らそうとする，更に長期的には，買い換え時に燃費の良い車（ガソリン1リットル当りの走行距離が長い

車）を選ぶ人が増えることが期待できる。

　化石燃料の価格が安いということは，再生可能エネルギーの側から見れば費用が高いということなので，政府が再生可能エネルギー，例えば太陽光パネルの設置に対して助成を行い，一時的に費用を押し下げる＝販売価格を下げることで普及を促す，という手段もあり得る。製品は通常，大量生産すると単価が下がる（量産効果）。助成を行う税源には限りが有るので，長期に渡って助成措置を行うことは困難だが，太陽光パネル等を多くの人が購入することで量産効果が働き，中長期的に価格を下がることで，助成がなくても普及可能な状態になることが期待される。

3 ｜ 社会は環境破壊を何故，容認するのか？

3.1　政府は何故規制しないのか

　2節で述べたように，汚染の排出等により環境が破壊される，それによって被害の発生が予想される場合には，政府が法律等によって汚染の排出を制限する，あるいは環境に悪影響を与える行為が「高くつく」ようにすることが必要である。しかし，話はそう簡単ではない。依然として世界中で環境破壊が発生しているという事実は，政府が環境破壊につながる活動を適切に規制することが，いかに困難であるかということを示している。生産活動が行われていない段階で，その生産活動が環境に対して与える影響を予想できなかったということなら，適切な規制を行えなかったとしてもやむを得ない，という面があるかもしれない。しかし，実際に被害者が発生しても，そして原因と被害の関係が比較的明らかな場合でも，政府がすぐに規制を行う，被害者を救済するとは限らない。その典型的な事例の1つとして，日本の高度成長期に起きた代表的な公害である水俣病をあげることができる。

3.2　水俣病の事例[6]

　新日本窒素肥料株式会社（現チッソ）は，第2次世界大戦後の復興期から高度成長期にかけて，日本の化学工業における代表的企業の1つであった。熊本

県水俣工場では，ビニール等の原料となるアセトアルデヒドという物質を生産していたが，その生産プロセスで発生した大量の有機水銀を不知火海に無処理のまま排出していた。それが水俣湾の魚介類に濃縮して蓄積され，汚染された魚介類を食べた人々の多くが，手足のしびれや運動失調といった重篤な健康被害を被った。2015年4月末の段階で，行政によって認定された熊本県の水俣病患者は1785人（申請者数21373人）である（衆議院調査局環境調査室，2015，p.19）。

　被害者の存在がはじめて正式な記録として残されたのは，1956年5月のことである。当初は原因不明の「奇病」とされ，地元の熊本大学医学部の研究班を中心に原因究明の努力が続けられたが，症状を引き起こす原因物質の特定には時間がかかった。大量の汚水の発生源となるような施設が，不知火海沿岸にはチッソ水俣工場しかなかったので，水俣病の原因はチッソの排水ではないかということは，かなり早い時期から疑われており，被害者はチッソに賠償を求めて抗議活動を行った。しかし，水俣市はチッソの影響力が非常に強い「企業城下町」で，例えば1960年の水俣市における市の税収入の50％以上がチッソからであった（橋本，2000，p.17）。また，市民の多くがチッソの従業員相手に仕事を行っていた。こうした状況下では，水俣市においてチッソを批判することは困難で，むしろチッソの責任を問い抗議を行った被害者の方が非難された。実は，チッソは1959年には自らの実験により，水俣病の原因が自社の排水であることを認識していたが，そのことを隠し，被害者からの賠償金の要求を拒絶していたのである。国が水俣病の原因をチッソの排水であることを認めた1968年まで，長期に渡って有機水銀を含んだ排水を流し続けることになる。この間，チッソ水俣工場に対して，国は実質的な排水規制を行わなかった。その後，被害者たちはチッソに被害の賠償を求めて裁判に訴え，ようやく1973年に勝訴し，チッソの責任が認められた。行政によって水俣病と認定された被害者には，チッソから賠償金が支払われることとなったのである[7]。

　何故，政府は環境破壊を結果として容認するような態度をとったのだろうか。当時の日本政府は，経済成長を進めることで物質的に豊かになることを何よりも重視していた。チッソに対して排水規制等を行えば，それが他の工場・産業にも波及せざるを得ず，経済成長に悪影響を与えると考え，それにつながる被

害者救済にも消極的であった。外国との貿易の存在を考慮すれば，もし日本が他国と比較して汚染の排出等に関する規制を強化することで生産費用が増加し，国内産の製品価格が上がらざるを得なくなれば，日本の消費者は国産品ではなく外国からの輸入品を選択することが増えるだろう。また，生産費用増により輸出品の価格も上昇するので，国際的な競争に勝てず，日本企業の輸出は大幅に減少するかもしれない。これは，国全体の経済活動の規模が低下することを意味し，雇用等が減ってしまうかもしれない。政府が環境破壊に対して厳しい規制を導入することを躊躇してしまうことが多いのは，昔も今も基本的に，上記のような「恐れ」が最大の理由と考えられる[8]。

3.3　民主主義的条件の重要性

　それでは，環境破壊を許容するような社会から，許容しない社会へ移行する，すなわち政府に適切な政策をとらせるにはどうすれば良いのか。民主主義国であれば，国民が環境破壊に関する事実を把握することが，全ての前提となる。もし環境破壊による被害が発生すれば，被害者がそれを訴えることができる言論の自由や集会結社の自由，その事実を重要と考える者はそれを自由に報道できる報道の自由，（一定の制約はあるとしても）地方のことは地方が決定できる地方分権，政府（行政）の誤りを裁判等で是正することができる三権分立。これらが保証されることによって，はじめて環境破壊の事実を多くの人が知り，それをもとに必要な手段・政策が議論することができるようになる。これらは全て，民主主義の基本的な要件である。

　水俣病では，被害がチッソの影響力が極めて大きい「企業城下町」で発生したため，上述したように，落ち度のない被害者が被害を訴えたことで，チッソの影響力が強い地域社会から非難を浴びるなど，「言論の自由」があったとしても，実際に被害者が声をあげること自体が困難を伴った。被害の悲惨さを伝える最初の段階で，大きな問題があったのである。更に，被害者救済に尽力してきた医師の原田正純は，水俣には「チッソ社員とそれ以外」という形で，「差別の構造」が解決を困難にしたと指摘している。水俣病の被害者の多くは，「支配構造の最下層に位置づけられていた漁民」だったので，「水俣病はその差別のゆえにみごとに『貧しい漁民の病気』として矮小化，限局化されてしまっ

た」(原田, 2007, p.25)。そのような差別があったからこそ，地域社会が被害を軽視することができたと言えよう。

　繰り返し述べてきたように，環境に悪影響を与える経済活動が行われる理由は，環境に悪影響を与える原材料，エネルギー，技術は一般に安いからである。政府は何らかの政策で，そのような状況を是正することが求められるが，そのような「当然の」施策が行われるためには，上記の民主主義的な諸条件を満たすことが最低限，必要なのである。

4 | まとめに代えて——自主的な取組みを促すために

　本章では，環境を破壊するような経済活動が行われる理由を述べ，それを防ぐには政府が介入する必要があること，しかし環境破壊及びそれによる被害が発生したとしても，自動的に政府が介入するわけではなく，政府に何らかの政策を実施させるためには，様々な民主主義的諸条件が必要であることを述べてきた。つまり，本章では環境保全に関して「社会」あるいは「制度」のもつ重要性を強調したと言える。

　読者の中には，我々一人一人の意識改革を重視すべきと考えている人もいるかもしれない。環境破壊を防ぐためには，リサイクルをする，なるべく公共交通機関を使う，電気を小まめに消すなどの努力をする等，我々一人一人が環境保全に貢献できることをすべき，それを強調すべきであると。特に，地球温暖化問題に大きな関心が集まり，水俣病などの「古典的な」公害と異なって，我々消費者もCO_2を排出していることが認識されるようになったので，このように考える人が増えたと考えられる。確かに，一人一人が環境保全のためにできることをする，ということが重要であるのは間違いない。様々な場で，環境保全のためにどのような行動が必要か，その重要性についての情報をより一層わかりやすく提供すべきだろう。しかし，人々の「善意」に頼ることには限界がある。人間は環境問題だけを考えて生きていけるわけではない。環境問題を真剣に考えている人でも，つい環境に良い行動を怠ってしまう場合もあるだろう。そもそも，環境問題に全く関心が無い人も，残念ながら一定数存在する。そのような人を許容するのが民主主義の社会であるが，だからこそ，「制度」

が重要なのだ。もし環境に悪影響を与える行為が高くつくという社会になれば（そのような制度があれば），環境問題に関心が無い人でも，結果として「環境にやさしい」行動をとることが多くなるだろう。もし「一人一人の意識・行動」を重視するのであれば，直接的に個々人が環境に影響を与える行動だけでなく，環境に悪影響を与えない社会に移行する＝制度を変えるために，一人一人ができることは何か，というところにも踏み込む必要がある。そして，それを考えるところに「社会科学」の意義がある。

課 題

(1)　地球温暖化以外の環境問題について，それが発生する原因を「費用」あるいは「価格」をキーワードにして，考えてみよう。

(2)　環境保全を重視する社会に移行するために，様々な民主主義を構成する要件がどのように影響するか，考えてみよう。

(3)　地球温暖化問題に関して，先進工業国と発展途上国の「責任」について，考えてみよう。

【注】

1　一般に良質な原材料・エネルギーを用いて生産すれば，汚染の排出は少ないが，その価格は高いことが多い。例えば，石油には様々な不純物が含まれているが，不純物が多いほど，石油価格は安くなる傾向がある。そして，不純物の多い石油を燃焼すれば，汚染物質の排出も多くなる。

2　地球温暖化に関する説明は，主に環境省（n.d.）を参照している。

3　通常「地球温暖化問題」と言われることが多いが，温室効果ガスの大気中濃度の増加は，単に温暖化だけでなく，様々な気候変動をもたらすことから，「気候変動」と表現する方が適切と考えられる。実際，地球温暖化防止のための国際条約の正式名（の日本語訳）は，「気候変動枠組み条約」である。

4　化石燃料を燃焼すれば，CO_2以外の汚染物質も排出され，それが大気汚染等の原因となることは言うまでもない。ただし，それらの汚染物質を除去する手段は，今日ではある程度確立したため，特に先進工業国では，CO_2ほどには問題とされなくなった。また，地球温暖化問題を考える際には，原子力発電の問題を考えざるを得ない。原子力発電は，直接的にはCO_2を排出しないので，地球温暖化対策として拡大すべきという意見もある。しかし，2011年の東京電力福島第1原子力発電所の事故からも明らかなように，異なる深刻な環境破壊を引き起こす可能性があるということを忘れることはできない。

5　再生可能エネルギーも，環境への悪影響が全くないわけではないことに注意が必要である。例えば，山を切り開いて大規模な太陽光発電を行えば自然破壊につながるし，風力発

電を行えば野鳥が風車のブレードに当たる「バードストライク」が発生する可能性がある。

6　ここでの水俣病に関する記述は，主に原田（1972），高峰（2016）を参考にしている。

7　水俣病は，この裁判による原告勝訴で終わりではない。その後，多くの被害者が苦難の道を歩むことになる。特に症状がありながら行政が水俣病患者と認定しない「未認定患者」が多数存在し，彼らは救済を受けられないだけでなく，「ニセ患者」などと中傷を受けることもしばしばあった。この問題については，原田（1985），原田（2007），宮本（2014），高峰（2016），除本（2016）等を是非読んで頂きたい。

8　ここでは，環境対策を積極的に行うと経済に対して悪影響を与えるという前提で論じている。しかし，環境保全と経済発展は必ずしも対立するわけではない。この点について，詳しく論じるためには，一定の経済学の知識が必要になるため，これ以上触れることはできないが，是非「環境保全と経済の両立は可能か」という問題に関心をもって頂きたい。

【参考文献】

外務省（n.d.）「2020年以降の取組み　パリ協定」（https://www.mofa.go.jp/mofaj/ic/ch/page1w_000119.html　2022年10月5日閲覧）

環境省（n.d.）「地球温暖化の現状」（https://ondankataisaku.env.go.jp/coolchoice/ondanka/　2022年11月2日閲覧）

資源エネルギー庁（2021）『エネルギー白書2020年度版』

衆議院調査局環境調査室（2015）『水俣病問題の概要』

高峰武（2016）『水俣病を知っていますか』岩波ブックレット

日本エネルギー経済研究所（2022）『エネルギー・経済統計要覧2022』理工図書

橋本道夫編（2000）『水俣病の悲劇を繰り返さないために――水俣病の経験から学ぶもの』中央法規

原田正純（1972）『水俣病』岩波新書

原田正純（1985）『水俣病は終わっていない』岩波新書

原田正純（2007）『水俣への回帰』日本評論社

宮本憲一（2014）『戦後日本公害史論』岩波書店

除本理史（2016）『公害から福島を考える――地域の再生をめざして』岩波書店

第2章

食と農をつなぐローカル・フードシステム

> **本章の目的**
>
> 　本章では，食と農の現状と課題を明らかにするとともに，CSAの取り組みを事例として取り上げ，「つながりの再構築」という視点からローカル・フードシステムの意義を検討する。
>
> **Key Word**
>
> 食料自給，農業，食料危機，グローバル化，ローカル・フードシステム，CSA
>
> **関連するSDGs**
>
> | 1 貧困をなくそう | 2 飢餓をゼロに | 3 すべての人に健康と福祉を | 12 つくる責任つかう責任 | 13 気候変動に具体的な対策を | 15 陸の豊かさも守ろう | 16 平和と公正をすべての人に |
> |---|---|---|---|---|---|---|

1 | 日本の食と農の現状

1.1　広がる食と農の距離

　現代のフードシステムは，広域化かつ複雑化している。フードシステムとは，「農漁家が生産もしくは漁獲した農水産物が，食品製造業者によって加工され，その食品が，スーパーなど食品小売業者，ファミリーレストランなどの外食産業を経て消費者にわたるという，食料・食品のトータルな流れ（高橋 2022，p.7）」を指す。川上から川下，みずうみに向かって水が流れていく様子を思い浮かべるとわかりやすい。

　まずは、食料自給率[1]を手がかりに食と農の現状について見ていく。1960年に79パーセントあった食料自給率（カロリーベース[2]）は、2000年度以降40パーセント以下を推移し、2021年度時点で38パーセントまで低下した。

　食料自給率を全体的に押し下げているのが穀物で、2021年度時点で29パーセントしかない。穀物自給率の低さの背景には、アメリカの余剰農産物戦略や食生活の欧米化（粉食、肉食の普及）、家畜の飼料用としての大量輸入などが挙げられる。

　小麦や大豆は、1960年という早い段階でそれぞれ39パーセント、28パーセントと低く、その後も下がり続けた。飼料自給率も2021年度時点で25パーセント、濃厚飼料の主要穀物であるトウモロコシの自給率は0パーセントである。輸入飼料分をカウントしない肉類の自給率は、牛肉：10パーセント、豚肉：6パーセント、鶏肉：8パーセントしかない。

図表2－1　日本と諸外国の食料・穀物自給率の比較
（カロリーベース，単位：パーセント）

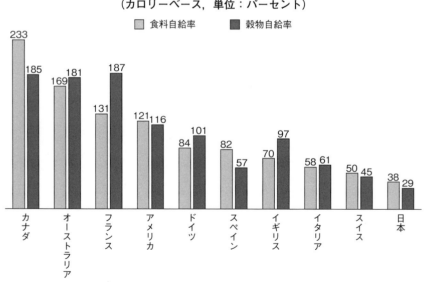

（注）日本は2021年度，それ以外は2019年の割合
（出所）農林水産省「食料需給表」，FAO "Food Balance Sheets" などを基に農林水産省で試算（酒類等は含まない）

　図表2－1は，日本と諸外国の食料自給率と穀物自給率の比較である。カナ
ダ，オーストラリア，アメリカ，フランスなどが軒並み高い割合を維持し，自
国の農業と国民の食料を守っていることがわかる。このように見ると，日本の
低さは際立つ。2018年時点で，穀物自給率は172の国・地域中128番目，OECD
加盟38か国中32番目という低さである。

　島国，戦争で国土に大きなダメージを受けたという共通点を持つイギリスの
食料自給率は，1961年：42パーセント→2018年：65パーセント，穀物自給率は
1961年：53パーセント→2018年：82パーセントと大きく引き上げている。日本
とは異なり，食生活に著しい変化がなかったからという指摘もあるが，重要な
のは戦争で深刻な食料不足に陥った経験を経て，国民が食料自給の大切さを認
識し，農業政策もそれに応えたということだろう。

1.2　食と農のグローバル化

　食料自給率の低下には，3つの局面が見られる。第1の局面は，1960～1975
年で穀物自給率の大幅な低下である。需要が伸びる作目の生産を重視し，穀物
はますます輸入に依存するようになった。

　第2の局面は，1985～1995年で1985年9月以降の円高の進行により割安と
なった輸入農産物に国産農産物が代替された結果，低下した。この間，輸入自
由化が激しい貿易戦争のもと進み，農業総産出額は1984年をピークに減少して
いった。

　第3の局面は，1995年から現在に至る自由貿易の推進である。多角的な自由
貿易体制を強化する「WTO（世界貿易機関）」の発足とそれを補完する「FTA
（自由貿易協定）」，「EPA（経済連携協定）」の推進，さらに近年は「メガ
FTA」のような地域間交渉の動きが活発になっている。

　戦後の農業政策は，1961年に制定された農業基本法のもと「農業の近代化」
を目指した。そのうち選択的拡大政策では，野菜，酪農，畜産，果実の生産を
奨励し，主産地の形成を推し進めた。ところが，1980年代後半以降，そのよう
な生産奨励作目の輸入が増加し，離農者の増加や農業経営の存続困難によって
国内農業の規模が縮小した。現在，さらなる自由貿易の推進と規制緩和が進み，
国際競争を強いられている。

　このような「グローバル・フードシステム」の形成における主役は，多国籍アグリビジネスと呼ばれる少数の農業・食料関連企業で，生産と消費の間には巨大な見えない空間が存在するようになった。私たちは自分が食べているものが，いつどこで誰によってどのようにつくられてきたのか知ることが非常に困難となり，食と農の「ブラックボックス化（久野 2014，p.42）」が広がっている。

　食と農の距離が著しく拡大した結果，生産者と消費者の相互の関係性が断絶し，心理的な距離も生じるようになった。それは，人間の生命を再生産する食，食を生み出す農業への無関心を生み，その無関心がさらに食と農の距離を広げていくという悪循環を引き起こしている。

2 | 私たちの食卓の向こう側

2.1　農業構造の脆弱化

　私たちの食生活を支える農業生産の現場は，どのような状況に置かれているのだろうか。農林水産省が実施している「農林業センサス[3]」の結果を参考に見ていく。

　図表2－2は，農業就業人口および基幹的農業従事者[4]の推移である。農業就業人口を見ると，1960年度の1,454万人から2016年度には200万人を切り，2019年度時点で168万人へと大幅に減少している。この60年ほどで，約10分の1になった。

　1950年代半ばに始まった高度経済成長期，農家の補助的労働力であった次三男だけではなく，後継者となる長男，女性も含めて農村から都市への人口流出が進んだ。この間，農業就業人口は半減し，その後も減少の一途をたどっている。

　1995〜2005年までの10年間は79万人の減少だったが，2005〜2015年までの10年間は125万人と急速に減少している。これは，2005年から70歳以上の層が減少に転じる構造的な変化がひとつの要因である。その結果，個々の農業の継承と再生産だけでなく，地域農業と地域社会の継承と維持も困難な状況となっている。

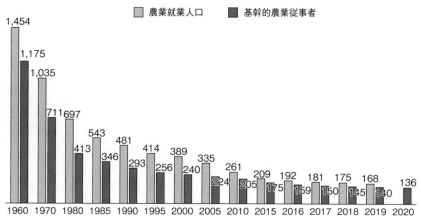

図表2－2　農業就業人口と基幹的農業従事者の推移（単位：万人）

（注１）1985年からは販売農家が対象
（注２）2020年農林業センサスより農業就業人口の集計は廃止
（出所）農林水産省「農林業センサス」「農業構造動態調査」より筆者作成

　2020年農林業センサスでは，一般的な指標として用いられてきた農業就業人口の集計が廃止となった。基幹的農業従事者の動向を見ると，前回の2015年農林業センサスと比べて39万人も減少し，これは過去最大の減少数である。

　民俗研究家の結城登美雄は，こうした状況を池田香代子再話・C.ダグラス・ラミス対訳『世界がもし100人の村だったら』（マガジンハウス，2001年）を借りて「食料自給力３％」と表現している。少し長いが，大切な指摘なので引用する。

　「100人の日本という村は，３人の人々が懸命に土を耕し種をまき，草を払って支柱を立て，収穫にいそしんでいる。海では原油高の中を舟を沖へと向かわせ網を入れ，それを引き上げて港に帰ってくる。手にする収入は悲しいほどに少なく空しさをかみ殺している。それらを97人の村人がわがまま放題にむさぼり食らい，うまいまずい，高い安いと不平をたれている。それが日本および日本人ではないか。

　しかも３人の食の担い手のうち，１人は60歳代で，もう１人はすでに70歳をこえている。むろん人には体力の衰えがあり寿命もある。このままいけば10年後の日本村の食卓は老農１人が99人を支えるという異常な村になりかねない。

問われているのは食料自給率ではなく，食を厳しい現場で支える人の力，すなわち「食の自給力」ではあるまいか。食の自給力３％の日本。食を支える人が消えていく日本。それこそが真の食料危機である。」（結城 2008，pp.95-96）

　1950年は，全就業人口のうち農業就業人口が約47パーセントも占めていたが，2020年の基幹的農業従事者を見ると２パーセントしかいない。この文章は，日本における食と農，そして国民の食への意識，食を支える農業の現状を端的に言い表している。みなさんは，どのような感想を持っただろうか。

　2020年の年齢別基幹的農業従事者の割合を見ると，75歳以上が約32パーセント，65歳以上を含めると約70パーセントにもなり，平均年齢は約67.8歳である。一方で，30代以下は約５パーセントしかいない。40代以下を含めても約11パーセントである。総土地面積の約70パーセント，全国の耕地面積と総農家数の約40パーセントを占める中山間地域[5]では，特に高齢化が進んでいる。

2.2　繰り返される食料危機

　2022年２月に始まったロシアによるウクライナ侵攻をきっかけに，国内でも食料価格が高騰し，食料危機という言葉も聞かれるようになった。ただし，食料危機への懸念，食料不安の高まりは，今に始まったことではなく，繰り返されている。

　食料危機は，なぜ繰り返されるのだろうか。その要因は，世界人口の増加による穀物需要の拡大，途上国の経済成長に伴う肉類消費量の増加，バイオエタノール向けトウモロコシ需要の拡大，原油高による燃油や石油由来の生産資材価格の高騰，肥料・飼料価格の高騰，円安の進行，輸出規制，気候危機などが挙げられる。こうした複合的な要因が食料の供給構造を常に揺るがしている。そのため，食料の海外依存は国民の不安を招く事態を引き起こす。

　少し遡ると，1972年に異常気象が世界的に発生した。穀物生産が減少すると，旧ソ連が大量に穀物を買い付けて需給が一層ひっ迫し，価格が高騰した。1973年にはアメリカが大豆の緊急禁輸措置をとり，日本を「大豆ショック」が襲ったのである。さらに，第一次オイルショックが起こり，物価高騰が生活を直撃した。これが原因で，肥料・飼料価格も高騰した。

　2008年に起こった世界同時食料危機も記憶に新しい。世界の穀物生産量は当

時の過去最高を記録したが，投機マネーの流入も加わったことから，食料価格の高騰が起こり，ハイチやブルキナファソ，カメルーンなどでは暴動が発生した。加えて，食料輸出国が輸出規制を実施し，穀物輸入国では食料危機が引き起こされた。

　2020年始めから続く新型コロナウイルス感染症のパンデミック（世界的流行）は，私たちの暮らしを一変させた。それは，食と農の現場も同様である。コロナ禍は流通の制限，国境封鎖，ロックダウン（都市封鎖）などが原因で，物流システムの機能不全をもたらし，グローバル・フードシステムの脆弱性があらわになった。食料の流通が制限されれば，輸入国には届かない，食料輸出国は輸出したくてもできないという状況が生まれる。同時に，食料の輸出規制も起こった。

　そして，今回のウクライナ危機である。USDA（2022）よると，2021年時点で小麦の輸出量世界1位のロシア，5位のウクライナを合わせると総輸出量の約3割を占める。ロシアとウクライナは大麦，大豆も上位輸出国5位以内に入る。世界有数の食料供給基地で戦争が起こり，食料危機が起こったのである。

2.3　気候危機，肥料高騰に揺らぐ生産現場

　その中でも，異常気象，自然災害が世界で相次ぎ，日常的な光景となりつつある。気候危機と地球温暖化の因果関係も明らかで，先進国，途上国問わず，生命を脅かす共通課題として認識されている。

　IPCC（気候変動に関する政府間パネル）は，「Global Warming of 1.5°C（1.5°C特別報告書）」を公表した（IPCC 2018）。世界の平均気温は産業革命前と比べて約1℃上昇し（可能性の高い範囲は0.8〜1.2°C），現状が続くと2030〜2052年の間に1.5°Cの上昇に達する可能性が高いとし，地球温暖化による影響，被害予測などを取りまとめた。

　現在のように，1°Cの上昇でも台風や洪水，熱波，干ばつなど異常気象が頻発している。1.5°Cやそれ以上の気温上昇では，さらに大きなリスクを伴うことが容易に想像できる。IPCCの報告によると，今後も気候変動の加速により，異常気象，極端現象の頻度が高まることが予測されている。

　第一次産業はこうした異常気象の影響を受けやすく，北米や南米，ヨーロッ

パ，オーストラリアなど食料輸出大国の農業にも深刻なダメージを与えている。例えば，2022年8月に欧州委員会の欧州干ばつ観測所（EDO）は，現在，60パーセント以上の地域が渇水による干ばつの危険にさらされ，過去500年で最悪の状況が続いていると発表した。この渇水は，収量減という形で農業生産を直撃する。国内でも，記録的な猛暑，度重なる大雨，ゲリラ豪雨など異常気象が頻発し，農業被害が増大している。

　一方で，食料生産から最終消費に至るフードシステムは，グローバルに展開し，生産（森林伐採による農地への転用，化学肥料や農薬の製造，機械化や施設化など），加工・流通，消費，廃棄という全ての段階で，地球温暖化の原因となる温室効果ガスを多く排出している。

　IPCCは，「Climate Change and Land（気候変動と土地）」を公表した（IPCC 2019）。農業と林業，その他の土地利用からの人為的な温室効果ガスの排出量は，世界の総排出量の約22パーセントに相当し，フードシステム全体からの排出量は，世界の総排出量の21〜37パーセントを占めるという。現代のフードシステムは，気候危機を促す主要因としても深く関係している。

　また，生産現場の揺らぎは，気候危機だけではない。化学肥料の高騰が経営を圧迫し，農家は悲鳴を上げている。戦後，農業の近代化政策にもとづき，身近な資源を活用して自給していた堆肥，肥料から化学肥料の使用が一般的になった。化学肥料の原料となる化石燃料（石油，天然ガス）や鉱物資源（リン鉱石，カリ鉱石など）は，ほぼ全て輸入に依存している。

　肥料価格の高騰も食料と同様に，世界人口の増大に伴う食料需要の拡大，化学肥料の原料産出国である中国の輸出規制，コロナ禍などを背景に2020年半ばから価格の上昇が始まっていた。その後，コロナ禍がおさまらない中，ロシアのウクライナ侵攻が始まった。世界のカリ鉱石供給量の約4割を占めるロシアとベラルーシに対する経済制裁の影響で供給が減少し，さらなる価格の上昇を招いている。

2.4　私たちの食卓が抱える「二重のリスク」

　世界の食料供給体制は，複合的に様々な要因が重なり，どこかでボタンの掛け違いが起こると，脆くも崩れてしまう可能性が大いにある。食料危機が繰り

返される中，ウクライナ危機ではその脆弱性が顕著にあらわれたと理解したほうがよい。

こうした状況は，食料自給の重要性を私たちに教えてくれている。食の海外依存は，他国に自分の生命を委ねているのと一緒で，いつまでも安定的な供給が継続するとは限らない。これは，暮らしの不安に直結する。

実際に起こった食料価格の高騰や食料危機を他人事として捉えるのではなく，いつ起きてもおかしくない現実的な問題として捉えることが必要ではないだろうか。とりわけ，食料の輸出規制については，輸入国が何をやってもコントロールできない。

食料需給がひっ迫する中，国民の食料と生命を守ることは，国として最優先の行動である。自国で食料が足りないのに，輸出を続ける国はなく，輸入国の食料事情は考慮されていない。すでに，お金があればいつでも食料を輸入できる時代ではない。一方で，いざ国内で食料を生産しようと足もとを見ると，農業者の減少や耕作放棄地の増加が進み，「耕す人が誰もいなかった」「耕せる農地もなかった」という状況になりつつある。

私たちの食卓は，食の海外依存という不安定さと国内農業の荒廃が同時に進行する「二重のリスク」と常に隣り合わせにある。

3 | ローカル・フードシステムの多彩な広がり

3.1　ローカル・フードシステムとは何か

それでは，私たちはどのように食卓を守ればよいのだろうか。その手がかりとして，市場外流通にもとづく「オルタナティブ・フードシステム」について見ていく。

オルタナティブ・フードシステムは，高度経済成長期以降の都市化や産業化，農業の近代化，食と農のグローバル化によって生じた生産と消費の「歪み」「危機感」がその背景にある。そのため，生産者と消費者が「暮らしを守る」ことを出発点にしている。生産者は自らの農業の存続のために，消費者は自らの食卓を守るために活動を始め，自発的な動きによって広がった。

図表２－３　ローカル・フードシステムの位置付け

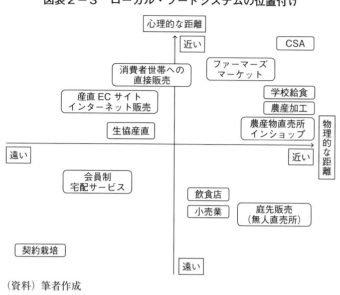

（資料）筆者作成

　オルタナティブ・フードシステムをもう少し具体的に見ていく。**図表２－３**は，生産者と消費者の「物理的な距離」と「心理的な距離」で見た販売チャネルの特徴である。この中でも，生産者と消費者の物理的な距離と心理的な距離がともに近い右上の部分が「ローカル・フードシステム」になる。

　ローカル・フードシステムと似た言葉に「地産地消（ちさんちしょう）」がある。地産地消は，「地場生産－地場消費」の略で，地域で生産した農産物などを地域で消費する活動を指す。1990年代以降，農協が大型の農産物直売所を整備し，地産地消に取り組む市町村が徐々に増加した。

　ローカル・フードシステムは，地産地消とほぼ同義だが，単なる「生産－消費」という枠組みではなく，食と農のつながりを重視する点に特徴がある。つまり，地産地消の要素を含みながら，生産者と消費者の間にコミュニケーションが生まれているかどうかがポイントになる。

　図表２－３のように，物理的な距離が近いとコミュニケーションも図りやすく，心理的距離も近くなるという相関関係が見られる。その代表例は，「CSA（Community Supported Agriculture）」「農産物直売所」「インショップ」

「ファーマーズマーケット」「学校給食」である。

3.2　食と農をつなぐCSA

　CSAは，一般的に「地域で支える農業」「地域支援型農業」と訳され，生産者と消費者の関係性を重視し，双方が経営のリスクを共有しながら支え合う仕組みである。CSAの「コミュニティ」は「地域」と認識され，「地域の消費者が生産者を支える」と解釈できる。これがCSAのひとつの形で，目指すべき姿である。

　ここでは，このコミュニティという言葉について考えていく。コミュニティの種類には，「ローカル型」と「テーマ型」があり，これをどう解釈するかでCSAという言葉の持つ意味，可能性の幅が変わってくるからである。

　ローカル型は，物理的な範囲のコミュニティで，先ほど見たような地域と同様の意味となる。例えば，市区町村などの行政区，もっと小さな範囲だと町内会のような地縁も含まれる。テーマ型は，関心や価値観の共有をつうじて形成され，地域や人を限定せず，理念や活動に共感すれば誰でも自由に参加できるオープンなコミュニティを指す。NPOのようなネットワーク型組織を思い浮かべると理解しやすい。ローカル型はその範囲の外に広がりを持たないが，テーマ型は地域の外にも広がりを持つ。

　CSAは，食と農をつなぐキーワードとして幅広い層から関心が持たれている。そのひとつの事例として，「食べる通信」について見ていく。

　食べる通信は，「食べもの付き情報誌」である。食べる通信の編集部が選んだ生産者を特集する情報誌と，その生産者がつくる食べものがセットで届く会員登録制の定期購読誌になる。刊行頻度は毎月，隔月，季刊と食べる通信ごとに異なり，食べものは農水畜産物や加工品まで含む。情報誌は，食べものの情報とともに，生産者の思いや考え方，生産の喜びや苦労，地域の観光情報など取材内容が満載で，写真がふんだんに盛り込まれたカラーの紙面になっている。

　食べる通信発刊のきっかけは，2011年3月11日に起こった東日本大震災の復興支援であった。2013年7月に「東北食べる通信」が創刊されると，日本食べる通信リーグへの加盟団体は増加し，総創刊団体数が56通信，2022年時点で23通信（国内：19通信，海外：4通信）が発刊されている。食べる通信のホーム

ページでは，全国の食べる通信一覧が掲載され，誰でもすぐに申し込みができる。

　食べる通信は，購読して終わりではなく，その先がある。これがCSAと称される理由である。購読後にコミュニティをつくる仕組みがあり，読者を惹きつけている。そのひとつがFacebookを活用した読者限定グループページの運用になる。このグループページには，生産者も参加している。目的は，読者同士，生産者と読者の交流で，読者は感想や調理方法などを投稿して盛り上がり，生産者もそれに応える。生産者にとっては読者の感想を直に聞ける貴重な場となっている。編集部も，取材の様子や関連するイベントや情報などを読者に向けて発信できる。単に購入したら終わりではなく，その後も食と農のつながりを継続できるという仕掛けである。

　東北食べる通信を創刊し，食べる通信の運営法人である株式会社雨風太陽代表取締役の高橋博之は，「同じ時期に，同じ物語を読んで，同じものを食べていること。この『体験の共有』が，コミュニケーションをオープンにさせ，活発にもしている」とし，読者は「共通の価値」をつうじてコミュニティを形成し，「共感の輪」が広がっていると述べている（高橋 2015, p.107）。さらに，こうしたSNS上でのコミュニティだけではなく，生産現場を訪ね，交流イベントや体験ツアーが各通信で開催され，「リアルなコミュニティ」もつくり上げている。

　また，食べる通信は特定の生産者と読者をつなげ，支え合う定期販売の仕組みとして，CSAにも取り組んでいる。高橋はCSAを「自分の選んだ食べもののつくり手と交流しながら，食べものをつくる楽しさや苦労，収穫の歓びを分かち合うコミュニティサービス（高橋 2016, p.167）」として位置付けている。

　生産者と読者をつなぐコミュニティの運営は，読者が「CSAマネージャー」として担う。食べる通信と同様，FacebookのCSA会員限定グループページで交流し，生産者は現場の様子，読者も感想などを投稿する。実際に生産現場を訪ねて交流だけではなく，援農を行うなど，より生産者と深く，長く関わるコミュニティといえる。

　近年，関係人口という言葉が都市と農村をつなぐキーワードとして，多方面で使われるようになっている。総務省によると，関係人口とは「移住した『定

住人口』でもなく，観光に来た『交流人口』でもない，地域や地域の人々と多様に関わる人々のこと」を指す。

　関係人口は，一度訪問したら終わりという旅行や観光とは異なり，訪問した地域と関わり続け，地域外からでも多様な関わり方を模索し，行動する人口のことである。地域の「ファン」になると表現すれば，想像がしやすい。食べる通信は，食をつうじて農業を支える関係人口を生み出し，広げている。

4 ｜ 食と農のローカルシフト

　ローカル・フードシステムは，ブラックボックス化が進むグローバル・フードシステムとは異なり，食と農の「つながりの再構築」をつうじて，生産者と消費者の顔が見える一体的な関係性を創り出している。こうした食と農のローカルシフトというムーブメントは，各地で広がっている。

　その大きな特徴は，食と農の間が可視化されるということである。つまり，食と農の間にコミュニケーションが生まれると，生産者と消費者が単純で一方的な関係性ではなくなり，両者の関係性が解きほぐされ，双方向的なつながりへと再構築されていく。

　その手段が「場の創出」である。単に生産者が消費者に農産物を販売するだけではなく，相互に交流し，顔と顔が見える場が求められる。食べる通信は，場の創出をつうじて食と農の間にコミュニケーションを生み出し，その関係性をデザインしている。

　最後に，「私だけが国産を選択しても自給率は上がらない」と考えるのでなく，日々の暮らしの中で，食卓の自給を考えると実感が湧く。「食べもの」の自給を積み上げることが地域の自給に広がり，その結果が国レベルでの「食料」の自給につながっていく。

　食料自給率の向上は，食卓の自給の結果でしかない。重要なのは，日々の食卓を豊かにしていくプロセスである。こうした手の届く範囲の自給は，とりもなおさず，都市から農村まで広がる日本農業の多様性を支えることにもなる。今日の食卓から，食のローカルシフトを始めてみてはどうだろうか。

課　題

(1)　農林業センサスを用いて，自分が暮らす地域（市町村）における農業の現状と課題を調べてみよう。

(2)　食料需給表を用いて，品目別自給率の推移を調べ，その特徴と要因を調べてみよう。

(3)　身近にある農産物直売所やインショップなどを利用し，これからローカル・フードシステムが広がるために何が必要か考えてみよう。

【注】

1　本節の食料自給率のデータは，食料需給表に基づいている。このデータは，農林水産省のホームページより閲覧できる。

2　カロリーベースの食料自給率は，「基礎的な栄養価であるエネルギー（カロリー）に着目して，国民に供給される熱量（総供給熱量）に対する国内生産の割合」を指す。一方で，生産額ベースの食料自給率は「経済的価値に着目して，国民に供給される食料の生産額（食料の国内消費仕向額）に対する国内生産の割合」を指し，2021年度時点で63パーセントである。カロリーベースよりも高く，価格（付加価値）の高い品目を生産していることがわかる。ただし，食料危機のような事態を想定した場合，カロリーベースのほうが重要になる。

3　農林業センサスとは，農林業の生産構造や就業構造，農山村地域における土地資源など農林業・農山村の基本構造の実態とその変化を明らかにし，農林業施策の企画・立案・推進のための基礎資料となる統計で，5年ごとに行う調査である。本節のデータは，特に表記のない限り農林業センサスに基づいている。なおその結果は，農林水産省のホームページより閲覧できる。

4　農業就業人口とは，「自営農業のみに従事した者，または自営農業以外の仕事に従事していても年間労働日数で自営農業が多い者」で，そのうち基幹的農業従事者は「ふだん仕事として主に自営農業に従事している者」を指す。

5　中山間地域とは，「山間地及びその周辺の地域，その他地勢等の地理的条件が悪く，農業生産条件が不利な地域」で，農林統計上用いられている地域区分のうち「中間農業地域と山間農業地域を合わせた地域」を指す。

【参考文献】

小口広太（2021）『日本の食と農の未来：「持続可能な食卓」を考える』光文社新書

小口広太（2022）「持続可能な『フードシステム』構築を」『週刊エコノミスト』（100(44)），毎日新聞出版，pp.40-41

鈴木宣弘（2013）『食の戦争：米国の罠に落ちる日本』文春新書

総務省「『関係人口』ポータルサイト」（https://www.soumu.go.jp/kankeijinkou/　2022年10月5日閲覧）

高橋博之（2015）『だから，ぼくは農家をスターにする：「食べる通信」の挑戦』CCCメディ

アハウス
高橋博之（2016）『都市と地方をかきまぜる：「食べる通信」の奇跡』光文社新書
高橋正郎（2022）「食料経済で何を学ぶのか」高橋正郎監修，清水みゆき編著『食料経済 第6版：フーステムからみた食料問題』オーム社，pp.1-13
食べる通信（https://taberu.me/　2022年11月3日閲覧）
農林水産省「諸外国・地域の食料自給率等について」（https://www.maff.go.jp/j/zyukyu/zikyu_ritu/attach/pdf/013-6.pdf　2022年11月3日閲覧）
農林水産省「食料需給表」（https://www.maff.go.jp/j/zyukyu/fbs/　2022年9月21日閲覧）
農林水産省「食料自給率とは」（https://www.maff.go.jp/j/zyukyu/zikyu_ritu/011.html　2022年11月3日閲覧）
農林水産省「中山間地域等について」（https://www.maff.go.jp/j/nousin/tyusan/siharai_seido/s_about/cyusan/　2022年9月21日閲覧）
農林水産省「農林業センサス」（https://www.maff.go.jp/j/tokei/census/afc/　2022年9月21日閲覧）
久野秀二（2014）「多国籍アグリビジネス：農業・食料・種子の支配」桝潟俊子・谷口吉光・立川雅司編著『食と農の社会学：生命と地域の視点から』ミネルヴァ書房，pp.41-67
結城登美雄（2008）「自給する家族・農家・村は問う」山崎農業研究所編『自給再考：グローバリゼーションの次は何か』農山漁村文化協会，pp.91-105
IPCC（2018）「Global Warming of 1.5°C」（https://www.ipcc.ch/sr15/　2022年10月3日閲覧）
IPCC（2019）「Climate Change and Land」（https://www.ipcc.ch/srccl/　2022年10月3日閲覧）
USDA（2022）「Grain：World Markets and Trade」（https://www.fas.usda.gov/data/grain-world-markets-and-trade　2022年10月5日閲覧）
「欧州の約6割で干ばつの危険，過去500年で最悪の状態＝EU調査」BBC NEWS JAPAN，2022年8月24日（https://www.bbc.com/japanese/62655406　2022年10月11日閲覧）

第**3**章
CSR型エシカル・ツーリズムの探求

本章の目的

　本章では，地域社会の課題解決を図っていくエシカル・ツーリズムの可能性を探求する。エシカル・ツーリズムを直訳すると，倫理的観光になる。観光を「楽しみのための旅行」と位置づけるならば，いま，倫理と楽しみとを結びつける意義はどこにあるのだろう。

Key Word

エシカル・ツーリズム，離島，海洋プラスチック，CSR

関連するSDGs

11	12	14	17
住み続けられるまちづくりを	つくる責任つかう責任	海の豊かさを守ろう	パートナーシップで目標を達成しよう

1 │「旅の恥はかきすて」の先へ

　「旅の恥はかきすて」ということわざがある。知り合いのいない旅先では，恥をかいたところでその場限りで済むといった意味合いで使うことが多いが，旅先の人びとの旅人に対する寛容さや同情を含むことわざでもある。『東海道中膝栗毛』において弥次喜多が引き起こす騒動が洒落で済むことを思い浮かべるといいだろう。近代以前の伊勢参りや遍路などの旅では，少々の恥をかきすてることはできたのである。しかしながら，現代の観光は近代以前の旅とは異なり，大衆性をその特質とする。鉄道や旅客機から降り立った大衆が旅の恥をかきすてていったのならば，彼らの歩みの後にはなにが残るのであろうか。

　実際に，20世紀後半には，マス・ツーリズムの弊害はもとより，観光化を契

45

機とした大規模な乱開発や自然破壊，地域の文化変容などの様々な問題が顕在化している。1980年代後半，国連世界観光機関（UNWTO）は，「持続可能な観光」という概念を提唱し，エコ・ツーリズムや貧困削減を目的としたプロプアー・ツーリズムなどの新たな観光形態の必要性を主張していく。とはいえ，観光分野の著しい経済成長や商業主義を前に，マス・ツーリズムに取って代わるニュー・ツーリズムの動きは活発とはいえない状態にある。現場では，ツーリズムは世界各地の生態系にダメージを与え，公共交通の混乱や騒音などのオーバーツーリズムや地価の高騰といった地域社会の暮らしに負のインパクトを引き起こしてきたのである。

　2017年，UNWTOは，観光が持続可能な開発目標（SDGs）のすべてに直接的または間接的に貢献する役割を担っていることを宣言した。観光経済を社会や自然環境のうちに位置づける宣言ではあるが，近年の立教大学等の調査では，SDGsに向けた取り組みがもっとも低調な業種が旅行業であることをあきらかにしている（立教大学観光学部・JTB総合研究所 2021）。

　その一方で，ひとや社会，環境に配慮した消費行動をうながす「エシカル消費」の議論が活発化し，社会課題に対する関心が強いというＺ世代のサステナブル志向はより鮮明になっている。たとえば，Booking.com Japan K.K.（2022）は，サステナブル・トラベルに関する調査結果をもとに，世界的にサステナビリティへの配慮や意識が高まっていることを指摘している。観光分野は，新しい観光形態の構想をより積極的に打ち出す必要があるといえる[1]。

2 ｜離島×エシカル・ツーリズム

　新しい構想を打ち出そうとする際に，離島の取り組みは参考になる。離島は，もともと少人口や遠隔性，自然災害，へき地医療，気候変動による海面上昇等の脆弱性を抱えている（World Tourism Organization 2014）。いわば，課題先進地であり，観光のインパクトも受けやすい。ゆえに，たとえば，小島嶼開発途上国（SIDS）では，観光による負のインパクトを極力抑えるために，観光客に責任ある行動をうながす取り組みを重ねてきた（村山 2020, 194-202）。そのうちのひとつ，ミクロネシアのパラオ政府は，2017年より国外からの訪問者

らに対し，パラオ到着機において環境への配慮を約束する「パラオ誓約（Palau Pledge）」の案内ビデオを上映し，誓約への署名を義務づけている。駐日パラオ共和国大使館（2017）によると，入国時に環境保護を目的とした誓約を求める世界初の取り組みであり，「自然に消える以外の痕跡は残しません」とする誓約の文言もおもしろい。

　こうした離島ならではの危機意識は日本の離島も共有している。全国離島振興協議会は離島振興法の改正延長に向けて検討会議を設置し，2021年6月に報告書をとりまとめている。この報告書では，離島こそが持続可能な開発や再生可能エネルギーなどのSDGs達成に向けた実践の適地であるとし，離島をSDGsに関する学びの場として位置づけている（全国離島振興協議会 2022）。本章では，日本の離島のうち課題解決先進地といえる沖縄県八重山郡のCSR（Corporate Social Responsibility＝企業の社会的責任）型エシカル・ツーリズムの事例をとりあげる。なお，本研究においては，エシカル・ツーリズム[2]を「観光客に対し，ひとや社会，環境に配慮した行動をうながす観光形態」と定義しておく。

　従来，観光客の配慮を引き出す手段としてもっともベーシックなものはマナー啓発活動である。2020年，観光庁らが開発した『日本版持続可能な観光ガイドライン（JSTS-D）』（観光庁・UNWTO駐日事務所 2020）でも，観光による負のインパクトを極力抑えるための，観光客に対する行動規範の周知やマナー啓発（Cb7およびDa3）を推奨している。たとえば，**図表3－1**は八重山郡竹富町のご当地キャラを用いた標章である。近年，町は，観光客に「島の美しい自然と文化を守るためのルールとマナー」を周知するためのサイトを作成し（竹富町役場世界遺産推進室2020 2020），イリオモテヤマネコをモチーフとした「ピカリャ〜」のフレンズになろうというメッセージで，ルール＆マナーアップキャンペーンを張っている[3]。

図表３－１　ルール＆マナーアップキャンペーンの標章

（©ピカリャ〜×竹富町観光協会）

　また，JSTS-Dでは，ひとや社会，環境に配慮した観光客の行動として，地元でつくった工芸品や製品を購入することで地域経済に貢献すること（Ba3），地域コミュニティや地域の文化・自然環境の保全に貢献すること（Bb4）などをとりあげている。本章では，とくに自然環境の保全に関連する試みを掘り下げていくが，従来型のマナー啓発活動というよりは，ツーリストをより積極的な課題解決のプロセスに位置づけていく取り組みに注目していく。これらの取り組みの多くは，地域との関わりの深い企業がCSR活動の一環として展開しているものである。

　本フィールドでは，美しいビーチが多くの観光客を魅了してきた。しかしながら，近年，海のゴミが大量に打ち寄せ，深刻な課題となっている。海岸漂着物処理推進法[4]では，「国外又は他の地方公共団体の区域から流出した大量の海岸漂着物の存する離島その他の地域において地方公共団体が行う海岸漂着物の処理に要する経費について，特別の配慮をする」とし，「国，地方公共団体，事業者，国民，民間の団体等」の連携の強化をうながす施策を講ずるとしている。とはいえ，そもそも様々な脆弱性を抱える離島である。圧倒的にマンパワーも資金も不足しているのが現状である。

　これらの地域課題を前にし，地域コミュニティとパートナーシップ関係にある企業は，ツーリストのエシカルなふるまいをどのように引き出し，海のゴミ

問題にアプローチしているのだろう。以下，具体的なプロジェクトを見ていきたい。

図表3－2　日本版持続可能な観光ガイドライン（JSTS-D）

Section A　持続可能なマネジメント	
(a)マネジメントの組織と枠組	1. デスティネーション・マネジメント（観光地経営）戦略と実行計画 2. デスティネーション・マネジメント（観光地経営）の責任 3. モニタリングと結果の公表 4. 観光による負荷軽減のための財源
(b)ステークホルダーの参画	5. 事業者における持続可能な観光への理解促進 6. 住民参加と意見聴取 7. 住民意見の調査 8. 観光教育 9. 旅行者意見の調査 10. プロモーションと情報
(c)負荷と変化の管理	11. 旅行者の数と活動の管理 12. 計画に関する規制と開発管理 13. 適切な民泊運営 14. 気候変動への適応 15. 危機管理 16. 感染症対策
Section B　社会経済のサステナビリティ	
(a)地域経済への貢献	1. 観光による経済効果の測定 2. ディーセント・ワークと雇用機会 3. 地域事業者の支援と公正な取引
(b)社会福祉と負荷	4. コミュニティへの支援 5. 搾取や差別の防止 6. 地権と使用権利 7. 安全と治安 8. 多様な受入環境整備
Section C　文化的サステナビリティ	
(a)文化遺産の保護	1. 文化遺産の保護 2. 有形文化遺産 3. 無形文化遺産 4. 地域住民のアクセス権 5. 知的財産
(b)文化的場所への訪問	6. 文化遺産における旅行者の管理 7. 文化遺産における旅行者のふるまい 8. 観光資源の解説
Section D　環境のサステナビリティ	
(a)自然遺産の保全	1. 自然遺産 2. 自然遺産における旅行者の管理 3. 自然遺産における旅行者のふるまい 4. 生態系の維持 5. 野生生物の保護 6. 動物福祉
(b)資源のマネジメント	7. 省エネルギー 8. 水資源の管理 9. 水質 10. 排水
(c)廃棄物と排出量の管理	11. 廃棄物 12. 温室効果ガスの排出と気候変動の緩和 13. 環境負荷の小さい交通 14. 光害 15. 騒音

3 | CSR型エシカル・ツーリズムの展開

　八重山郡は，石垣島をはじめ，竹富島，黒島，小浜島，新城島（上地島および下地島），西表島，由布島，鳩間島，波照間島，日本最西端の与那国島など

の有人島からなる。行政区分では，石垣島は石垣市，与那国島は与那国町，そのほかの有人島は竹富町に属する。平均気温は24.3℃（石垣島）と１年を通じて温暖な亜熱帯海洋性気候に属し，年間降水量は2,000mmを超える。貴重な野生動植物が生息・生育し，郡内に位置する石西礁湖は国内最大のサンゴ礁海域である。また，西表島には，イリオモテヤマネコやカンムリワシ，セマルハコガメなどの希少種や固有種が生息し，2021年７月に世界自然遺産（「奄美大島，徳之島，沖縄島北部及び西表島」）の登録を受けている。

3.1　Us 4 IRIOMOTE

　まずは，西表島の「Us 4 IRIOMOTE（アス・フォー・イリオモテ）」をとりあげたい。Us 4 IRIOMOTEは，西表島の豊かな自然と文化を次世代へつなぐことを目的としたエシカル・ツーリズムのスタイルを提案するプロジェクトである。アウトドア・フットウェアを展開するキーン・ジャパン合同会社（東京都港区）がけん引し，地域コミュニティやツーリストと協働しながら様々なプロジェクトを展開している（Us 4 IRIOMOTE 2022）。キーンは，アウトドアに関わるブランドとして，その責任を果たすためのCSR活動「KEEN EFFECT」に取り組んでいる。その一環として，イリオモテヤマネコからヒントを得たモデル "UNEEK EVO" を製作し，その売り上げ金の10％をUs 4 IRIOMOTEプロジェクトに活用している。

　Us 4 IRIOMOTEは，イリオモテヤマネコのロードキル防止のサポートや，環境負荷を最小限にしつつ，アウトドアを楽しむための環境倫理プログラム「Leave No Trace」の実施，ツーリスト参加型の「530アート・プロジェクト」などのツーリストのエシカルなふるまいをうながす仕掛けを様々なパートナー団体と創造している。また，基金を設立し，ツーリストに向けた啓蒙活動や動物・自然保護団体，西表島の自然と暮らしを映し取るドキュメンタリー映画の製作などを支援している。

　もともと西表島では，「西表をほりおこす会」（1970年代半ば〜）の活動をさきがけとし，日本で初めてのエコ・ツーリズム協会である「西表島エコツーリズム協会」（1996年）を設立するなど，自然環境保全の取り組みを長年にわたり重ねてきた。こうした活動は，発地型のパッケージツアーなどの，地域に

「お金を落とさずゴミを落とす」観光スタイルから脱却しようという動きと並行してきた（平良 2021）。

　しかしながら，いまや波風で観光客を乗せる船が欠航しようとも，海のゴミは波に乗りやってくる。いまもむかしも潮が満ちると，海辺には様々な寄り物が漂着する。むかしは，シケの後など，人びとはそれらを物色しに行ったものだ。最初に見つけたひとに優先的に所有権が生じるからである。寄り木は煮炊きの焚きものに，海草類は天然の緑肥になった。いわば，寄り物も暮らしをかたちづくってきたのである。

　いまは，潮の干満により一日二回ほどゴミが漂着する。「西表エコプロジェクト」の調査によると，地域のボランティアやこどもたちで回収する漂着ゴミは年間100トンを超え，類別でみると発泡スチロールやプラスチック製品が全体の約9割以上を占めるという（西表島エコツーリズム協会 2021）。また，拾いやすいゴミもあれば，細かなプラスチック片のような拾いにくいゴミもある。それらは放置するとやがて強い紫外線と風により5㎜以下のマイクロプラスチックになる。

　530（ゴミゼロ）アート・プロジェクトは，年間12万人以上（2021年）──コロナ禍以前は30万人以上──（竹富町 2022a）にのぼるツーリストの小さな助力を得ることで，地元のボランティアでは不足しているマンパワーを補完しつつ，自然環境の改善を図ろうという取り組みである。

　具体的には，観光客ができる範囲で細かなプラスチックゴミを拾っておき，石垣港離島ターミナルなどに設置してあるアートスタンド「YAMANEKO 530 ART」に集めることで，みんなでソーシャル・アート作品をつくっていくというものである（**図表3－3**）。「チリも積もればアートになる！」を合い言葉とし，アートを活用することで漂着ゴミ問題に観光客を巻き込むところにおもしろさがある。曇りガラスのような風合いを呈し，クラフトの素材となるガラス片シーグラスとは違ったかたちで，細かなプラスチックゴミも仕掛けによってはアートになるのである。また，目に見えるかたちで，ツーリストが地域の自然環境の改善に参画できる点も魅力的といえる。

図表３－３　YAMANEKO 530 ARTのアートスタンド

（©Us 4 IRIOMOTE）

3.2　まいふなーツアー

　つぎに，竹富島の「星のや竹富島」の取り組みをとりあげたい。「星のや」
は，株式会社星野リゾート（長野県北佐久郡軽井沢町）が展開するラグジュア
リーホテルブランドであり，星のや竹富島は2012年6月1日に開業した。「島
に暮らす滞在型リゾート」をコンセプトに運営している。

　竹富島は，国内のビーチランキングにおいて上位にはいるコンドイビーチや，
重要伝統的建造物群保存地区の指定を受けている赤瓦のまちなみを観光資源と
し，コミュニティベースで内発的発展を試みてきた観光まちづくりの先進地で
ある。開業当時の島の人口は337人（竹富町 2022b）で，星のやが地域に与え
る影響の大きさを危惧する声もあったが，地域と共生するリゾートとして，開
業以来定期的に「星のや通信」[5]を島の各世帯に届けるなど，地域社会に対す
るCSR活動の情報を発信し続けてきた。

　いま，星のや竹富島の取り組みのなかでもっともユニークなものは「畑プロ
ジェクト」である。島民の方などから在来作物の栽培方法を教わりながら，作
物の種子の保存継承や，失われつつある島の伝統的な畑文化の復興を試みるも
のである。イモや粟から始まり，クモーマミ（小浜大豆）や命草（ぬちぐさ）
など，星のや竹富島は様々な作物を育てている。ちなみに，命草とは，民間療
法に用いてきた在地の薬草類であり，数年後には54種を栽培し，島の命草文化
の継承に貢献するとしている。もちろん，こうして栽培した在地のものは，

「島テロワール」[6]などのサービスや，命草塩づくりや収穫体験などのアクティビティ，「島時間スパ」の高付加価値化につなげるものでもあり，CSV（Creating Shared Value）経営と結びついたプロジェクトといえる。

　オープンした当時，赤瓦やグック（サンゴ石の囲い）も真新しく，植栽したての若木も細かったが，いまや木々も生い茂り，まちなみを再現した施設もいい色に育っている。施設内の畑も充実しつつあり，もともとの集落よりもかつての集落景観らしさを獲得するに至っている。また，2018年には育てた粟を国の重要無形民俗文化財の指定を受けている種子取祭の際に奉納するなど，島との関わり方を深化させてきた。

　こうした働きかけのなかで，2021年3月，星のや竹富島は，島の自然環境保全に取り組む一般財団法人「竹富島地域自然資産財団」と持続可能な地域社会づくりのためのパートナーシップ協定を締結している。このパートナーシップ協定では，島において社会的価値と経済的価値の両立ができるように，星のや竹富島と財団が，島の漂着ゴミ問題の解決に向けたアクティビティの開発や，粟の6次産業化を図る「粟豊年プロジェクト」などの伝統作物の復興といった活動に協働して取り組むとしている（星野リゾート 2021）。

　このうち漂着ゴミに関するアクティビティは，「まいふなーツアー」として星のや竹富島の宿泊者に販売している。「まいふなー」は島の方言で働きものという意味であり，国の登録有形文化財である西桟橋からコンドイビーチにかけてビーチクリーン活動をする。その際には，財団によるガイド養成教育を受けた星のや竹富島のスタッフが，ニーラン神石（カントゥイ）などの島の伝承を伝えつつ，自然環境のガイドをする。清掃後，財団のラボで，回収したプラスチックを粉砕し，ウミガメ型のオリジナルキーホルダーにアップサイクルするというツアーである。

　図表3－4は，星のや竹富島の企画の変遷をニュースリリースから探ったものである。初期（①）の心身のデトックスを売りにするものから，次第に，フーチバー（ヨモギの一種）やニーブイ（眠り）草などの命草を活用したサービスや民具づくり，祭りの練習風景鑑賞ツアー，伝統的な木造船サバニの操船など，ローカリティの色を帯びたサービスを開発していることがわかる。興味深いことに，新型コロナウイルス感染症（COVID-19）対策の情報発信を強化

した時期（④）から，Withコロナ期（⑤）に入ると，まいふなーツアーのほかに，フードロス問題に取り組むものやプラスチックゴミ削減の促進，海水の淡水化による飲料水の自給といった社会貢献あるいは地域貢献を図ることを企図したものが増えている。

　星野リゾートはもともと島にとっては外部資本ではあるが，共生を図る過程でリゾート施設自体が土着化し，いまでは島の環境保全や文化復興を担う主要なアクターに位置づいている。

図表３－４　企画キーワードの変遷

	抽出語の階層的クラスター
①開業から2015年２月末までに実施した企画関連のニュースリリース	①身体，デトックス，ミネラル，心身　②文化，島
②2015年３月から2018年２月末までに実施した企画関連のニュースリリース	①芸能，種子，取る　②キレイ，ミネラル，天然，収穫，アセロラ　③温まる，蒸し風呂，フーチバー　④自然，御嶽，男，ボルダリング，デジタル，魂　⑤ピクニック，カヤック，西表島，川　⑥スパ，命草，ハーブ，料理，星，ビーチ，ダイニング，シュノーケリング，海，泡盛，民具，星空，クルーズ
③2018年３月から実施した企画関連のニュースリリース～2019年末のニュースリリース	①カヌー，西表島，ジャングル，マングローブ　②命草，スパ，ハーブ，花粉，癒す，風　③芸能，種子，取る　④島民，収穫，海，料理，旬　⑤夕日，サバニ，心身，体験，文化，散策，伝統，健康
④2020年１月から2021年２月末のニュースリリース	①アルコール，対策，Wi-Fi，テレワーク，衛生，ワーケーション，海　②睡眠，ストレス，解放，満天，ハーブ　③朝食，色，除菌　④回避，密，夜空，星　⑤消毒，胃腸，五穀　⑥食材，免疫，サバニ，吹き抜ける，プール，リラックス，健康，コロナ
⑤2021年３月から2022年８月末のニュースリリース	①クリーン，財団，SDGs，海洋，漂着ゴミ　②Withコロナ，美食，贅沢　③ブレイクタイム，コワーキングスペース，コーヒー，ドリンク　④種子取祭，芸能，五穀　⑤空，十五夜，夜長　⑥ティー，眠る，ハーブ，ウォークなど

（注）星野リゾートの「星のや竹富島」関連のニュースリリース163本（2013/3/1～2022/8/23）の記事をKH Coderを用いて計量テキスト分析をした。

4｜まとめ

　本章では，地域社会の課題解決を図っていくエシカル・ツーリズムの可能性を探求してきた。とくに，SDGsの目標14「海の豊かさを守ろう」に関連する先進的なプロジェクトをとりあげた。海のゴミが増加するなか「人手が足りない！　資金が足りない！　キリがない！」（離島経済新聞社 2022, 20）という課題を抱える小規模離島において，清掃活動を継続的に実施することは難しい。本フィールドにおいては，企業が地域コミュニティやNPO，ツーリストを結びつけながら，地域の文化・自然環境の保全を図っていることがわかった。キーは，パートナーシップをベースにしたCSR活動を展開する点にある。

　また，「楽しみのための旅行」をするツーリストからエシカルなふるまいを引き出すためには，なにかしら創造的な仕掛けが必要となる。本章でとりあげた事例では，その役目を負ったのがアートであった。いま，マナー啓発のみならず，より積極的な行動をツーリストにうながす仕掛けを実装していく段階にあるといえる。

　最後に，CSR型エシカル・ツーリズムの留意点について言及しておきたい。本研究では，エシカル・ツーリズムを「観光客に対し，ひとや社会，環境に配慮した行動をうながす観光形態」と位置づけた。エシカル・ツーリズムのすそ野は広いが，本章でとりあげた事例にしぼっていうと，海辺のゴミを回収するという行動がはたして誰のためのエシカルかということである。つまるところ，ゴミ問題の根っこは海の向こうにある私たちの暮らしにあり，私たちの生活の断片が海辺に打ちあがっているのだから。その場限りのものに終わるのならば，結局は日常とつながっていないからこその「旅の倫理もかきすて」，倫理も恥と同じということになる。エシカル・ツーリズムは，非日常と日常との相互連関のありようにふみこんだうえで構想していく必要がある。

課　題

(1)　ニュー・ツーリズムにはどのようなものがあるのか調べてみよう。

(2)　観光客からエシカルなふるまいを引き出すための上手な仕掛けを考案
してみよう。

【注】

1　新しい観光形態を模索するなかで「オルタナティヴ・ツーリズム」や「ソフト・ツーリ
ズム」,「適正な観光」,「責任ある観光」といった様々な概念が誕生している。

2　欧米圏では,おもにリプロダクティヴ・ツーリズムや医療ツーリズムなどの人間の身体
が関わる観光形態において,倫理をめぐる議論が展開してきた。一方,CiNiiによると,
3.11の震災後のボランティア・ツーリズムに対してエシカル・ツーリズムという語彙を当
てたものが日本語文献のさきがけである。

3　「#1 水着のままはハジカサ～(恥ずかしいよ～)」,「#2 島の太陽は甘くみたらならん
ど!」,「#3 島の文化をリスペクト」,「#4「おじゃまします」の気持ちを大切に」,「#5 ゴ
ミは思い出と持ち帰ろう!」,「#6 島はやさしさで走ろう!」,「#7 ピカフレソング～海で
のルール,まもりうた」,「#8 ピカフレソング～山でのルール,まもりうた」といったルー
ル&マナーを日本語,英語および中国語で発信している。

4　平成21年法律第82号「美しく豊かな自然を保護するための海岸における良好な景観及び
環境並びに海洋環境の保全に係る海岸漂着物等の処理等の推進に関する法律」。

5　「星のや通信」では,スタッフ紹介や,スタッフ向けの地域講座「てーどぅん塾」など
の地域と星のや竹富島との交流について記録した「島リレーション」などの情報を掲載し
ている。

6　テロワール(Terroir)は,品質に影響を与える土壌や天候,土地,地形,歴史,ひとの
組み合わせのこと。

【謝辞】

　本章は,科学研究費助成(研究課題21K17977)を受けたものである。また,本章は「CSR
型エシカル・ツーリズムの探求─沖縄県八重山郡の事例から」『日本観光研究学会全国大会
学術論文集』(37)に修正を加えたものである。

【参考文献】

西表島エコツーリズム協会(2021)「海岸漂着ゴミ」(2022年9月1日取得,https://www.
iriomote-ea.com/blank-8)

観光庁・UNWTO駐日事務所(2020)『日本版持続可能な観光ガイドライン(JSTS-D)』
(https://www.mlit.go.jp/kankocho/content/001350848.pdf　2022年8月25日閲覧)

全国離島振興協議会(2022)「持続可能な施策の展開に向けて─「離島振興法改正検討会議」
報告」『しま』67(3)(1月)15-25.

平良彰健(2021)「知識と関心を深めて,その場所の自然や文化を感じる。それがエコツー
リズム」『地域人』73(9月)58-61.

竹富町（2022a）「観光客入域者数」（https://www.town.taketomi.lg.jp/administration/toukei/kankonyuiki/　2022年9月2日閲覧）

竹富町（2022b）「竹富町地区別人口動態票（平成24年5月末）」（https://www.town.taketomi.lg.jp/userfiles/files/page/administration/toukei/jinko/doutai/document_h24.pdf　2022年9月2日閲覧）

竹富町役場世界遺産推進室2020（2020）「ピカフレ竹富町観光ルール＆マナーアップキャンペーン」（http://pikarya-friends.site/　2022年8月22日閲覧）

駐日パラオ共和国大使館（2017）「パラオ・プレッジ（誓約）導入について」（http://palauembassy.or.jp/blog/2017/12/palau-pledge/#.Ywea1XZBxhE　2022年8月25日閲覧）

星野リゾート（2021）「【星のや竹富島】竹富島地域自然資産財団と「パートナーシップ協定」を締結しました（2021年03月18日）」（https://www.hoshinoresorts.com/information/release/2021/03/140412.html　2022年9月2日閲覧）

村山慶輔（2020）『観光再生―サステナブルな地域をつくる28のキーワード』プレジデント社

立教大学観光学部・JTB総合研究所（2021）「観光産業におけるSDGsの取り組み推進に向けた組織・企業団体の状況調査」（https://www.tourism.jp/wp/wp-content/uploads/2021/06/research-tourism-and-sdgs-2.pdf　2022年8月24日閲覧）

離島経済新聞社（2022）『季刊ritokei』No.39（2022年8月25日発行）

Booking.com Japan K.K.（2022）「ブッキング・ドットコム，2022年の「サステナブル・トラベル」に関する調査結果を発表」（https://prtimes.jp/main/html/rd/p/000000296.000015916.html　2022年8月24日閲覧）

Us 4 IRIOMOTE（2022）「Us4IRIOMOTE～西表島の明日に私たちができる4つのこと～」（https://www.us4iriomote.org/　2022年8月29日閲覧）

World Tourism Organization（2014）, *Tourism in Small Island Developing States（SIDS） - Building a more sustainable future for the people of Islands*, UNWTO, Madrid, DOI: https://doi.org/10.18111/9789284416257.

人間社会の
支え合い

■ 第4章

わくわくする，調べる，自由になる
——はじめての社会学

> **本章の目的**
>
> 　本章では，社会学とはなにかという問いに対して，対象としての社会について振り返ったあとで，(1)人間の営みに関心をもつこと，(2)調査と理論に基づいて論じること，(3)偏見や先入観，「常識」を反省して自由になることという，社会学をひろく特徴づける3つの態度・考え方を示している。その上で，「公共社会学」の試みを紹介して，社会にいきる人々や学生とともにつくられる社会学の可能性をみておこう。
>
> **Key Word**
>
> 社会，社会学，質的調査，量的調査，理論，社会問題，再帰性／反省性，ドラマツルギー論，感情労働，公共社会学
>
> **関連するSDGs**
>
>

1 社会とはなにか

　社会学とはなにかという疑問は，多くの人がいだく，もっともな疑問である。そもそも社会学の対象の「社会」そのものが，漠然としている。社会はみえないし，かんじられない。だが，われわれはつねに社会のなかで生きているといわれたり，にもかかわらず，もうすぐ「社会」に出るのだからしっかりしなさい，などといわれたりする。「社会」のつく言葉を挙げてほしいと受講生に毎

年訊ねてみると，社会人，社会福祉，社会保険，現代社会，地域社会，社会主義，人間社会といったたくさんの言葉が返ってくる。こんなふうに，「社会」は幅広いイメージをもった言葉である。

　社会がたくさんのイメージをもつのは，言葉の由来にひとつの理由がある。日本語の「社会」は，英語のソサイエティ（society）に対応する翻訳語である。そして英語のsocietyも，ラテン語で「仲間」や「友」を意味するソキウス（socius）を起源にもつ[1]。英語でも，長いあいだいまとはちがう，別の意味をもっていた。14世紀から16世紀までは，「仲間による団結」や「愛と交友（societies）」，「貴方との交際（society）」といったことを意味した。シェイクスピアの『マクベス』のなかでも「私達自身が客（society）の相手をしてつきあう」とかたられるなど，「具体的な親交や交わりを意味する」ものであった（今野，2014）。抽象的な「集団」も意味するようになったのは，17世紀〜18世紀のことであった。

　日本にsocietyという言葉が入ってきた明治期には，もっとも一般的だった訳語は「世間」だった。そのほかにも，「交際」や「世態」「会社」「社」「人間公共」など，さまざまな翻訳語が当てられた。そのなかで生き残ったのが，福地源一郎が「ソサエチー」のルビつきではじめて使用した「社会」という訳語であった。このように，言葉の由来からみても，「社会」はそれ自体幅広いイメージをもつ言葉なのである。その社会を対象とする社会学が，どこか曖昧な印象を与えるのも無理はない。

　そして確かに，社会学とはなにかという問いの答えには，社会学者たちもどう答えたらいいか悩んできた。曖昧な「社会」をどうにかして明確に捉えようとさまざまなアプローチで努力してきたために，社会に対するまったく異なる「捉え方」（理論や方法論）がたくさんあって，一言では伝えにくいことも悩みの原因のひとつだろう。わたしも，「100人社会学者がいれば，100通りの社会学がある」と何度も聞かされた記憶がある。ただ，じつは，「社会」や「社会学」について統一された答えがないことに，社会学者はそれほど困っていないようにみえる。むしろ異なる捉え方をそのときどきでうまく利用して，社会にあるものをなんでも研究しようと飛び回っているようにみえるのである。

2 | 社会学とはなにかに対する複数の「答え」

2.1　社会学者とは誰か——わくわくすること

　ここで，社会学とはなにか，という難しい問いを少しずらして，社会学者とは誰か？　という問いにかえてみよう。「社会学者とは，……人間の営みに対して，徹底的に，恥じらうことも倦むこともなく，強烈な関心を抱く人間である」（バーガー，2017，37）。これは，ピーター・バーガーという社会学者の言葉だ。この言葉を言い換えれば，人間にかかわる何かに「わくわくする」ものを見つけることが，社会学を学ぶための第一歩となる（もちろんわくわくするだけではなくて，どうしようもなく怒ったり悲しんだりする経験から関心を抱くこともたくさんあるし，大事なことだ）。だから，社会学を学ぶというときに，なによりもいちばん大事なのは，社会のなかで「わくわくする」もの，自分の関心のあるものをみつけることだといえるだろう。

　じっさい，社会学で取り扱われるテーマはとても幅広い。少子化，官僚制，家族，都市，再開発，セクシャリティ，フェミニズム，ポピュリズム，差別，医療，学校，犯罪，移民，エスニシティ，労働，貧困，階級，ハラスメント，社会運動などといった大きな社会問題を取り扱うテーマがある一方で，バイト，ファッション，SNS，恋愛，ヒップホップ，ロックフェス，食事，模型，アイドル，宝塚，アニメ，コンビニ，一人カラオケ，……など，身近にある社会で起きているほとんどどんなことでも学問対象にできる。社会学の幅は，時代によって社会学者の関心に応じて広がったり，対象が移ろったりしているといえるだろう。

2.2　調査によって掘り下げ，理論によって考える

　ただ，わくわくしているだけでは社会学にはならない。社会学は，「社会問題を調査に基づいて考える学問」だといわれることもある。それが「ふつうの社会学」だといわれると違和感もあるが，やはり社会学にとって，「事実」を探求する調査はとても重要な位置を占めている。ここでいう調査は，量的調査

と質的調査とに大別されることが多い。量的調査は，大ざっぱにいえば複数の数量的な事実を比較したり相互の関係性を検討することから社会を分析しようというアプローチである。例えば政府等が出している既存の統計データの分析や，調査票（アンケート）による調査でえられた数量データの分析などがある。質的調査は，データの数量よりも内容，つまり質に注目する調査である。インタビューによる聞き取り調査や，現地で調査をおこなうフィールドワーク，現場でメンバーの1人となって観察をおこなう参与観察などがある。このような調査は，社会学にとっても，また政策決定のさいのベースとなる事実を探求する意味でも重要である。ただし，具体的な個人を対象とするため，調査そのものが対象とする人びとにとって負担や迷惑になりうることを自覚しておく必要があるし，同時に，意図しない危害を加えてしまわないように，研究を公表する場合には研究対象との合意や配慮が求められている。

　大事なことなので繰り返すが，社会学では事実の調査はきわめて重要である。だが，社会学は調査だけに限定されるわけではない。そもそも事実とはなにかが論点となってきた。じっさい，社会問題は誰の立場で語られるかによって大きくその姿を変える。そのため，誰にとっての「事実」なのか，どうやって「事実」が作られるのかといった問いが，問われざるをえなかった。それに対応して，事実は，さまざまな語りや捉え方があるなかで，人びとのやりとりによって形成されるとする社会構築主義や，モノや制度との関係も含めて事実形成を明らかにしようとするアクターネットワーク理論などもある。実際にはもっと無数にあるが，これらの議論は，社会学の「理論」と呼ばれる。社会学は「常識を問い直す」学問，「当たり前を疑う」学問だと繰り返しいわれてきた時期がある。社会学の理論は，自分や他者の人生に寄り添うものだったり，日常を違った姿でみえるようにするものであったりする。調査と同様に，理論もやはり，社会学を基礎づける大事な土台のひとつである。

2.3　社会を反省的にとらえる——ソーシャルの意味

　もうひとつ，社会学と「社会」について理解するときに大事な流れがある。社会学誕生前夜ともいうべき18〜19世紀にかけて，産業革命や商業革命という激動によって，ヨーロッパにおいて農業社会から産業社会への移行が注目され

ていく。この時期に，あらためて社会は「発見」されたといわれる。それは，農村から都市に人びとが労働者として流入し貧困地域を形成していったことによるさまざまな問題の登場とかかわっている。貧困地域では，住宅問題，工場からの煙や排水による公害・環境破壊，下水処理がうまくいかないことによる不衛生，児童労働のために教育が受けられない，貧富の圧倒的な格差，ストレス発散のためにアルコール依存，賭博等による地域の荒廃などのさまざまな新たな問題が起こる。これらの問題が，「社会問題（social problem）」として把握されていくこととなった。そしてこのような社会的＝ソーシャルな問題を解決しようというさまざまな考え方，社会主義（socialism）や社会改良主義（social reform movement）が登場してくる。それぞれ異なりあうそれらの主張のあいだでの「正しさ」を検討するために，まずは社会の「事実」を知ること，それを分析することから社会をとらえていこうというところから，社会学は始まった。社会学は，社会を反省的（reflexive，再帰的とも訳される）にとらえ分析する学問であると言われることがあるが，まさに近代社会の変化を反省的に振り返り，ソーシャルな問題にとりくむための調査・研究をすることから始まったといえるだろう。

3 ｜ 統計から社会をとらえる

　ここまで，社会学的な考え方の大きな枠組みについて説明してきた。では，どのようなものがあるのか，量的調査，質的調査の例をあげてみていこう。

3.1　恋愛と結婚はどう変わったか

　統計を使った分析の一例として，日本における恋愛と結婚の変化と，家族のありかたの変化を見てみよう。あなたは，恋愛について，そして結婚についてどう考えているだろうか。恋愛も，結婚も，したくない人も，したい人もいるだろう。でも，結婚は好きな人と，恋愛で結ばれるものだと考える人が多いのではないだろうか。だが，これはいつでも当てはまる「当たり前」ではない。では，日本ではどのように結婚がおこなわれてきたのか。**図表4－1**は，2015年に実施された「出生動向基本調査」から，結婚にいたる出会いがどのように

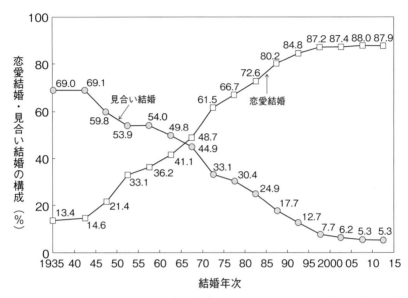

図表４－１　結婚にいたる出会い方の変化

（出所）社会保障・人口問題研究所編（2017）『現代日本の結婚と出産──第15回出生動向基本調査（独身者調査ならびに夫婦調査）報告書』，38頁
http://www.ipss.go.jp/ps-doukou/j/doukou15/NFS15_reportALL.pdf

して起こったかを年代順に追って示したものだ。

　図表４－１をみると，1960年代半ばまで，お見合い結婚のほうが，恋愛結婚より多かったことがわかるだろう。つまり，1960年代までは，お見合い結婚のほうが当然だったのであり，恋愛した人と結婚するのが当たり前になったのは，ここ50年ほどのことなのである。

　このことから何が言えるだろうか。ひとつに，そもそも恋愛と結婚は必ずしも結びつくわけではない，ということだ。恋愛は人と人を結びつけ秩序をつくる力があると同時に，秩序を破壊し関係を断ち切る力もある。既婚者による，結婚相手以外との恋愛は，古代からきわめてよく見られた現象であったし，それで問題ないと思われている時代・地域も少なくなかった（そして現代日本ではそれによって離婚へと至ることも，ごく普通に起こることだ）。それが，日本では，1960年代の半ば以降，恋愛した相手こそが結婚相手であり，唯一の性

的関係を結ぶ相手だと考える，「ロマンティック・ラブ・イデオロギー」が広まったということがある。1972〜73年にかけて連載していた『ベルサイユのばら』という，宝塚歌劇でもよく知られる池田理代子の名作漫画がある。そこでは，主人公の男装の麗人オスカルと親友のアンドレが，一夜を共にする場面があるが，そこで作者は，オスカルに「今夜…ひと晩をおまえ…と…／おまえと……いっしょに…／アンドレ・グランディエの妻…に…」（恋人，ではなく！）というセリフを語らせている。また，フランス国王ルイ16世の妻であるマリー・アントワネットと，スウェーデンの貴族フェルゼンとの恋愛も見どころのひとつだが，フェルゼンは彼女に対し，「未来永劫わたくしの妻はあなたひとりです」と語りかけている。このような恋愛＝結婚という考え方が普及し，「当たり前」をつくっていったとされる（谷本，2008）。

　近年では，「恋愛のゴールは結婚」だと考えるロマンティック・ラブ・イデオロギーは弱まっていったが，「結婚には恋愛感情が必要」だとかんがえる「ロマンティック・マリッジ・イデオロギー」は残っているとされる（谷本・渡邉，2016）。つまり，恋愛してもそれが結婚相手だとすぐに考えるわけではないが，結婚するなら好きな相手としなければならないという考えは残っている。自由に決められ，必ずしも恋愛も結婚に結びつかないとすれば，「もっといい相手がいるかもしれない」という不安・疑念が拭いきれず，それが結婚に対するハードルを上げているとの指摘もある。

3.2　結婚と人口移動

　ほかにも理由として複数語られているが，大きな理由として，産業化と，それにともなう雇用労働化が挙げられている。お見合い結婚では，親や親族が，その相手を選ぶことがおおい。これは，本人のため以外に，「家」を守るという意識が理由にある。いまでも，結婚式では〜〜家と〜〜家の結婚披露宴といわれることが多いように，結婚は，土地や財産などの共有・管理をおこなう「家」が，どう維持・発展するかに深くかかわっていた。そのため，本人同士の意向よりも，「家柄」「職業」「資産」などを主な判断材料として，親が決めるということが少なくなかった。とくに農業や自営業などでは，子は，親の所有している土地や仕事場や人脈などなしに経済的に自立するのはむつかしく，

むしろ「家」の論理が重要であった。それが産業社会化によって，子が工場などで働くようになって，雇用労働によって親からの影響が弱まったことで，本人の意向が重要になっていったという指摘がある（筒井・前田，2017）。

　さらに，当時，日本の人口，とくに若者が，地方から都市へと大量に出てきたことも，理由のひとつだといわれている。それが，お見合い結婚と恋愛結婚の割合が逆転していく時期は，1950年代半ばから1973年のオイルショックまでの，いわゆる高度経済成長期に当てはまり，地元に親を残したまま，大量の若者が都会へと仕事を求めて出てきた。東京圏・大阪圏・名古屋圏の3大都市圏への人口流入は，もっとも多い時期には1年間で50万〜60万人に及んでいた（**図表4−2**を参照）。逆に，地方では，人口流出が進んだことによる過疎化が深刻な問題になっていた時期であった。

図表4−2　3大都市圏の転入・転出超過数の推移（日本人移動者）
（1954年〜2018年）

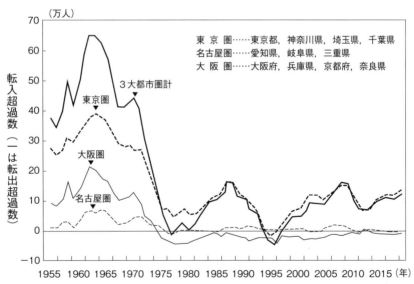

（出所）総務省編（2016）『住民基本台帳人口移動報告　平成27年（2015年）結果（要約）』，
　2頁．http://www.stat.go.jp/data/idou/2015np/kihon/pdf/all.pdf

　こうして都会に出てきた若者たちにとっては，「家」を守るという意識や親の意向よりも，本人の意向が重要になっていく。親も，都市部にいる子のお見合い相手を探すことがむつかしい。その結果として，都市部に出てきたもの同士の恋愛・結婚，職場内での恋愛・結婚が増えていく。このような背景から，国内の人口移動も，お見合い結婚から恋愛結婚へ主流が移行していった大きな要因であるとの指摘がある（岩澤・三田，2005）。

　このように，出会い，恋愛，結婚という一つひとつ「オンリーワン」にみえるものも，統計を使って，国単位で長期的にみてみると，社会の大きな変化を映し出す鏡となるのである。

4 | フィールドワークから社会をとらえる

4.1　社会を舞台に「わたし」を演じる

　つぎに，質的調査と理論がうまく結びついた例をあげよう。アーヴィング・ゴフマンの「ドラマツルギー」論である。おおざっぱにいえば，これは社会を「舞台」として捉える視点であり，同時に，社会に生きる人びとはつねに，場面に応じて役割を演じ分けて，それにあった「自分」を演出していると捉える視点である。人びとは，常になんらかの社会的役割を演じている。社会のなかの行為者は，自らの役割を「演じる」ことによって，スムーズな対面的相互作用を実現している，とゴフマンは指摘している。

　仮にあなたがコンビニでアルバイトをしている大学生であるとしよう。コンビニの店員として，客の前でレジ打ちをしているとき，あなたは敬語で客に対応するだろう。これは，あなたが店員としての「表舞台」に立っており，店員としての役割を演じているからである。しかし，店員として働いているときも，商品棚の裏側という「裏舞台」にいて，商品在庫の補充を同僚とおこなっているときには，同僚とはよりくだけた言葉遣いで話すだろう。同じ「店員」という社会的役割を演じているときも，「表舞台」と「裏舞台」では，その演じ方が違っているし，間違えて客に対して敬語をつかわずくだけた言葉づかいで話しかけてしまったり，同僚に客に接するように丁寧に答えていたのでは，その

場の雰囲気はおかしなものになるだろう。こんなふうに，場面に応じたルール（規則）に基づいて，われわれは役割を演じ続けているし，「裏舞台」にいるときは，表舞台では見せないべつの「わたし」を示すものだ。

　ゴフマンは1年以上も精神病院にフィールドワークをおこない，すぐれた質的研究を残した。そこで彼は，診察室のような「表舞台」で医師や看護師のまえでみせる患者たちの姿と，喫煙室などの「裏舞台」で患者同士だけでみせる姿の違いに気づき，精神病院内にも，外の世界のわたしたちと変わらない「社会生活」があることを鮮やかに示している（ゴフマン，1984）。

　これは筆者の知る例だが，閉鎖病棟に長く入院している老患者が，輪ゴムやティッシュなどを大事に集めていることがある。一見，幼児化しているとか，大の大人がみっともないといったふうにうけとるかもしれない。しかし，自分の持ち物をすべて奪われ，他人に管理されている状態を想像してみてほしい。スマホやこだわりの服・小物，かばん，すべて所有を禁止されている。許可されているのは患者としての服，ベッド，最低限のモノだけ。そんなとき，どうやって「私」を演じればよいのか。とるに足りないものにみえる輪ゴムは，ラジオの電池の蓋がはずれないようにするために使われたり，さまざまに用いられる。それによって，自分のコントロールできる範囲を少しでも保つこと，「私」を演じるための小道具として活用しているのである。こんなゴフマンの研究は，精神病患者を巨大病院に閉じ込めておけば良いという当時の考え方を，脱施設化へと転換させるきっかけともなった。

4.2　感情を使って働くこと

　ゴフマンの議論の発展的な応用例として，「感情労働」論がある。さきほどのコンビニのアルバイトもそうだが，とくにキャビン・アテンダント（客室乗務員）のような接客業や，看護・介護などの仕事の場合，客に対して笑顔でいること，楽しさや快適さ，安心感を客に与えることを，仕事のための任務として，働いている。このような場合，人はそこにある従うべき「感情のルール」に基づいて，自分の感情を使って働いている。このことを，ホックシールドは「感情労働」と呼んだ。彼女の本のなかから，感情労働が強いている感情のルールのわかり易い例として，笑わずに接客をしている女性客室乗務員と，客

である若いビジネスマンとの会話を挙げておこう。

　若いビジネスマンがある客室乗務員に，「どうして君は笑わないの？」ときいた。彼女は持っていたトレイをカートに戻し，彼の目を見てこう言った。「そうね，こうしましょう。まずあなたが笑ったら，それから私が笑うわ」。ビジネスマンは彼女に笑いかけた。「いいわ」，彼女は言った。「じゃあ，止まって。そのまま十五時間動かないで。」そして彼女は立ち去った。（ホックシールド，2000，147）

　上記の会話のなかで，この客室乗務員は客の1人に「笑顔」の仮面をつけさせることで，会社のつくった台本のなかの役割を逆転してみせ，乗客が彼女に笑顔を要求する権利があるとほのめかす会社の宣伝広告に抗議したものとなっている。このような感情労働は，いまでは客室乗務員だけではない。看護や介護，保育，教育，そして「おもてなし」を求められる観光業など，さまざまな分野で問題となっている。

　渋谷（2003）は，介護職が安い賃金，長時間労働など，悪待遇にもかかわらず，ボランティア精神を求められたり，「福祉の心」「無償の愛」を求められることで，厳しい状況に置かれていると指摘している。介護ではクライアントとの接触が長い分，セクハラを利用者から受けたり，嫌なクライアントであったりすることもある。肉体労働の場合は，その労働力は「わたし」とは関係ない，単なる商品としての力だと思うことができる。しかし，感情労働については，「わたし」とは関係ないとは思いにくい。感情は，「わたし」とうまく切り離すのが難しいのである。さらに，労働環境が厳しいなかで，クライアントとの関係を優先させるなら，過剰な労働になってしまうかもしれない。逆にストライキのように怠業をしようとすると，サービスの出し惜しみといわれるかもしれない。そのため感情労働においては，商品化されたものとしての労働と自分をクールに切り離すことが難しく，待遇改善のために経営者と対決するのも難しいと指摘している。

　「感情労働」論という理論をふまえて調査した社会学の研究から，生きづらさが自分だけではなく，その働き方そのものにあるかもしれないこと，「アタ

リマエ」だったことがそうではないこと，働く側と会社側，そして客との関係
を，より人間的にするために改めて問い直すきっかけを与えてくれるのである。

5 | 人びとと学生とともに社会学をつくる
——公共社会学

　つぎに，社会学者と社会との関係についてみていこう。社会学は，社会を対
象としていると同時に，社会のなかにある。だが，社会学が，常に社会に開か
れているかといえば，それは当たり前のことではない。この点について，「公
共社会学（public sociology）」の観点からみていこう[2]。公共社会学は，人び
と（パブリック）とともに，「ローカルで対話的に」つくられる社会学だとさ
れる。2004年当時の国際社会学会の会長であるアメリカの社会学者マイケル・
ブラウォイの講演によって広まった。ブラウォイは，**図表4−3**にみるように，
社会学を専門的社会学，批判社会学，政策社会学，そして公共社会学という4
つに区分する形で示した。

図表4−3　ブラウォイによる社会学における役割分担の4区分

		誰のための社会学か？	
		学術的な聴衆	学術外の聴衆
何のための社会学か？	道具的知識	専門的社会学	政策社会学
	反省的知識	批判社会学	公共社会学

（出所）Burawoy, Michael（2005）"2004 Predsidental Adress: For Public Sociology," *American Sociological Review* 70（Feb), 11, Table 1を加工して作成

　上記のうち，専門的社会学と批判的社会学は，社会学者たちのあいだで，理
論や概念，あるいは方法論を整備したり，その前提となっている考え方を再検
討したりといったかたちで，社会学という学問の展開に貢献するものとなって
いる。
　政策社会学と公共社会学は，学術的な専門家以外を対象とする点で似ている
ところがある。政策社会学は，「クライアントによって定められた目標に奉仕
する社会学」である（Burawoy, 2005, 9）。クライアント，つまり依頼してき
た企業や行政，団体が目標を定め，それにもとづいた調査を行うかたちになる。

　それに対して公共社会学は，「社会学者と人びととのあいだに対話的な関係を築き，そこではそれぞれのアジェンダが持ち込まれ，それぞれが相手に合わせて調整される」ものであるとされる（Burawoy, 2005, 9）。さらに公共社会学には，伝統的なものと有機的なものがあり，有機的な公共社会学は，「労働運動，町内会，信仰共同体，移民権利団体，人権団体と協働する」かたちで行われているとされる。そして，有機的な公共社会学では，社会学者と人びととのあいだには，「対話と相互教育のプロセス」があるといわれる（Burawoy, 2005）。つまり，社会学者は社会のなかの課題に取り組んでいる人びとの活動に参加する。だが社会学者が目標を定めて正解を教えるといった立場ではなく，逆に，人びとが目標を定めて社会学者が従うのでもない。両者がとともに議論しあい，連携して社会を変えていこうとするのが，公共社会学の営みだということになるだろう。

　また，大きな特徴の一つとして，社会学者が対話を行う「人びと」のなかに，「学生」が含まれていることがあげられる。「学生は，つかまえることのできた最初の人びとである」（Burawoy, 2005, 7）。そして，学生とともに行う公共社会学の原型として，アメリカで盛んに行われているボランティア活動などを含む「サービス・ラーニング」を挙げている。つまり，公共社会学は，地域や社会の人びとだけでなく，学生との対話・連携のなかで，ともに社会的な課題に取り組み，ともに社会学を作り上げていくものだと理解できるだろう。

　このような公共社会学は，教育プログラムとして世界各地で実践されるようになっている。例えば，グリーンバーグらは，カルフォルニア大学サンタクルーズ校における実践を紹介している。コミュニティ，学部，そして学部学生を連携させたCISERモデル（コミュニティ主導・学生参加型の研究モデル）として，サンタクルーズの貧困問題に取り組む「No Place Like Home」プロジェクトである（Greenberg et al., 2022）。このプロジェクトでは，月々の家賃の中央値が3000ドル，つまり1ドル100円で換算しても30万円を超えるという，家賃が極端に高騰してしまったサンタクルーズ地域で，家賃負担に苦しんでいる住民や学生たちの現状を調査し，手ごろな住宅へのアクセスを可能にするための取り組みを行っているものである。ここにおいて，学生たちは社会学をともにつくる「人びと」であり，マイノリティ当事者でもあり，知識生産者であ

るとみなされている。

　そのほか，Tolichらによれば，卒業要件として導入されてきた大学主導でのインターンシッププログラムの代わりに，公共社会学にもとづいた「キャップストーン」を実施しているという。これは，将来に公務員やNGOの政策アナリストになるようなスキルを身につけるためことを目指して，社会問題に取り組むことのできる人を育成するプログラムとして行われている（Tolich et al., 2022）。

　このような公共社会学の取り組みは，「まちづくり」や「アクティブ・ラーニング」が多数の大学で実践されている日本においても参考になるはずである。千葉商科大学人間社会学部のアクティブ・ラーニングも，公共社会学の「プロトタイプ」となりうる可能性があるのではないか。改めて，大学は何のために「社会に開かれる」必要があるのかを，キャリア教育的な意味や大学の広報的な貢献に加えて，大学や学生が社会に関与する意義を考える一つのヒントを示しているのではないだろうか。このように，公共社会学の試みを通じて，社会のただなかにある大学において社会学を教え，学生として学ぶことの意味を問い直すことができるのである。

6 ｜ まとめ──人を自由にすることを願う学問

　ここまで，社会学とはなにかという当然の，しかし難しい問いに答えるべく，いくつかの特徴を述べてきた。さいごに，この原稿を書くにあたって，先達の社会学者に「社会学とはなにか」と聞いてみた答えのなかのひとつを共有したい。それは，「人を自由にすることを願う学問」という答えだ[3]。おうおうにして，ひとは気づかないままに自分の先入観に縛られていることが少なくない。とりあげた結婚や家族も「"良い結婚"をしなければならない」といった願いが，逆に苦しめてしまうこともありうるし，同性愛などさまざまな愛のかたちを差別的に考えてしまうこともあるだろう。男性らしく，女性らしく振舞ったり，そう振舞うことを求められて，自分が苦しんだり，相手を苦しめたりすることもありうる。労働現場で，相手のためにと思いすぎて，自分の感情の行き場を見失うこともあるかもしれない。とくに，人は自分とはちがう他者に対す

る想像力がなぜか働きにくく，近しい国の人びとに対する偏見から，差別的な発言を気づかずにしてしまうこともあるかもしれない。これらの多くは，自らの思い込み，偏見の囚われから解放されることで，そこから自由になれるものである。

　社会学を学ぶこと——つまり，いろんなものに「わくわく」して関心をもち，統計や現場から学ぶこと——が，自分のなかにある偏見・先入観をはずして，生きづらさから自由になる手助けとなってほしい。社会学をこれから学ぶ人たちに，そのような社会学との幸福な出会いがあることを願っている。

課　題

(1)　自分にとっての社会のイメージについて考えてみよう。

(2)　自分の好きなもの，いま関心あるものをあげて，自分なりの問いを考えよう。

(3)　関心あるものについて，これまで言われてきたことや統計などの「事実」を調べてみよう。

【注】

1　社会学はフランスの思想家オーギュスト・コントによって発明された新しい言葉だと一般的に知られている。フランス語で社会学はSociologieと綴る。これは，ラテン語のソキウスSociusに由来する言葉 socio-に，学問を意味するギリシャ語ロゴスlogos由来の語尾 –logieをくみあわせて作られた。コント以前に，コンドルセによるフランス革命期の用例もあることが最近指摘されている。詳しくは参考文献の今野（2014）を参照してほしい。

2　公共社会学の「公共」であるpublicは，公的な，といった意味もあるが，公衆とも訳される。ここでは後者の意味を強調するために，パブリックを社会のなかで暮らす「人びと」と理解しておきたい。

3　奈良女子大学の小川伸彦先生からの回答である。記して感謝する。また，この言葉は，「解毒作用のある毒」という言葉とセットで用いられている。社会学は，「人間をさまざまな囚われから解放しつつ，知らないほうがよかったとさえ感じさせるような冷徹な事実をも示してしまう」ときこそ，本来の魅力を発揮すると，小川は雑誌『ソシオロジ』の編集後記で述べている（小川，2013）。

【参考文献】

小川伸彦（2013）「編集後記」『ソシオロジ』58（1）（6月）巻末.

岩澤美帆・三田房美（2005）「職縁結婚の盛衰と未婚化の進展」『日本労働研究雑誌』47（1）

（1月）16-28.

ゴフマン，アーヴィング（1984）『アサイラム――施設被収容者の日常世界』石黒毅訳　誠信書房（Goffman, Erving（1961）. *Asylums: Essays on the Social Situation of Mental Patients and Other Inmates*, New York: Doubleday）.

今野晃（2014）「sociologie のもう一つの起源――その歴史的・概念史的背景」『東京女子大学社会学年報』2（3月）17-30.

渋谷望（2003）『魂の労働――ネオリベラリズムの権力論』青土社.

社会保障・人口問題研究所編（2017）『現代日本の結婚と出産――第15回出生動向基本調査（独身者調査ならびに夫婦調査）報告書』，38頁（http://www.ipss.go.jp/ps-doukou/j/doukou15/NFS15_reportALL.pdf）

総務省編（2016）『住民基本台帳人工移動報告　平成27年（2015年）結果（要約）』，2頁（http://www.stat.go.jp/data/idou/2015np/kihon/pdf/all.pdf）

谷本奈穂（2008）『恋愛の社会学――「遊び」とロマンティック・ラブの変容』青弓社.

谷本奈穂・渡邉大輔（2016）「ロマンティック・ラブ・イデオロギー再考――恋愛研究の視点から」『理論と方法』31（1）（3月）55-69.

筒井淳也・前田泰樹（2017）『社会学入門――社会とのかかわり方』有斐閣.

バーガー，L・ピーター（2017）『社会学への招待』水野節夫・村山研一訳　筑摩書房（Berger, Peter L.1963. *Invitation to Sociology: A Humanistic Perspective*, New York, Doubleday）.

ホックシールド，R・アーリー（2000）『管理される心――感情が商品になるとき』石川准・室伏亜希訳　世界思想社（Hockshield, Arlie R. 1983. *The Managed Heart: Commercialization of Human Feeling*, University of California Press）.

Burawoy, Michael（2005）"2004 Predsidental Adress: For Public Sociology," *American Sociological Review* 70（Feb）4-28.

Greenberg, Miriam & Rebecca A. Rondon & Steven C. McKay（2022）" 'First Publics' as Knowledge Producers: Integrating Students into Organic Public Sociology," in *The Routledge International Handbook of Public Sociology*, ed. Leslie Hossfeld & E. Brooke Kelly & Cassius Hossfeld. London & New York: Routledge.

Tolich, Martin & Michael Fallon（2022）"The Virtue of Teaching Public Sociology in Neoliberal University," in *The Routledge International Handbook of Public Sociology*, ed. Leslie Hossfeld & E. Brooke Kelly & Cassius Hossfeld. London & New York: Routledge.

第5章

現代社会と「こころ」の問題

> **本章の目的**
>
> 　本章では，「こころ」とはいったい何か？　という問いを通じて，現代社会の課題について考えていきたい。コロナ禍の社会で，私たちは人と人との「つながり」の大切さを再認識してきた。ひとりひとりの「こころ」の在り方と，現代社会の「こころ」の問題はどのように影響しあっているのだろうか。
>
> **Key Word**
>
> こころ　コロナ禍　心の健康　予防
>
> **関連するSDGs**
>
>
> 3 すべての人に健康と福祉を　　4 質の高い教育をみんなに

1 ｜「こころ」とは何か

「あなたには心がありますか？」

　授業で学生さんに訊ねる。訊かれた方はきょとんとして，一拍おいてから「もちろんあります」と答える。本学での「心理学」の授業冒頭でのやりとりである。この本を読んでいるみなさんにも同じ質問をしてみよう。大抵の人は「あると思う」と心の中でつぶやくだろう。私たちにとって「こころ」は身近なものである。あって当然であり，家族にも，友人にも，道ですれ違う人にも，「この人には心があるかな…？」と考え込むような場面はほとんどない。私たちは心が「ある」ことを当然の前提として暮らしていて，普段の生活の中で心

のあるなしが意識にのぼることはほとんどないだろう。それでは，「こころ」とはどのようなものだろうか？　これはとても答えるのが難しい問いである。なぜなら，私たちは心を見たことがないからである。心は目には見えないし，手に取ることもできない。心には実体がない。それにも関わらず，私たちはたしかにその存在を感じている。心は不思議なものである。

　心という言葉を使って何か文章を作ってみよう。「心が躍る」「心が痛くなる」「心温まる」「心が折れる」「心を開く」などなど，心の表現はたくさんある。実体のないものでありながら，私たちは心に動きを見出し，痛みや温度を感じる。広がりがあり，開け閉めできる空間のようなイメージを投影する。心がまるで物理的な存在であるかのように感じることもあるだろう。そして，私たちはこれらの言葉の表現を通じてそのイメージを他の人と共有することができる。「心が躍る」と言えば，ワクワクするような嬉しい気持ちであることを想像することができる。つまり，わからないものでありながら，心について私たちは個をこえた共通理解を持っているということである。ところが一方で，心というものは非常に個別性が高い。あたりまえのことだが，自分の心と隣にいる人の心は別のものである。そして，「はい，これが私の心」と取り出して見せることはかなわないので，他人の心を直接に確認することは誰にもできない。つまり心は「あたりまえにあるもの」でありながら「実体のないよくわからないもの」である。また，言葉で表すことのできる共通のイメージを持ちながら，実際には個別性が高く，それぞれまったく別のものである。こんなふうに，「こころ」というものは相反する特徴を内側にもつものだとも言える。

　「こころ」と「からだ」は対になるものとして対比されることもある。さて，心と体は別のものなのだろうか？　日本語では，心の動きを「腹」という言葉を使って表すことがある。腹を立てる（怒る），腹黒い（悪いことを考えている），腹落ちする（納得する）など，その表現は実にたくさんある。体の反応が心を表すことがあるのかもしれない。また，「心」という字は心臓の「心」である。英語のheartも心臓のことだし，心を表す時によく使われるハートマークは心臓の形を模している。心と体は近しいもの，あるいは元を辿れば一つなのかもしれない。みなさんの感覚ではどうだろうか？

　私たちの体は当然目に見ることができ，触れることができる。心は体と同じ

ように私たちにとってとても大切なものであるが，「目に見えない」ということからどうしてもそのサインを見逃されたり，軽視されたりすることがある。体と同じように心に対しても「健康」という言葉を使うことがあるが，心の健康問題とはどのようなことを指すのだろうか。コロナ禍の社会で表面化してきた「心の問題」を取り上げながら考えていこう。

2 | 現代社会の「こころ」の問題

2-1　コロナ禍における子どもと家庭

　新型コロナウイルス感染症は発生から2年以上が経つが，感染拡大の波は私たちの日常の暮らしを大きく揺るがし，変化させてきた。感染症の大流行は，年齢や住んでいる地域を問わず私たちの暮らしを脅かしている。とりわけ，外出の自粛が求められた時期を境に児童虐待相談の対応件数や自殺者数の急増はたびたび報じられてきた。

　筆者は東京都でスクールカウンセラーを勤めており，子どもたちやその保護者の言葉を聴く機会が多い。コロナ禍にあって大きな波をもたらしたのは，2019年2月27日に出された全国の学校への臨時休校の要請であった。とりわけ保護者にとっては，子どもたちが家にいてその生活の世話をしなければならないという物理的な問題が突然のしかかった。これは「すべての学校が休みになるほどの未曾有の事態である」という暗黙のメッセージとなり，自粛の空気を後押しした。テレワークの増加もあり，家族が家庭で常に顔を合わせている状況が生まれ，さらに休業やリストラで生活が困窮するなど保護者自身のストレスが増大することからも子どもへの影響が強く懸念された。ストレスは水のように高いところから低いところへと流れる性質があり，大人の抱えるストレスが子どもに向かっていくことは十分に考えられることであった。現在の社会を覆っている「先の見通せないストレス」が水のように流れていく様は，学校現場でも強く感じられる。学校の中では"家庭ごとの温度差"が問題として取り上げられることがあった。子どもたちが公園で遊ぶことをよしとする家庭，自粛を徹底する家庭，様々な家庭の価値観がぶつかり，トラブルになるケースも

見られた。

　私たちは誰しも「わからない」ということにとてもストレスを感じるが，コロナ禍ではまさにそれが問題となった。ニュースでは連日のように新規感染者数が伝えられ，いつ終息するのか，先のことがわからない。目に見えないウイルスにどこから感染するかもわからないし，「不要不急の外出自粛」では，一つひとつの行動が要なのか急なのか否かは自分たちで個別に判断するよりほかなかった。こうした「わからなさ」がじわりじわりと私たちの心に侵入してくると「こわい」という気持ちがゆらゆらと立ち昇り，心の健康状態は大きく揺さぶられるのである。

　こうした状態について，日本赤十字社では「心理的な感染症」と名付けて問題提起した。日本赤十字社は，新型コロナウイルスの持つ特徴を「3つの感染症モデル」[1]（森光, 2020）として提示し，一般向け絵本ガイド「新型コロナウイルスの3つの顔を知ろう～負のスパイラルを断ち切るために」（日本赤十字社, 2020）を作成してホームページで公開している。このガイドは「わからない」ことが多い新型コロナ感染症について「こういうことが起こるんだ」と見通しを立てるために非常に有用で，2020年3月の発刊から同年7月末までの約3ヶ月間で600回以上のガイド転載許可申請が日本赤十字社に寄せられたという。学校現場の中で，こうした「半歩先に起こることを知っておく」という取り組みがどれだけの安心感をもたらすものかを，筆者も肌で感じる思いであった。

　「わからない」という感覚は非常に私たちの心の安定を損なうが，反対に言えば，自分の手の届く範囲の中に少しずつでも「わかる」を見つけ出していくことは大きな支えとなる。しかし，正しく「わかる」ためには，正しい情報に接することが大切である。正しい情報に接するためには，自分たちの周りの環境や状況についてきちんと知らなければならない。知らないことは見えないからだ。「わかる」を見つけるためには，「きちんと知ろうとする気持ち」がとても大切なのである。

2.2　コロナ禍が大学生にもたらした影響

　新型コロナ感染症が収束の兆しを見せなかった2020年度，首都圏の大学は入

構が制限され，授業のほとんどがオンラインに置き換わるなど多大な影響を受けた。そこから2年が経過した2022年度の現在も，大学内での学生活動はすべてがコロナ禍以前と同じように戻ったわけではなく，様々な局面で制限を受けている。「しばらくすればいずれはもとの生活に戻れる」と思われていたコロナ禍は長期化し，明確な出口はまだ見えていない。「コロナが明けたら○○しようね」と言い合っていた学生たちにとっても，感染症対策は一時しのぎのものではなく日常の風景になりつつあり，ポストコロナにとって代わるようにウィズコロナという言葉が登場してきた。

　実体験を踏まえた卒業論文としてまとめられた『大学生の新型コロナウイルスへの不安と生活の変化』（磯, 2021）では，学生にとっては授業がオンラインになったことが大学生活の中で最も大きな変化であったことが報告されたが，オンライン授業への評価はある面ではよし，ある面では悪し，ということであった。家にいたまま授業を受けられ，通学定期代や時間が節約できることはメリットと感じられる一方，誰にも会えないこと，対人関係が希薄化していることが大きなデメリットであり，すべての学生から友達関係の維持について不安の声が上がった。とりわけ1年生では「友達ができないこと」がとても大きなストレスになっているとの結果が示された。新型コロナの流行の真っ只中で，大学生の生の声を拾ったこの卒業論文は非常に大切なことを示している。大学生が新型コロナに関して不安に感じることは「自分も感染するかもしれない」という不安も当然ながら，「友達と会えない」「孤独だ」という対人関係に関しての不安が群を抜いて高かったということである。コロナ禍の大学生のメンタルヘルスに関する調査も2020年以降次々と報告されているが，国内外の文献をまとめた梶谷（2021），大学相談室で学生から受けた相談をまとめた中村（2021），共に，キャンパスの閉鎖による学生のメンタルヘルス悪化の要因として「孤独感」は見過ごせないと強調している。対面での授業が増え，オンライン授業も大学側のスキルが上がって充実しつつあるとはいえ，学生たちのキャンパスライフのサポート，とりわけ学生同士のつながりを回復させる取り組みをしっかりと作っていかなければならない。ポストコロナ，あるいはウィズコロナの時代の暮らし方を表して「新しい生活様式」とまとめられることもあるが，「暮らしを新しいものに変える」のではなく，人と人とのつながりを回復

させながら環境に適応して暮らしていくという「新しい意識」を持つことが必要なのではないだろうか。

2.3　社会の中で顕在化している心の問題は？

　コロナ禍で心の問題が大きく顕在化していることについて考えてきたが，こうした問題は新型コロナ感染症の広がりをきっかけとしてゼロから生まれてきた問題なのだろうか？　当然そんなことはない。コロナ禍で大きく表面に出てきた社会問題は，これまでにも社会の中に存在していた。2022年版の日本子ども資料年鑑は，子どもと新型コロナウイルス感染症を巻頭特集とし，子どもたちや家庭に起きていることのデータを示している。2.1で触れたように，2020年度以降児童虐待相談の対応件数や自殺者数の増加が報告されている。以下に示すのは，コロナ禍前後での児童虐待相談対応件数の年度ごとの推移と内訳である（**図表5－1**）。

図表5－1　児童虐待相談対応件数の年度ごとの推移と内訳

	総数	内訳（件数および総数に占める割合）			
		心理的虐待	身体的虐待	ネグレクト	性的虐待
2018年度	159,838	88,391 (55.3%)	40,238 (25.2%)	29,479 (18.4%)	1,730 (1.1%)
2019年度	193,780	109,118 (56.3%)	49,240 (25.4%)	33,345 (17.2%)	2,077 (1.1%)
2020年度	205,044	121,334 (59.2%)	50,035 (24.4%)	31,430 (15.3%)	2,245 (1.1%)
2021年度 ※速報値	207,659	124,722 (60.1%) 前年比 +3,388	49,238 (23.7%) 前年比 −797	31,452 (15.1%) 前年比 +22	2,247 (1.1%) 前年比 +2

（出所）厚生労働省「令和3年度児童相談所での児童虐待対応件数」をもとに筆者が作成

　2020年度と比べると，2021年度において身体的虐待は797件減少しているが，性的虐待は2件，ネグレクトは22件，心理的虐待は3388件とそれぞれ増加している。心理的虐待とは，子どもの前で配偶者に暴力を振るう面前DV（ドメスティックバイオレンス）や子どもに暴言を吐く，無視をするなどの行為をさすものである。児童虐待相談対応件数は2020年度に20万件を超えて高止まりして

おり，2021年度の速報値では心理的虐待が60％台に達し，全体の数を押し上げている。また，6章でも述べるヤングケアラーの問題も近年大きくなっている。ヤングケアラーとは，法的な定義はないものの，一般に大人が担うと想定されている家事や家族の世話などを日常的に行なっている子どもとして厚生労働省のホームページで言及されている。ヤングケアラーがケアをしている対象は「きょうだい」が多く，ネグレクトとの関連性も見逃せない。新型コロナの感染拡大による外出の自粛や臨時休校の影響で家庭内の様子が見えにくくなり，水面下に潜る形となっているものがある可能性もある。

　多くの災害と同様，コロナ禍の影響も，弱いところにより過酷に現れてくる。それが如実に表れているのが女性のストレスの増大であることが報告されている。影響が深刻なのがDVの増加である。内閣府男女共同参画局が2021年に実施した調査では，2020年度のDV相談件数は2019年度の1.6倍に増加している。また，経済的な逼迫も大きな問題となった。国際的に見ても男女間の賃金格差は大きいが，コロナ禍における休業がそこに重なり，休業者や離職率は男性に比べて女性ではるかに高い（日本子ども資料年鑑2022, p31）。また，2019年2月の一斉休校が母親の就業に大きな影響を与えた可能性もある。母親が仕事を辞めたりセーブしたりしたことで子どものケアを担当した家庭が多かったのかもしれない。つまり，ここにはジェンダーの問題が根っこにある。

　このように，コロナ禍で大きくなってきた問題の多くが，根っこにもともとの問題を抱えている。種が芽を出すように，もともと社会の中にあった歪みや私たちが抱えてきた日常的な問題が地面の上に顔を出してきたということである。外出の自粛，マスク着用の義務といった大小の行動制限は個人レベルでのストレスを増大させ，ソーシャルディスタンスは心のディスタンスも生じさせやすい。こうした個人の問題が，家庭の中での問題となって芽を出したり，社会的な問題となって大きく取り上げられたりする出来事の根っことなっている。つまり，ポストコロナ・ウィズコロナの社会では，これまで以上に心のもたらす作用にきちんと目を向けていく必要があるのではないだろうか。

3 | 心の「健康」を考えていくには

3.1　心の「健康」「不健康」とはどのような状態で，どう考えたらいいのか

　「メンタルヘルス」という言葉は私たちにも耳なじみのある言葉となっている。目に見えない「心」であるが，身体と同様，心にも健康な状態，不健康な状態があると捉えられている，ということがわかる。しかし，物理的な存在ではない「心」の健康をどのようにとらえればよいのだろうか。

　まず「健康な心」としてイメージする例を挙げてみよう。

　・何か嫌なことがあっても対処できる状態であること
　・気持ちが安定していて規則正しい生活ができていること
　・情緒によって生活に大きく影響が出ない状態のこと
　・生活に支障をきたすほどの不安やストレスを抱えていないこと
　・心と体が苦しくない，快適な環境であること
　・心が病んでいないこと
　・人間関係が良好な状態で自分らしく過ごせること
　・日常生活を楽しく過ごせているということ

　上記の例はすべて授業の中で学生さんに「健康な心って？」と尋ねた時の答えである。ここから，私たちが心の健康として思い浮かべる状態をまとめてみよう（**図表5－2**）。

　そもそも，「健康である」とはどのような状態をさすのだろうか。WHOは，健康を「病気でないとか弱っていないということではなく，身体的にも，精神的にも，社会的にも満たされた状態にあることをいう」として定義している。つまり，健康とは「病気でないこと」だけではなく「体・心・社会生活のそれぞれでいきいきしている状態」であるということだろう。"病気"ではないが何事にも意欲がなくしょんぼりと暮らしている人，"病気"を抱えてはいても活動的にいきいきとして暮らしている人，どちらがより「健康的」なのであろうか。逆説的ではあるが，「病気であっても健康」「病気ではないけれど不健

図表5−2　心の健康とはどのような状態をさすかのイメージと分類

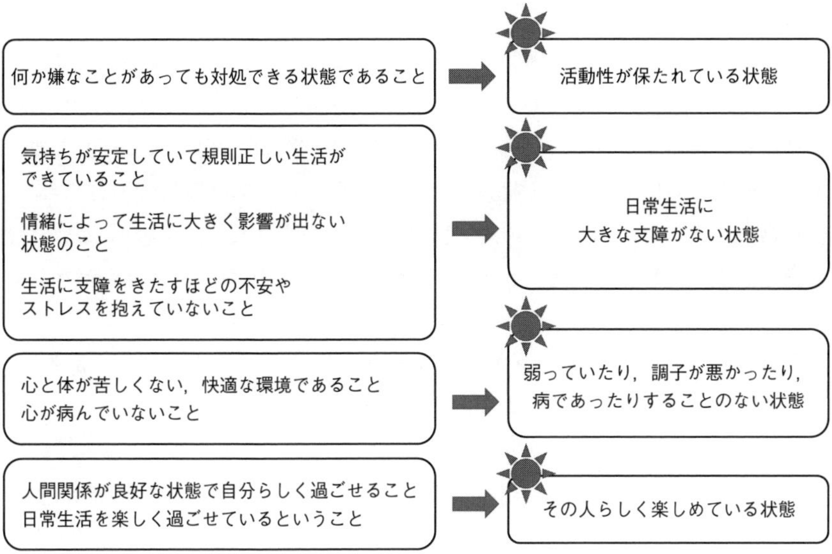

| 何か嫌なことがあっても対処できる状態であること | → | 活動性が保たれている状態 |

| 気持ちが安定していて規則正しい生活ができていること
情緒によって生活に大きく影響が出ない状態のこと
生活に支障をきたすほどの不安やストレスを抱えていないこと | → | 日常生活に大きな支障がない状態 |

| 心と体が苦しくない，快適な環境であること
心が病んでいないこと | → | 弱っていたり，調子が悪かったり，病であったりすることのない状態 |

| 人間関係が良好な状態で自分らしく過ごせること
日常生活を楽しく過ごせているということ | → | その人らしく楽しめている状態 |

（出所）筆者作成

康」という状態が身体的な面においても心の面においても考えられるだろう。

3.2　予防の考え方　〜無病息災と一病息災〜

　無病息災という言葉がある。病気をせずに元気で暮らしていくことを表す。これに対して，一病息災という言葉もある。一つくらい病気があった方が，かえって健康に気をつけて暮らしていくことができるという意味だ。さて，心の健康を考えたときに私たちはどのような心構えでいるのがよいのだろうか。日々の暮らしの中で，「まったくストレスと無縁の生活をする」ということはほぼ不可能に近いだろう。そうすると，ストレスをゼロにすることを考えるよりも，自分にも不調が生じる可能性が大いにあるということを前提に考えてみた方がよいのかもしれない。心の健康をおびやかすリスクに対応するための心構えとして，「不調にならない」ことよりも，「なったときにどうするか」ということを考えておくことが有効な場合が多い。そのために大切なのは，できるだけ早く不調に気がつくことと，気がついたらできるだけ早く対処することで

ある。これを早期発見・早期介入と言う。問題が大きくなってから対処をしよ
うとすると，とても大変になってしまうことが多い。たとえば，インフルエン
ザにかかってしまうと高熱が数日続き，学校もアルバイトも休まなければなら
ない。病院を受診して薬を飲み，しっかりと休養をとることで体が回復する。
けれども，大切な予定がある時期にインフルエンザにかかってしまうと大変で
ある。そのために予防接種を打つなどして，インフルエンザにかからないよう
に対処をする。かかってからの対処ではなく，「あらかじめ（予め）」という対
処法を取る。これを「予防」という。予防とは字のとおり，「(問題が起きる前
に) 予め防ぐ」ということである。

　予防にはいくつかの段階がある（**図表5-3**）。インフルエンザであれば，
まず考えるのは「かからないように」ということである。そのために，人混み
を避けたり，マスクをつけたり，予防接種を打ったりする。このような予防を
1次予防という。あらかじめ問題が起きないようにするための「未然防止」の
取り組みである。しかし，どれだけ気をつけていても，すべてを万全に防ぐこ
とは難しく，不調が生じることはある。このようなときにはまず病院にかかっ
たり，ひどくならないようにゆっくり体を休めたり，という対処をとるだろう。
これを2次予防という。2次予防とは，今起きかけている問題がそれ以上大き
くなることを防ぐために「早期発見・早期介入」をする取り組みのことである。
回復期に無理をすると回復が遅れ，長引いてしまう。ワンシーズンに何度もか
かってしまうことも避けたい。インフルエンザにかかったら，ゆっくり休養し
て回復まで長引くことがないように気をつけ，再度の罹患には細心の注意を払
うだろう。このような対処のことを3次予防という。問題が長引き再び生じて
しまうことを防ぐ「慢性化防止・再発防止」の取り組みである。いずれの段階
においても，問題の状況に応じて，「防ぐ」という意識で介入をする必要性が
示されている。

　これを「心の問題」に置き換えると，どのようなことが考えられるだろうか。
たとえば，友達と喧嘩をしてしまった。イライラするし，思い出すと悲しい。
もちろん喧嘩をしないで済むのであれば，それが一番である。あらかじめ関係
に心を配り，喧嘩になるような事態を防ぐこともできるだろう。1次予防の取
り組みである。けれども，相手のあることである。状況をすべてコントロール

86

図表5-3　予防の3段階

1次予防	2次予防	3次予防
未然防止 問題が発生する前に働きかけをして，発生を未然に防ぐ	**早期発見 早期介入** 問題の悪化や慢性化を防ぐ	**再発防止** 機能回復に努め，問題が再び起こることを防止する
マスクをして風邪をひかないようにする	風邪かな？と思ったら，すぐに暖かい格好で寝る必要なら医者にかかる	ぶり返さないように気をつけ，健康的な生活を心がける

（出所）植村ほか『よくわかるコミュニティ心理学』をもとに筆者が作成

し，事前に防ぐことは難しくもあるだろう。もしも友達とうまくいかなくなってしまったら？　そんなときに自分はどうなるのだろう。イライラして他の友達に当たってしまうことのないようにしたい。そうなる前に，こんなときの自分のパターンを踏まえて，少し気分転換をするのもいいかもしれない。あるいは，友達との仲が決定的にこじれてしまう前に話をして，仲直りに努めるのもいいかもしれない。これはより状況が悪化していくことのないよう，2次予防，すなわち早めの発見，早めの介入をめざした取り組みである。問題が生じかけたとしても，早めに介入をすることが叶えば，その後の改善も見込まれる。「絶対にトラブルが起こらないように」ではなく，「もしかしたら人間関係がこじれることだってあるかもしれない。そうしたらそのときどうしようか」とあらかじめ考えておくと，問題が大きくなることを防げることがある。次に必要となるのが，良くない関係性が今後長期的に続いてしまうことや，同じような問題が二度，三度と繰り返されないようにすることをめざした取り組み，つまり3次予防である。予防の考え方は，そもそもは感染症対策から生まれてきたものであるのだが，心の問題に対しても同じように考えることができる。

3.3　0次予防の考え方

　前述のように，問題が起きてから対処をするのでは，リスクが大きくなってしまうことがわかるだろう。予防の取り組みは，できるだけ早い方がよい。け

れども，予防の取り組みには「効果が見えにくい」という課題がある。予防の
ゴールは「問題が起きない」ということなのだが，問題が起きない場合，そこ
に危機感が生じにくい。また，問題が起きなかったことが予防に取り組んだお
かげなのか，それとも何もしなくても初めから問題は起きなかったのかの区別
を付けることはほぼ不可能である。減った，増えた，など，数字に表れるもの
はわかりやすく，多くの人の理解を得られるが，予防の効果は数字に反映され
にくい。予防の効果を立証するためには，年単位で取り組み，長期的に見て効
果が生じていることを示していくことが必要となるのである。

　近年，「0次予防」という考え方が示されるようになってきた。0次予防で
は，特定の問題が起こることを事前に防ぐことだけを目的とするのではなく，
そもそも問題の起こりにくい土壌，風土を作ることを重要視する。インフルエ
ンザを防ぐために予防接種を打つというのは1次予防であるが，まず生活習慣
を整え，健康で丈夫な体を作ることで病気にかかりにくい体を作るということ
を0次予防では考える。たとえば，適切な親子関係を築くために，事前に子育
てについて親の意識の土台をしっかり作っていくことは1次予防として重要で
あろう。一方，地域の中で暮らす様々な人々のことを考え，よりよい地域環境
を作っていくことで子育てだけではなく誰もが安心して暮らせる地域にしてい
こうとするのが0次予防である。そのように考えてみると，予防というのは大
きく旗振りをして，誰かが先導しなければできない取り組みではないことがわ
かる。社会の中に生きる私たちひとりひとりに必ずできることがある。自分が
生きる地域や社会をより優しい場所，暮らしやすい場所にするために自分自身
にできることは何か，ぜひとも考えてみたい。

4 ｜ 終わりに

　「こころ」とは何か，ということを考えるととても曖昧で不思議な存在であ
ることに気がつく。目には見えない，手にも取れないのに「こころ」は確かに
存在し，その健康度合いが私たちの暮らしに大きな影響を及ぼしている。コロ
ナ禍を経て心の問題は注目されているが，私たちは今一度「こころ」について
考える必要があるのではないだろうか。そもそも，目に見えない「こころ」は

体の問題に比べて軽いものとされてはいないだろうか。もちろん，身体的な安全は生命に直結する。自然と優先度合いが高くなる。2.3で述べたように，児童虐待対応件数の急増の要因として心理的虐待の対応件数が増えているのであるが，これは心理的な虐待が"虐待"として認知されるようになってきたことが背景にある。長い年月，身体的な虐待こそが虐待と見做され，心理的な虐待は見過ごされてきた。新型コロナ感染症への対応についても，同じことが言えるかもしれない。外出の制限，会食の制限等は「新型コロナ感染症への感染を防ぐ」という，身体面での安全を最優先に置いた対応である。しかしその陰で，日常生活の変化を強いられ，心理的な健康が損なわれるという大きなリスクがあったことは事実である。実際の暮らしの中で，私たちはそのことを強く感じてきていた。けれども，コロナ化において心の健康問題への対応は後手に回ってきた。小学校，中学校，高校では修学旅行や文化祭などの行事の中止が相次いだが，その喪失感へのケアは課題として残されている。これから子どもが産まれようとする家庭に対しての両親学級などが中止されたり，立ち会い出産や面会が禁止されたりと，子育てのスタート地点からの支援が手薄になっていることも社会にとって大きなリスクである。身体的な安全，生命危機の回避が最優先であることは間違いないが，身体的な安全の優先度が高いということは心理的な安全を軽視して良い，ということではない。どちらも非常に重要なもので優先度が高いものとして取り扱わなければならない。そのためには，「そこにある」ということを知ることが大事である。知ることで初めて見えるものはたくさんある。心の問題についても，まずは私たちひとりひとりがもっと「こころ」に意識を向け，その存在を大切なものとして認識することが必要なのではないか。日常の暮らしの中で心に意識を向け，予防的な観点を育むことは，私たちの社会をより暮らしやすいものにし，健康的な生活を送るための支えとなる。このテキストを手に取っているみなさんの感じた小さな気づきが，社会を作る大きな一歩になっていくことを期待したい。

> **課　題**
>
> (1)　私たちはどのような「心の健康状態」をめざしていくのがよいのでしょうか。そのためにふだんからできることはどのようなことでしょうか。
>
> (2)　社会の中にある「心の問題」に対して予防の考え方を応用するとしたら，どんな問題に対してどんな対応が考えられるでしょうか。

【注】

1　日本赤十字社は，新型コロナウイルス感染症には「生物学的な感染症」「心理的な感染症」「社会的な感染症」の３つの顔があるとして注意を呼びかけた。この３つはそれぞれ「病気」「不安」「差別」と言い換えることができる。

【参考文献】

愛育研究所編（2022）『日本子ども資料年鑑2022』KTC中央出版

磯宏幸（2021）『大学生の新型コロナウイルスへの不安と生活の変化』千葉商科大学卒業論文

植村勝彦ほか（2017）『よくわかるコミュニティ心理学』ミネルヴァ書房

梶谷康介（2021）「ポストコロナにおける大学生のメンタルヘルス—文献と臨床経験からの見解」『子育て支援と心理臨床』vol.21, pp.77-81

公益社団法人　日本WHO協会「健康の定義」（https://japan-who.or.jp/about/who-what/identification-health/　2022.10.5閲覧）

厚生労働省（2022）「令和３年度　児童相談所での児童虐待相談対応件数（速報値）」（https://www.mhlw.go.jp/content/11900000/000987725.pdf　2022.9.30閲覧）

子ども虐待防止オレンジリボン運動（2022）「厚生労働省　令和３年度の児童虐待相談対応件数を公表」（https://www.orangeribbon.jp/info/npo/2022/09/-3.php　2022.9.30閲覧）

中村裕子（2021）「コロナ禍の大学生と学生相談—相談員の視点から」『子育て支援と心理臨床』vol.21, pp.72-76

日本赤十字社（2020）「新型コロナウイルスの３つの顔を知ろう！〜負のスパイラルを断ち切るために〜」（https://www.jrc.or.jp/saigai/news/pdf/211841aef10ec4c3614a0f659d2f1e2037c5268c.pdf　2022.9.23閲覧）

道又爾（2009）『心理学入門一歩手前—心の化学のパラドックス』勁草書房

森光玲雄（2020）『新型コロナウイルスの３つの顔を知ろう！〜負のスパイラルを断ち切るために』日本赤十字社

森光玲雄・秋山恵子（2021）『特集—コロナ禍における心理支援の視点と工夫　ガイド作成による心理社会的支援の展開』日本臨床心理士会雑誌 Vol.29 No.2　pp.11-17

第**6**章

地域包括ケアシステムと共生社会

本章の目的

　本章では地域包括ケアシステムの構築がなぜ必要なのか？　その背景に
ある現実の課題に視点を向け，未来に繋がる具体的なロードマップを検討
する。

Key Word

Z世代，団塊世代，DX（デジタル・トランスフォーメーション），2025年
問題，地域包括ケアシステム，8050問題，ヤングケアラー

関連するSDGs

1 ｜ 新たな課題と背景

1.1　新たな試練（コロナパンデミック）

　コロナパンデミックを経験した私たちは，我が国の社会保障制度（セーフ
ティネット）の根本的な課題を目の当たりにすることになった。正確なリアル
タイム感染者数把握に必要なデジタル化の遅れや，ワクチン接種における基礎
疾患を持つ方々への医療的なバックアップ，障害者対応が後手後手になった。
医療，福祉，生活情報が繋がっておらず，セーフティネットに必要とされる標
準的なデジタルスペックが未整備だった点が背景にあったと思われる。そもそ
も，従来の2025年を念頭に進めてきた社会保障・税一体改革は一応完了となり，

図表6－1　地域包括ケアシステム

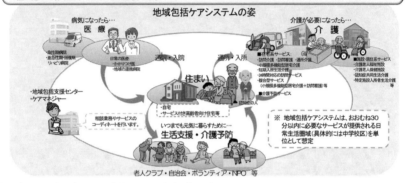

地域包括ケアシステム

○ 団塊の世代が75歳以上となる2025年を目途に、重度な要介護状態となっても住み慣れた地域で自分らしい暮らしを人生の最後まで続けることができるよう、住まい・医療・介護・予防・生活支援が一体的に提供される地域包括ケアシステムの構築を実現していきます。

○ 今後、認知症高齢者の増加が見込まれることから、認知症高齢者の地域での生活を支えるためにも、地域包括ケアシステムの構築が重要です。

○ 人口が横ばいで75歳以上人口が急増する大都市部、75歳以上人口の増加は緩やかだが人口は減少する町村部等、高齢化の進行状況には大きな地域差が生じています。

　地域包括ケアシステムは、保険者である市町村や都道府県が、地域の自主性や主体性に基づき、地域の特性に応じて作り上げていくことが必要です。

（出所）厚生労働省・地域包括ケア研究会（2016）https://www.mhlw.go.jp/stf/
seisakunitsuite/bunya/hukushi_kaigo/kaigo_koureisha/chiiki-houkatsu/

未来を見据えた議論が必要になっていた。そうした流れの中でコロナパンデミックが発生し、「地域包括ケアシステム」「共生社会」の理念実現が大きな意味を持つことになった。

　図表6－1は地域包括ケアシステムの概念図である。2025年を目途に、高齢者の尊厳の保持と自立生活の支援の目的のもと、可能な限り住み慣れた地域で、自分らしい暮らしを人生の最後まで続けることができるよう、地域の包括的な支援・サービス提供体制（すなわち「地域包括ケアシステム」）の構築を推進している。

　未来のゴールは、公的な福祉サービスだけに頼るのではなく、住み慣れた地域で、地域に暮らす地域住民が共に支え合う地域社会にしていこうというものだ。

　そうした地域社会のあり方について、厚生労働省の検討会が「我が事」「丸

ごと」をキーワードに提言をまとめている（厚生労働省・地域共生社会実現本部検討会 2016）。

1.2　なぜ改革が必要とされたのか？

　従来の福祉の仕組みは，医療，介護，障害者，子ども，それぞれが対象者ごとに相談窓口やサービスが縦割りに分かれていた。ところが昨今，複合的な課題を抱える家族が増えており，大きな社会問題となっている。代表例が「8050問題[1]」だ。また，人生100年時代を迎え，身体機能が弱って，買い物，ごみ捨て，掃除，料理など，公的福祉サービス対象外の支援が必要な人も増えている。

　少子高齢化が進む中，支援を必要とする高齢者は増え続け，担い手となる現役世代は減る一方である。財政的にも厳しい我が国において，公的な福祉サービスをさらに充実させることは難しい。そうした中で打ち出されたのが「共生社会」という考え方だ。公的な福祉サービスに頼るのではなく，地域に暮らす地域住民が共に支え合い，地域課題に向き合い，解決する力を再構築しようというものである。

1.3　人口動態から未来の課題を読み解く

　次の図表6−2を見てみよう。第1次ベビーブーム（団塊世代[2]と言わたグラフ左端部分）と第2次ベビーブームが突出しているのがわかる。合計特殊出生率は第1次ベビーブームのピーク時に4.32だったが，2005年（平成17年）は最低の1.26になり，2016年は1.44である。グラフを見て気付かれたと思うが，残念ながら第3次ベビーブームは来なかった。

　1990年，高齢者1人を5.1人で支えていた"お神輿担ぎ型"が，2010年には"騎馬戦型"になり，2025年以降は"おんぶ型"へと移行する（2025年問題[3]）。当然その負担は支える側に圧し掛かることになり，その予測はほぼ当たってしまうのである。なぜなら人は必ず年を取るからである。

　従って現在の人口構造のバランスが2025年，2040年，そして2060年にどう推移して行くかは，ほぼ見通しがつくのであり，だからこそ今，未来課題に向き合う覚悟と対策が必要なのである。

図表６－２　出生数及び合計特殊出生率の推移

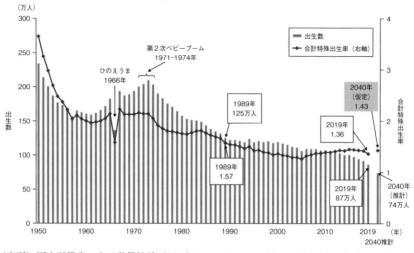

（出所）厚生労働省・人口動態統計（2019）https://www.mhlw.go.jp/stf/wp/hakusyo/
kousei/19/backdata/

1.4　生産年齢人口の推移から課題を読み解く

　2040年は高齢化率35％，３人に１人が引退する社会というのは持続可能な社会なのか？　残念ながら人口構造から見えてくる日本の社会構造の変質は，"今"の当たり前（常識）が通用しない社会なのかも知れない。だからといって悲観的になる必要はない。要は発想の転換が必要なのだ。

　定年制を見直し，高齢者の労働力率を高めることを考える必要があるかも知れない。65歳を超えても働き続けることが可能な仕組みを労使で工夫して行くことが必要だ。

　さらに，労働力率を上げるには女性の活躍に目を向けることも必要である。女性が労働市場で安心して働き続けるためには①保育サービスの充実，②子育てと仕事の継続が両立できる働き方環境の整備，が必要だ。OECD（経済協力開発機構）の統計を見てみると，出生率の高い国は女性の就業率も高くなっており，子育て支援が充実し，女性が働きやすい国は，当然のことながら女性の就業率が高くなっている（内閣府・男女共同参画白書 2006）。残念ながら我が

国は，出生率も低く，就業率も低い。だからこそ，働き方改革を進めつつ，未来の働き手不足の課題に対し，具体的な実効性のある改革，改善が必要だし，改善の余地が沢山ある我が国は，逆の見方をすれば，やっただけの効果が期待できる可能性を秘めているという見方もできる。

1.5　世界の人口変化と地政学的視点

　昨今，「地政学」という言葉をよく目にする。そもそも，地政学とは，地理的な要素に視点を向け，その国の政策的な特徴を研究する学問だが，コロナパンデミックを経て，国際政治やグローバル経済圏に変化が生じ，国家の新たな"立ち位置"を研究する学問として重視されつつある。特に2022年2月24日に開始されたロシアのウクライナ侵攻後，人口減少，少子高齢化という足元の課題に目と意識が向きがちであった私たち日本国民に，国際ルールに基づく国際秩序に頼っていて大丈夫なのかという不安が広がった。新たなグローバル化（国際的な関連性の模索）が必要と認めながら，自国の力で国益を維持し，守るべきではないかという議論も高まっている。かつて世界第二位だったGDPが中国に抜かれ，我が国はいずれ先進国から脱落するのではないかという"狼狽え（うろたえ）"すら感じる。

　そもそも日本の人口は2008年に1.28億人のピークを迎え，その後は減少傾向にあり，2053年には1億人を割る見込みである（内閣府・高齢社会白書 2022）。中国も2025年に14.5億人のピーク（低位推計）となり，その後は人口減少社会となる。一方，インドに目を向けると，2026年〜2027年に中国を抜き，世界1位の人口になる推計も出ている。国連の統計によるとインドは2060年あたりに16.5億まで人口が増える見込みだし，米国も2060年に3.9億という人口増加傾向にある（国連・World Population Prospects 2019）。

　GDPに目を向けると，我が国のGDPは2010年に中国に抜かれた。残念ながら推移は平行線であり，2040年以降はGDPも減少になる可能性だ。そうした中，「世界銀行，長期財政見通し（2021年3月4日発表）」が出した統計推移によると，中国，米国，インドのGDPは伸び続け，2030年頃にGDP世界第一位が米国から中国に移り，同じ頃，日本のGDPはインドに抜かれるという推移になっている。そもそも我が国の立地は，西側に位置する民主主義の大国アメリカと，

それとは異質な中国に挟まれいる。米中そして中国と国境を接する未来の大国インドを地理的視点で見ることにより，新たな課題も見えてくる。

　我が国が目指す地域包括ケアシステム構築のゴールがあるとすると，それは2040年だ。だとすると，そのゴールに向けたロードマップは単に日本国土という単体で見るのではなく，世界の人口変化の推移と，地政学的な視点を重視する必要がある。

2 | 人口減少を踏まえた新たな改革の方向性

　我が国の人口減少の傾向は明らかである。2008年をピークに減少し続けていく。残念ながらこの傾向は変わらない。だからこそ，新たな改革の方向性を示しておく必要がある。

2.1　DX（デジタル・トランスフォーメーション）の理解

　最近，DXという言葉を聞くことが多くなっている。DXとは「Digital Transformation」の略である。デジタルというキーワードが最初にあるので，何となく最新の情報通信技術やAI，IoTを活かした改革？　とまでは想像がつくだろう。では，なぜデジタルチェンジ「DC」ではなく「DX」なのか？　さらに，どうして「DT」ではなく「DX」なのか？　そもそも英語圏では「Trans」を省略するときに「X」と書くからだが，大事なことはトランスフォーメーションの意味である。一般的に「情報化」や「デジタル化」という言葉が使われているのに，わざわざ「DX（デジタル・トランスフォーメーション）」が使われるのは，本質的な（根本的な）『構造の変容』という意味を持っているということだ。

　そもそも，トランスフォーメーションの意味は「変化」でなく「変容」だ。変化は見た目が変わること，変容は見た目だけでなく，その本質（構造）が変わることである。例えば，夜更けにセミの幼虫が地中からはい出て，木にとまり，明け方に羽化してセミになる過程を思い出して頂きたい。セミの幼虫がセミになる姿を容易に想像できるだろうか？　蝶の羽化も似たような感じかもしれないが，そうした想像を超えた「変化」が「変容」の意味である。

　従来型の業務の「やり方」を変える。例えば保健所でのコロナ感染症実数把握の過程で問題になったFaxをPCにするとか，ペーパレス化は本質的なDXとは別物である。

　前述のとおり，人口構造の変質だけ見ても2040年に向けた改革は待ったなしだ。「失われた30年」と言われて久しい。その根本的な背景に人口減少，少子高齢化による労働人口の減少がGDP（国内総生産）の低迷をもたらしたという見方がある。だが，人口減少社会でありながらも成長している国は存在する。我が国の高齢者介護・福祉の分野を振り返ると，特に介護分野は介護保険制度という公的なサービスが中心にあり，賃金は介護報酬に紐づくため，低賃金が続いていた。2021年度からようやく介護現場における「ICTの利用促進」「情報連携の促進」が国の助成事業として進められおり，情報連携，業務効率化，ロボット，センサー等のICT活用により，大幅な業務改善（労働生産性の改善）が期待される（厚生労働省・介護現場のICTの利用促進 2021）。「地域包括ケアシステム」という共生社会実現に向けた"ネットワーク構築"がようやく動き出そうとしている。

　このまま何もしなければ，日本は先進国という称号から外れてしまうかも知れない。そして共生社会実現に向けた険しい道のりを洞察する上でDXの視点で未来を見る必要がある。逆の見方をすると，まだ「昭和の古い文化（構造）」を引きずりながら，新たな社会システムである「地域包括ケアシステム」構築を模索しているのであれば，DXで大きく，今までとは違った「変容」をできるチャンスがあるという見方もできる。2040年社会の主役はＺ世代[4]だ。10代から25歳までの若者の文化（ものの見方，処理の仕方）は昭和世代のものと明らかに異なっている。もはや異次元と言っても過言ではない。Ｚ世代の大きな飛躍に期待したい。

2.2　DXに必要なOXとPX

　2022年9月15日「敬老の日」全国の100歳以上の高齢者は9万人を超えた（厚生労働省・Press Release 2022）。老人福祉法が制定された1963年に153人だった100歳以上の高齢者は98年に初めて1万人を突破，この10年で1.8倍となり，しばらくの間，我が国の超高齢化傾向は変わらない。よっぽどのことがな

い限り，この傾向は2040年まで続く。超高齢社会が続く中で，医療や介護に携わる人材の問題は我が国の最重要課題の一つだが，2022年版厚生労働白書は，高齢者数がほぼピークとなる2040年に就業者が100万人不足すると指摘している。この20年間で，医療・介護の就業者数は1.9倍に増えているが，今後20歳〜64歳の現役世代人口が急減するため，人材確保が追い付かないという見通しだ。

だからこそ，医療・介護分野に限らず，保険給付対象外の生活支援サービス産業，障害者の暮らしをサポートする分野等，多くの産業でDXという大変容，組織の大改造が必要となってくる。すなわち，DXを実践するにはOX（オーガニゼーション・トランスフォーメーション）という組織・チームの変容が求められ，さらに，組織・チームの構成員である人材のトランスフォーメーションPX（パーソナル・トランスフォーメーション）の視点が不可欠になってくる。

AIやロボット工学などの新たな技術革命（テクノロジー）はエッシェンシャルワーカー（日常生活やインフラに不可欠な職種の従事者）の労働生産性を飛躍的に向上させる可能性がある。ここで大事なのは，個人がそのデジタル技術を使えばいいという話ではないということだ。その個人が働く組織そのものが従来のものとは違った姿に変容できなければならないし，組織，チームが変容するためには人（個人）のPXが必要になってくる。

では，人（個人）の変容とはいかなるものなのか？　一言で表現すると「自己成長（自己概念の拡大）」だ。

組織，チームというものは「放っておくと低いレベルで安定する」と言われている。「失われた30年」は「古い固定観念から抜け出せなかった30年」と表現できるかも知れない（経済産業省・不安な個人，立ちすくむ国家 2017）。「自己変容」を実現する過程で人は成長を経験する。そしてその経験は従来の延長線上ではなく，自らが新たな概念を創出し続ける道程上に存在する。成長とは自己概念の拡大であると表現した意味がここにある。

2.3　精神障害にも対応した地域包括ケアシステムの構築

厚生労働省は「良質かつ適切な精神障害者に対する医療の提供を確保するた

めの指針」（平成26（2014）年３月７日厚生労働省告示第65号）で，入院中心の精神科医療から精神障害のある人の地域生活を支えるための改革実現に向け，目指すべき方向性を示している。この２年間を振り返ると，コロナパンデミックが社会に及ぼした影響ははかり知れないものがある。地域生活の基盤が大きく変化し，働き方，学び方も大きく変化した。その変化すべてに問題があるというわけではなく，リモートワーク，オンライン授業などは，DXのロードマップを考えると，新たな働き方，学び方を経験し，大きなインパクトがあった。

　半面，その変化があまりにも急激であり，一気に，人と人とが繋がらない社会になったため，新たに精神的な不安定・不適応となるケースが多く散見されるようになった。

　そうした流れもあり，あらためて精神障害にも対応した地域包括ケアシステムの一層の推進が検討されている。次頁の**図表６－３**はその役割を整理したものである。

　この**図表６－３**の中心は“住まい”である。「精神障害にも対応した地域包括ケアシステム」とは，精神障害の有無や程度にかかわらず，誰もが安心して自分らしく暮らし続けることができるよう，医療，障害福祉・介護，住まい（住まい方），社会参加（就労など），地域の助け合い，普及啓発（教育など）が包括的にネットワークで繋がった社会システムのことである。

　目標の達成に向け，精神科病院に入院している患者の退院（地域移行）に対する意識を高めることや，退院後の住まいの確保や支援体制の構築，日中活動の場，精神科外来，デイケア，訪問系サービス等，地域の社会資源整備も必要になってくる。また，精神障害，および精神障害者に対する地域社会の理解が必要であり，あらゆる人に対して，共生できるインクルーシブ社会（包摂的社会）の実現に向けた教育，啓発活動が大事である。

図表６－３　精神障害にも対応した地域包括ケアシステム

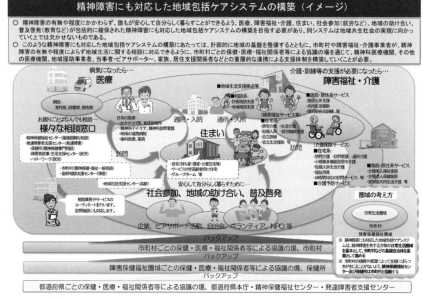

（出所）厚生労働省・精神障害にも対応した地域包括ケアシステムについて（2020）https:// www.mhlw.go.jp/stf/seisakunitsuite/bunya/chiikihoukatsu.html

3 ｜ 共生社会の実現に向けて

3.1　地域包括ケアシステムの次は共生社会

　人口減少，少子高齢化が進む中で，国は福祉のあり方について様々な改革，提言を行ってきた。地域包括ケアシステム（後に詳述）という医療，介護，予防，住まい，生活支援が包括的に確保される体制の構築を2025年を目途に推し進め，2016年６月には「ニッポン一億総活躍プラン」（閣議決定）に共生社会の実現が盛り込まれた。

　2017年２月には社会福祉法改正案（地域包括ケアシステムの強化のための介護保険法等の一部を改正する法律案）が国会に提出され，同月，厚生労働省自身が「『共生社会』の実現に向けて」（当面の改革工程）を「我が事・丸ごと」

地域共生社会実現本部で決定，5月には社会福祉法改正案が国会で可決・成立
している。

3.2　改正社会福祉法の概要

　改正社会福祉法は，地域包括ケアシステムの強化のための介護保険法の一部
を改正する法律として成立している。その中で，「我が事・丸ごと」の地域福
祉推進の理念を規定しているが，最も大事なことは，支援を必要とする住民
（世帯）が抱える多様で複合的な地域生活課題について，住民や福祉関係者に
よる①把握及び②関係機関との連携等による解決が図られることを目指す旨が
明記されていることである。

　さらに，この理念を実現するため，市町村が包括的な支援体制づくりに努め
る旨を規定している。内容は①地域住民の地域福祉活動への参加を促進するた
めの環境整備，②住民に身近な圏域において，分野を超えて地域生活課題につ
いて総合的に相談に応じ，関係機関と連絡調整等を行う体制，である。そこで
述べられている「関係機関」の具体例として，地区社協，市区町村社協の地区
担当，地域包括支援センター，相談支援事業所，地域子育て支援拠点，利用者
支援事業，社会福祉法人，NPO法人，等が挙げられている。また，主に市町
村圏域において，生活困窮者自立相談支援機関等の関係機関が協働して，複合
化した地域生活課題を解決するための体制についても言及している。

3.3　実現に向けた改革の方向性

　共生社会の実現に向けて，大事な考え方は「福祉の領域だけではない」とい
う事だ。従来の縦割り発想から脱却し，"福祉"の領域だけでなく，人・分野・
世代，を超えて，「モノ」「お金」「思い」が循環し，相互に支える・支えられ
る関係が不可欠である（厚生労働省・子ども家庭局長，社会援護局長，老健局
長連盟通知 2017）。

　あらためて，「共生社会」とは，制度・分野ごとの『縦割り』や「支えて」
「受けて」という関係を超えて，地域住民や地域の多様な主体が『我が事』と
して参画し，人と人，人と資源が世代や分野を超えて『丸ごと』繋がることで，
住民一人ひとりの暮らしと生きがい，地域をともに創っていく社会である

（厚生労働省地域共生社会実現本部検討会議「我が事・丸ごと」2017）。

改革の方向性の大枠は次の2点である。

①　公的支援の『縦割り』から『丸ごと』への転換

②　『我が事』・『丸ごと』の地域づくりを育む仕組みへの転換

そして今後の方向性として以下5点が具体的に示されている。

①　地域共生が文化として定着する挑戦

②　専門職による多職種連携，地域住民等との協働による地域連携

③　「点」としての取組みから，有機的に連携・協働する「面」としての取組みへ

④　「待ち」の姿勢から，「予防」の視点に基づく，早期発見，早期支援へ

⑤　「支え手」「受け手」が固定されない，多様な参加の場，働く場の創造
　　（厚生労働省・地域力強化検討会議 2017）

3.4　ヤングケアラーという新たな課題

ヤングケアラーとは，「家族にケアを要する人がいる場合に，大人が担うようなケア責任を引き受け，家事や家族の世話，介護，感情面のサポートなどを行っている，18歳未満の子ども」と定義されている（澁谷，2018, 24）。　法令上の定義はないが，地域包括ケアの視点で見れば，学齢期の子ども，大学生を含めたヤングケアラーの問題は，非常に大きな社会問題である。

令和3年3月に実施された「ヤングケアラーの実態に関する調査研究（三菱UFJリサーチ＆コンサルティング株式会社）」によると，世話をしている家族が「いる」と回答したのは，中学生2年生が5.7%，全日制高校2年生は4.1%となっている。

ヤングケアラーの特徴は「介護者」として見えず，自らもそうした認識を持たないまま，睡眠不足や疲労を溜めていき，それが長期化すると学業にも影響してしまう。退学や成績不振の背景にはこのような問題が潜んでいる可能性がある。

地域包括ケアシステム構築過程で2025年には団塊の世代が全員75歳を迎える「大介護時代」が間違いなく到来する。だとするとヤングケアラーの問題は，人材不足の問題にも絡め，早急な対応が求められる。

世界に先駆けて，イギリスは1980年代末からヤングケアラーに着目し，実態調査や支援を行ってきている。遅ればせながら，我が国のモデル事業として，2022年11月から愛知県大府市で「ヤングケアラー」を総合的に支援する事業を開始している。県の委託によるモデル事業として実施し，早期発見・把握から早期支援開始まで一貫した取組みを行う。市の福祉総合相談室に，事業のコーディネーター役や専門職を配置している。このような取組みが全国で早急に実施されることを望みたい。

3.5　外国人との共生

共生社会の未来を考える上で，外国人との共生に向けた様々な課題にも視点を向ける必要がある。2020年1月下旬から感染拡大したコロナパンデミックで，多くの国で海外渡航規制が実施された。2022年10月以降は感染状況も落ち着き，我が国も入国規制が緩和され，観光目的以外の訪日外国人も増加傾向にある。ただし，コロナ前の水準に戻るにはまだ時間を要するであろう。

翻って，我が国を訪れる外国人の数は，日本政府観光局（JNTO 2018）の統計を見ると，2018年は3,119万人だ。在留する外国人も法務省の統計では，2018年末時点で273万人，就労する外国人も2018年10月末時点で146万人と，いずれも過去最高となっていた。

そうした流れの中で政府は2006年に「『生活者としての外国人』に関する総合的対応策」に基づいて外国人が暮らしやすい地域社会のあり方について議論を進めてきている。さらに，新たな在留資格「特定技能1号」及び「特定技能2号」が2019年4月に施行され，政府はより総合的にかつ包括的な対応として「外国人材の受け入れ・共生のための総合的対応策」を取りまとめている。

少子高齢化，生産年齢人口の減少に伴う“人材不足”にどう向き合うのか？　「移民の受け入れ」という視点ではなく，「外国人材を適正に受け入れる」という視点と，受け入れた外国人を孤立させることなく，地域社会の一員としてどのように受け入れて行くのかという課題意識は国民すべてが持つべきである。

2025年問題や2040年問題は，我が国の人口構造の変遷過程を見れば“ほぼ間違いなく起こる未来課題”だ。

　ここで大事なことは，外国人材を適正に受け入れるための様々な環境整備においては「受け入れ側」「受け入れられる側」という単純な構図ではなく，受け入れ側の国民すべてが，目指す共生社会のあり方，実現に向けて個々の地域社会特性を踏まえながら理解と協力体制を持続的に維持して行く"覚悟"が必要であろう。なぜならば，「外国人との共生」についての課題解決は即答できるものではなく，継続的な創意工夫が必要だからである。そして受け入れられる側の外国人もまずは"共生の理念"を理解し，地域社会のルール，風土，文化（ものの考え方・処理の仕方）を理解に向けて継続的な努力が必要である。

4 | まとめ

　本章では「共生社会」の実現に向けた包括的な支援ネットワーク（支援体制）構築がなぜ必要なのかを，2040年を大事な通過ポイントとしながら，人口構造の変質，とりわけ生産年齢人口の減少が及ぼす社会的な影響と課題に視点を向けながら，改革の方向性を示してきた。また，コロナパンデミックから新たなグローバル化の必要性が浮上し，世界の人口構造変化と地政学的な視点からも我が国の"立ち位置"について議論する必要性にも言及した。そして，新たな改革の実践過程で，DX（デジタル・トランスフォーメーション）の本質的理解，自らが変容するPX（パーソナル・トランスフォーメーション）の重要性も述べてきた。

　最後に，地域包括ケアシステムから「共生社会」実現への変遷と改革の工程（ロードマップ）を示し，新しい課題としてヤングケアラーの現実にも触れ，アフターコロナの未来課題として，外国人との共生に向けた私たちの"心構え"も示した。

　平成が終わり，新たに令和がスタートした。2040年に向けて，少子高齢化，人口減少社会が進行する我が国の未来は決して楽観視できるものではない。しかしながら，"未来"は充てがわれるものではなく，自ら創り上げるものである。だからこそ，未来に向けた基本的なものの考え方，処理の仕方（基底概念）の中心軸が大事なのであり，その意味で「共生社会の実現」という理念は重要である。

　ただし，その理念はお上から指示されるものでもなく，「押しつけられる」ものであってはならない。"共に支え合う"文化はそれぞれの地域で，地域住民が自らの営みの中から産み出して行くものであろう。日本全体を見れば，都道府県，市区町村によって人口構造，地場産業，高齢化率，出生率，外国人の就労数，すべてが違っているはずである。ましてや2040年からさらにその先の未来を見据えた時に，判断基準は"今"ではない。"変化の先"を見る目が必要だ。2040年が大事な理由がそこにある。

　『「共生社会」の実現』が，若い方々の未来のビジョンとして位置付けされ，それぞれの営みを通して，新たな支え合いの文化が醸成されることを望みたい。

課　題

(1)　2025年問題が社会に及ぼす影響について考えてみよう。

(2)　2040年がなぜ"第二の戦後"と言われているのか？　議論してみよう。

(3)　2050年の共生社会はどのような社会なのか？　DXも絡めながら洞察してみよう。

【注】

1　8050問題は，80歳代の親が50歳代の子どもの生活を支えるという問題。そもそも，1980年代〜90年代に「若者のひきこもり」が社会問題とされていた。約30年が経過し，その当時の当事者が40歳代〜50歳代，その親が70歳代〜80歳代となり，こうした親子の社会的孤立，生活困窮が大きな社会問題となっている。

2　団塊の世代は，1947年（昭和22年）〜1949年（昭和24年）に生まれた世代。第一次ベビーブーム世代とも呼ばれる。第二次世界大戦後の高度経済成長，バブル景気を経験している。

3　2025年問題は，2025年に団塊世代がすべて75歳以上の後期高齢者になること。人口減少が進む中で，15歳〜64歳の生産年齢人口が7000万人ほどに減少する一方，後期高齢者の割合は全人口の18％以上と予想されている（厚生労働省・人口動態統計 2019）。それに伴う社会保障費，医療・介護費の負担増加が大きな課題となっている。

4　Z世代とは，概ね10代から25歳までの若者世代であり，生まれながらにしてデジタルネイティブである初の世代である。

【参考文献】

江崎禎英（2018）『社会は変えられる』国書刊行会
小山望（2020）『これからの共生社会を考える』勅使河原隆行・内城喜貴監修

鏡　論（2017）『介護保険制度の強さと脆さ』東京自治研究センター

香取照幸（2017）『教養としての社会保障』東洋経済新報社

経済産業省（2017）「不安な個人，立ちすくむ国家」（https://www.meti.go.jp/committee/
summary/eic0009/pdf/020_02_00.pdf　2022年9月10日閲覧）

厚生労働省・地域共生社会実現本部検討会（2016）（https://www.mhlw.go.jp/file/05-
Shingikai-12201000-Shakaiengokyokushougaihokenfukushibu-Kikakuka/0000153276.pdf
2022年7月20日閲覧）

厚生労働省・人口動態統計（2019）『統計情報白書』（https://www.mhlw.go.jp/stf/wp/
hakusyo/kousei/19/backdata/01-01-01-07.html　2022年8月28日閲覧）

厚生労働省（2022）・Press Release（https://www.mhlw.go.jp/content/12304250/000990671.
pdf　2022年9月20日閲覧）

厚生労働省（2021）「介護現場のICTの利用促進」（https://www.mhlw.go.jp/stf/kaigo-ict.
html　2022年9月10日閲覧）

厚生労働省（2020）「精神障害にも対応した地域包括ケアシステムについて」（https://www.
mhlw.go.jp/stf/seisakunitsuite/bunya/chiikihoukatsu.html　2022年10月5日閲覧）

厚生労働省（2022）『厚生労働白書（令和4年版）』日経印刷

厚生労働省・子ども家庭局長，社会援護局長，老健局長連盟通知（2017）（https://
mhlw.go.jp/file/06-Seisakujouhou-12600000Seisakutoukatsukan/0000189728.pdf　2022年
10月5日閲覧）

厚生労働省地域共生社会実現本部会議（2017）「我が事・丸ごと」（https://www.mhlw.
go.jp/file/05-Shingikai-12201000-Shakaiengokyokushougaihokenfukushibu-
Kikakuka/0000153276.pdf　2022年10月2日閲覧）

厚生労働省・地域力強化検討会議（2017）（https://www.mhlw.go.jp/stf/shingi2/0000176885.
html　2022年10月2日閲覧）

厚生労働省・地域包括ケア研究会（2016）「地域包括ケアシステム」（https://www.mhlw.
go.jp/stf/seisakunitsuite/bunya/hukushi_kaigo/kaigo_koureisha/chiiki-houkatsu/　2022
年10月2日閲覧）

国際連合（2019）・World Population Prospects（https://www.unic.or.jp/　2022年9月20日
閲覧）

澁谷智子（2018）『ヤングケアラー』中央公論新社

筒井孝子（2014）『地域包括ケアシステムの構築のためのマネジメント戦略』中央法規出版

東京大学高齢社会総合研究機構（2010）『2030年超高齢未来』東洋経済新報社

内閣府（2022）『高齢社会白書』（https://www8.cao.go.jp/kourei/whitepaper/index-w.html
2022年9月10日閲覧）

内閣府（2006）『男女共同参画白書』（https://www.gender.go.jp/about_danjo/whitepaper/
index.html　2022年7月20日閲覧）

二木　立（2015）『地域包括ケアと地域医療連携』勁草書房

日本政府観光局（2018）『訪日外客統計』（https://www.jnto.go.jp/jpn/statistics/data_info_
listing/index.html　2022年10月5日閲覧）

松山幸弘（2015）『医療・介護改革の深層』日本医療企画

宮本太郎（2017）『共生保障』岩波書店

宮本太郎（2009）『生活保障』岩波書店

山崎史郎（2017）『人口減少と社会保障』中央公論新社

■ 第**7**章 ■

現代における地域社会と地域福祉

本章の目的

　本章では，現代における地域社会と地域福祉をテーマとし，地域社会の現状を理解したうえで，地域福祉の概念や地域福祉教育の必要性について学び，さらには地域福祉の課題について学ぶことを目的とする。また，地域福祉の推進の事例を通じて地域福祉に関する理解を深めることとする。

Key Word

地域福祉，地域活性化，地域共生社会，福祉教育

関連するSDGs

3	11	12
すべての人に健康と福祉を	住み続けられるまちづくりを	つくる責任つかう責任

---

1 ｜ 地域社会と地域福祉の理解

1.1　地域社会の現状

　今日の日本では，都市部においては人口の流動化や近所づきあいの希薄化が進み，また地方においては少子高齢化の影響により過疎化が進んでいることは周知の通りである。地域においては，人口が減少して活気がなくなることに対して不安を抱く住民もおり，自分たちの手で地域福祉の推進や地域活性化を図ろうという動きもある。例えば，地域福祉の推進や地域活性化を目的とした様々なイベントを開催したり，地域の課題に取り組もうとする目的で地域ボランティア団体を形成したり，子どもから高齢者まで，そして外国人も交えた交

流を行うための国際交流に関する取り組みをしたり，地域の特産品を使った商品を開発するなど，住民が自らアイデアを出し合って活動を行っている。

　また日本創成会議の人口減少問題検討分科会（座長・増田寛也元総務相）の発表では，日本の人口が減少すると全国の地方自治体の維持が難しくなるとの長期推計があった。具体的には2040年には全国の市町村のうち半分が消滅するというものであった（日本経済新聞，2014）。そのため，安倍内閣では「地方創生」というテーマを掲げ，人口急減・超高齢化という課題に対し政府一体となって取り組み，まち・ひと・しごと創生本部を設置するなど，各地域がそれぞれの特徴を活かした自律的で持続的な社会を創生できるよう様々な施策を講じることとなった。このように現代における地域のコミュニティは変容しており，地域のつながりを再構築し，地域福祉を推進させることが望まれている。これらの活動を行うにあたっては，地域住民が共通の問題意識を持って取り組むことが大切である。

1.2　地域福祉の概念

　地域福祉の定義については，様々な研究者によって議論されている。例えば，上野谷加代子は「住み慣れた地域社会の中で，家族，近隣の人びと，知人，友人などとの社会関係を保ち，みずからの能力を最大限発揮し，誰もが自分らしく，誇りをもって，家族およびまちの一員として，普通の生活（くらし）を送ることができるような状態をつくっていくことである。」（上野谷・松端・山懸，2013，2頁）と定義している。大橋謙策は「社会福祉サービスを必要としている人を地域から隔離することなく，かつサービスを必要としている人とサービスを提供する機関・施設とが点と点を結ぶ線でつながっているだけではなく，地域という面で支えていくというところに主眼がある。」（日本地域福祉学会，2006，12頁）としている。

　また，2000（平成12）年に施行された「社会福祉法」の中では地域福祉の推進について「地域住民，社会福祉を目的とする事業を経営する者及び社会福祉に関する活動を行う者（以下「地域住民等」という。）は，相互に協力し，福祉サービスを必要とする地域住民が地域社会を構成する一員として日常生活を営み，社会，経済，文化その他あらゆる分野の活動に参加する機会が確保され

るように，地域福祉の推進に努めなければならない」[1]と規定されている。このことからも，共通することは「地域に住むすべての人が幸せに暮らせるように，制度だけではなく地域住民の支え合いなどを通じていくこと」と捉えることができる。

1.3　地域福祉教育の必要性

　地域福祉を推進するにあたっては住民が地域福祉に興味関心を持ち，今日の様々な課題に主体的に取り組むことができるように育てることを目的として，住民に対する地域福祉教育も必要となる。地域福祉教育については，これまでにもボランティア養成を目的とした講座や，健康や介護予防を目的とした講座などが行われてきた。しかし意識が高い住民が参加するだけに留まっている現状があり，住民全体に参加してもらえるような方法を考えることが常に課題である。自分の地域の課題や問題を発見し，その解決に向けて住民主体となって動けるような住民を育てることが大切であるため，地域住民が自分の住む地域の現状について知ることはもちろん，多様な福祉課題について学び，個人の意識や行動を変化させて地域全体で意識を変えていくことが必要である。住民が自らの手で地域福祉の推進や地域活性化を目的とした様々なイベントを開催したり，地域ボランティア団体を形成するなどし，住民同士の繋がりを用いながら住民主体となって動けるようなネットワーク作りを行えるように，さらには，地域住民が主体的に活動できるように働きかけをすることも大切である。

　全国社会福祉協議会では，「地域福祉とは福祉教育にはじまり，福祉教育におわる」という言葉を大切にし，住民一人ひとりに対して社会福祉に関する偏見や誤解を取り除き，その価値や目的を問いかけ，地域の問題解決に向けて促していくとしている。すなわち地域住民のエンパワメント[2]をしていくことが地域福祉の推進には不可欠であるとしている。

　そのうえで，「福祉教育とは，平和と人権を基盤にした市民社会の担い手として，社会福祉について協同で学びあい，地域における共生の文化を創造する総合的な活動である。」（全国社会福祉協議会，2005，5頁）とし，地域住民に対して様々な情報を発信している。そのうえで，住民自身が地域の問題や課題を発見し，地域の問題を一緒に考え，解決策を導き出す方策についても考える

ことにしている。

　また，大橋謙策によると「福祉教育とは，憲法13条，25条等に規定された人権を前提にして成り立つ平和と民主主義社会を作りあげるために，歴史的にも，社会的にも疎外されてきた社会福祉問題を素材として学習することであり，それらとの切り結びを通じて社会福祉制度，活動への関心と理解をすすめ，自らの人間形成を図りつつ社会福祉サービスを受給している人々を，社会から，地域から疎外することなく，共に手をたずさえて豊かに生きていく力，社会福祉問題を解決する実践力を身につけることを目的に行われる意図的な活動である。」（大橋，1995，80-81頁）としている。すなわち地域福祉教育とは，人と人との繋がりを大切にしながら様々な問題の解決に向けて学び合うことなどを基本とし，そのベースとなるのは人権を尊重することである。社会福祉についての知識を身に付けることだけではなく，福祉のマインドを培うことや，地域福祉への参加を促すことが期待されている。これらが地域活性化や福祉のまちづくり，そして地域福祉の推進にもつながっていくものである。

2 | 商品開発を通じた地域福祉の推進の事例

2.1　障害者福祉施設との連携

　千葉商科大学人間社会学部の学生たちは，社会福祉法人佑啓会（千葉県市原市）ふる里学舎蔵波（千葉県袖ケ浦市）で栽培されたトマトを原材料としたクラフトビール（品目は発泡酒）「ルビール」を開発した（**図表7−1**）。この取り組みは，地域福祉の推進や，障害者福祉への理解と地域共生社会の実現を目指したものである。

　近年のコロナ禍の影響により，障害者が生産した農作物や様々な加工品を販売する地域でのイベントが中止になったり，規模が縮小されるなどの状況が発生し，施設と地域をつなぐ交流の場が少なくなっていた。これにより，障害者にとっては収入を得る機会が大幅に減少してしまったり，特に農作物についてはその特性上，収穫後すぐに販売を行わないと品質が低下し商品として販売ができなくなってしまい食品ロスが発生してしまうという問題が起きていた。そ

のため，農作物を加工品にすることで，これらの課題を解決できるかもしれないとの思いから始まったものである。

　開発にあたり，まずは学生が障害者福祉施設を訪問し，障害者がどのように農作物を生産しているのかについて見ることからはじめた。その後，何を，どのように加工するのかなどについて施設と一緒に検討を行い，今回は，時期的に旬を迎えるトマトを使用したクラフトビールを開発することになった。なお，クラフトビールを作ろうとしたきっかけは，この企画を始めた時期はコロナ禍の影響で，特に酒類を提供する飲食店での営業が制限されていた頃であった。そのため，酒類業界も福祉業界も，みんなでこの困難を乗り越えたいとの思いからである。原材料として使用するトマトは，学生がほぼ毎日施設を訪問して収穫し，下処理をしたものをビール工房に持ち込み醸造した。

　この商品のテーマは「感謝」とし，その理由としてトマトには感謝という花言葉があることから，トマトを通して皆様に感謝の気持ちを届けたいという気持ちを込めたものである。この商品は，人と人とのつながりから生まれたもので，これまでゼミナール活動を通してお世話になった方々や，世の中の「すべ

図表7－1　ルビールを持つ学生

左から廣瀬由菜さん，山内遥夏さん
（出所）筆者撮影

ての人に感謝の気持ち」を伝えたいという思いと，1日でも早く穏やかな日々
が訪れることを願うという意味も込められている。さらには，障害者福祉施設
で栽培された農作物を使用することによって，障害者福祉を多くの人に知って
もらえる機会にもなることも期待している。そして商品名は，旬の赤いトマト
を宝石のルビーに見立てることで，ルビーの石言葉である「愛の象徴」，「情
熱」，「愛情」という意味と，今回のテーマの「感謝」の気持ちは愛がないと成
り立たないのではないかという考えから，トマトとルビー，そしてビールを掛
け合わせて「ルビール」と名付けた[3]。

　なおこの障害者福祉施設とのつながりは，千葉商科大学人間社会学部の卒業
生が就職したことが縁ではじまったものである。在学中に学んだ地域福祉や地
域共生社会について興味を持ったことがきっかけとなり，社会人になっても大
学での学びを活かしたいとの思いから，今回の商品開発を一緒に行った。この
ことからも福祉教育の必要性が分かると思う。

2.2　道の駅オライはすぬまとの連携

　千葉県山武市の蓮沼地区では，ネギに海水をかけて育てる「海水ネギ」を生
産している。この海水ネギは2002年に発生した台風がきっかけで誕生したもの
であった。当時，山武市の沿岸部はひどい塩害に見舞われ多くの農作物が枯れ
てしまったにもかかわらず，ネギだけは被害がなく，逆においしさが増したと
いう偶然から誕生したものであった。そこで，今ではあえて海水をかけて育て
ているとても珍しいネギである。また，2011年の東日本大震災の原発事故の際
には，厳しい放射能検査をクリアしたにも関わらず，海水が汚染されているの
ではないかという風評被害にあうなど，いくつかの困難を乗り越えてきたネギ
でもある。

　山武市は人口減少のペースが早く，地域の活気が徐々に失われている現状が
あった。地域やネギの生産者は，このネギを使用して山武市の地域活性化につ
なげたいとの思いがあった。さらに道の駅オライはすぬまでは，道の駅を観光
拠点にするとともに，地域をはじめとする様々な人との交流の場となって地域
福祉の推進を図りたいとの思いがあった。このような地域の思いを聞いた千葉
商科大学人間社会学部の学生たちは，この海水ネギを使用した加工品を作るこ

とで，地域の新しい名産品を作れるのではと考えた。また，この商品を作る過程で様々な人とのかかわりも生まれることから，地域福祉の推進にもつながると考えた。

　そこで誕生したのが，海水ネギを原材料としたクラフトビール（品目は発泡酒）「ネギラエール」と「海のネギドレッシング」である（**図表7−2**）。ネギラエールはネギを使ったクラフトビールであり，想像するだけでもとても斬新でユニークである。この商品名は，ネギの花言葉である「くじけない心」から取ったものであり，海水ネギが台風や風評被害にもくじけなかった姿から，今のコロナ禍で様々な制約を受けている人たちや，社会に元気を与えたいとの思いが込められている。すべての人を「ねぎらい」，「エール」を送るという意味である[4]。そして海のネギドレッシングは，海水ネギの他にも山武の海で採れた海水から作られた天然の塩の「えんむすび」を使用することにした。ドレッシングの味の調整も学生たちが行い，海水ネギの甘みが感じられ，さらに塩に含まれるミネラル分が丸みのある味に仕上げた。商品名は，海水ネギと海の天然塩を使っていることから海というキーワードを入れて名付けた[5]。

図表7−2　ネギラエールと海のネギドレッシングを持つ学生

左から吉田秀雄さん，足立翔馬さん
（出所）筆者撮影

　学生たちは，ただ単に商品を作るだけではなく，道の駅オライはすぬまや，ショッピングモールなどで直接店頭に立って商品の説明をするとともに，自らの取り組みについても紹介している。このような活動を通じて，地域福祉の推進や地域活性化する仕組みづくりを行うきっかけとなるとともに，地域住民と交流を図ることで地域住民のエンパワメントをしていくことにもなり，結果として福祉教育にもつながっている。

3 | 地域福祉の課題

　これまでみてきたように商品開発による地域福祉の推進の事例では，地域住民だけではなく大学生に対してもこの分野に興味関心を持ってもらうことや，その理解に努めるなどの教育的な視点もある。また，自分自身の将来の就職先への視野を広げるとことや，さらには，社会に対しても「大学生が商品開発をした」という話題性とともに，社会的課題について知ってもらうという意味からも福祉教育につながっている。

　地域には常に問題意識を持って，自分たちの手で地域福祉の推進や地域活性化を目指そうとしている住民も存在する。住民が主体的に動けるようになることが望ましいが，実際には，地域の中でも意識が高い住民が参加するだけに留まっている現状もある。他にも地域の問題には興味関心はあるが，ボランティアなどへの参加方法を知らない住民や，時間的な制約によって参加できなかったり，地域福祉に対して興味が薄かったり無関心な住民も存在する。加えて現代社会は，地域におけるニーズや課題も多様化・複雑化しており，子どもから大人までがどのように活動に参加できるのかを考えることが必要である。そのためには，その手法やプログラム内容について，その地域の状況や特性に応じてアレンジしつつ，単独のプログラム内容で終わることなく，体系的・系統的に継続して実施できるのが望ましい。そして地域住民の力だけでは実施できないことも，大学生などの若い力を活用することで実現できる場合もある。地域，行政，学校が一体となることも必要であり，その手法や内容については，常に中身の見直しをすることが大切である。

課 題

(1)　地域住民同士のつながりを用いながら，主体的に活動が行えるような
　　ネットワークを構築するためにはどのような働きかけが必要か，地域住
　　民の立場や行政の立場からなど，様々な立場から考えてみよう。

(2)　様々な地域で行われている地域福祉教育の内容について調べてみよう。

(3)　あなたが地域福祉の推進を目的とした活動を行うとしたら，どのよう
　　なことができるか考えてみよう。

【注】

1　社会福祉法第4条において，地域福祉の推進について規定されている。

2　エンパワメントとは，「人とその人の環境との間の関係の質に焦点をあて，所与の環境
を改善する力を高め，自分たちの生活のあり方をコントロールし，自己決定できるように
支援し，かつそれを可能にする公正な社会の実現を目指す過程のこと。」出典：山縣文治・
柏女霊峰（2013）『社会福祉用語辞典第9版』ミネルヴァ書房。

3　千葉商科大学プレスリリース「学生たちが地域・福祉・農業・酒類業界を元気に！　福
祉施設で栽培のトマトを使用したオリジナルビールを開発」（2021年10月6日）において
紹介されている。

4　千葉商科大学プレスリリース「学生たちが地域を応援！　社会にエールを！　塩害から
生まれたネギを使用したオリジナルビールを開発」（2022年2月8日）において紹介され
ている。

5　千葉商科大学プレスリリース「地産地消で地域を応援！　学生たちがGWの千葉を盛り
上げる！　千葉県山武市産のネギ，いちご，菜の花をドレッシングとして商品化」（2022
年4月25日）において紹介されている。

【参考文献】

井村圭壯・相澤讓治編著（2019）『地域福祉の原理と方法 第3版』学文社

上野谷加代子・松端克文・山縣文治編（2013）『よくわかる地域福祉（第5版）』ミネルヴァ
書房

大橋謙策（1995）『地域福祉論』放送大学教育振興会

川島ゆり子・永田祐・榊原美樹・川本健太郎（2017）『地域福祉論』ミネルヴァ書房

全国社会福祉協議会（2005）『社会福祉協議会における福祉教育推進検討委員会報告書』

辻浩（2017）『現代教育福祉論』ミネルヴァ書房

坪井真・木下聖編（2014）『地域福祉の理論と方法（第2版）』みらい

西尾祐吾監修・上續宏道・安田誠人・立花直樹編著（2014）『福祉と教育の接点』晃洋書房

『日本経済新聞』2014年5月8日

日本地域福祉学会編（2006）『地域福祉事典』中央法規

山縣文治・柏女霊峰（2013）『社会福祉用語辞典（第9版）』ミネルヴァ書房

第8章

ユニバーサルデザインと多様性
──福祉のまちづくりの可能性

> **本章の目的**
>
> 　本章の目的は，人間社会における支え合いの様相として，ユニバーサルデザインを題材に多様性について考えることである。ユニバーサルデザインの特徴に基づき，多様性を考える際に，「属性の多様性」と「考え方の多様性」の二つの観点から，福祉のまちづくりの可能性について考察する。
>
> **Key Word**
>
> ユニバーサルデザイン　バリアフリー　ダイバーシティ　インクルージョン　属性の多様性　考え方の多様性　福祉のまちづくり
>
> **関連するSDGs**
>
> | 3 すべての人に健康と福祉を | 11 住み続けられるまちづくりを | 17 パートナーシップで目標を達成しよう |
> | --- | --- | --- |

1 ユニバーサルデザイン[1]

　ユニバーサルデザインは，1980年半ばごろよりアメリカで使われ始めた用語で，「多様な人々が利用しやすい（＝universal）デザイン（＝design）」を意味する。当初は，「すべての人々」を対象とすると説明されたが，近年は対象を「多様な人々」とする表記が主流となっている[2]。現実的には，すべての人々を対象とすることは簡単ではないことから，ユニバーサルデザインの「7原則[3]」を参照しながら一つひとつの障壁[4]（バリア）を解消し，それとともに多様な人々が利用できるような方法について検討する際の考え方として提示

されている。

2 | 多様性とダイバーシティ

　多様性とは性質の異なる群の併存している状態を意味し，さまざまな学問領域において用いられる概念であり，社会科学の分野では，文化多様性や地域多様性に加え，考え方や価値観の多様性など幅広く用いられている。

　多様性と類似し用いられている用語はダイバーシティ（diversity）である。ダイバーシティは主に，組織に所属する人々の属性の多様化を図る際に掲げる用語で，男女共同参画の発展形として，もしくは，組織の中への包摂を意味するインクルージョン（inclusion）という用語とともに用いられる傾向にある。男女共同参画の発展形として用いられる場合には，組織のマネジメント層の女性の割合の増加を視野に入れたポジティブ・アクション[5]やワーク・ライフ・バランスと関連して，組織の中でのキャリア構築や働き方を変えていくことに着目する。ダイバーシティとインクルージョンを組み合わせる場合，組織のマネジメントに際して，ジェンダー，年齢，国籍，障がいの有無などについて，働く人々や所属する人々の属性が多様であることを，組織の発展や業績の向上につなげる文脈で使用される。

　多様性はダイバーシティより広い範囲で用いられ，組織の枠にとらわれずに人々の多様な様子について考えることができる用語である。本章では，「属性」と「考え方」の観点から多様性について考える。

3 | 属性[6]の多様性

3.1　多様な人々とは

　ユニバーサルデザインは，私たちの日常生活に導入されるなかで，用語としての使われ方も変化している。近年では，上述のように，「多様な人々」が「利用しやすい」ことに焦点があてられていて，中でも，障がいの種類，子ども連れかどうか，年齢，使用言語といった属性のうち，複数の属性の人々に

とって利用しやすい場合に，ユニバーサルデザインという表現を用いることが増えている。

　この表現を用いる状況としては，一つの製品等を多様な人々が利用しやすい場合と，いくつかの選択肢の中からその方の状況によって選ぶ方式をとる場合がある。なお，ある特定の属性の人々にとっての利用しやすさに特化する場合，一つひとつの障壁（バリア）をなくす方法をとることから，バリアフリーという表現を用いることが多い。

3.2　製品等の工夫

　一つの製品等を多様な人々が利用しやすいように工夫する事例として，以下のようなものが挙げられる。

3.2.1　公共交通機関のピクトグラムや電光掲示板表示

　公共交通機関の地図や表示等で施設等を示す際にピクトグラムを併用するケースも多い。ピクトグラムは，言語が異なる場合であっても行き止まりや一方通行を示すメッセージとして，またトイレやレストラン等の施設を示す表示として国内外問わず用いられている。

　また，国内の公共交通機関の電光掲示板に，漢字・ひらがな・ローマ字・簡体字やハングル等の外国語（必ずしもこの限りではない）の表記を順番に繰り返すタイプのものが増えてきている。地図上で表記する際には紙幅の関係で並列表記される数に限りがあるが，電光掲示板であれば，自分の必要な文字情報までしばらく待つだけでよい。なお，アナウンスについても，日本語と英語を順番に繰り返すことで，より多くの属性の人々にとって利便性が高くなる。

3.2.2　視覚障がい者の誘導のための製品

　視覚に障がいのある方の歩行を誘導する際に用いられる「視覚障害者誘導用ブロック（いわゆる「点字ブロック」）」は，視覚障がいのある方が突起の上を通行すると足の裏の触覚で形状などを確認し，位置や方向を認識できるようにするためのものである。線状のものを誘導ブロック，点状のものを警告ブロックという。

　「視覚障がい者歩行誘導ソフトマット」は，「点字ブロック」の表面にある凹凸がマットの裏面にあり，表面がフラットでもこの裏面の凹凸により，白杖で

たたく時の音や感触の違いが生じ，足から伝わる感触も併せて誘導するものである。「点字ブロック」の場合，車椅子やベビーカー，杖，ハイヒール等を利用する際に利便性や安全性に課題が生じることがあるが，「視覚障がい者歩行誘導ソフトマット」は，これらの課題が生じにくいとされ，より多くの属性の人々にとって利用しやすくなっている。

3.2.3　ユニバーサルデザインフォント

ユニバーサルデザインフォントとは，可読性（読みやすさ）や視認性（見やすさ），判読性（誤読しにくさ），デザイン性を追求するフォントであり，スマートフォンの画面の中や駅の案内板のような遠くから見る必要があるような場面のほか，さまざまな場面で採用されている。従来のフォントを改変している場合，フォント名に「UD」という表記が加えられていることもあり，フォントを選ぶ際にも判別しやすい。

ユニバーサルデザインフォントの特徴として，ひらがなの場合，はねやはらいを簡略化して小さい文字になっても開口部が繋がって見えないように広げたり，濁点と半濁点の区別をはっきりとさせたりといった工夫がされている。漢字の場合には，横画を太くしたり，文字構成をシンプルにしたり，文字の幅を調整して判別しやすくするといった工夫がされ，より多くの属性の人々にとっての利便性が高くなっている。

3.3　選択肢の提示

また，いくつかの選択肢を設けて多様な人々がそれぞれ利用しやすいように選択する事例として，以下のようなものが挙げられる。

3.3.1　公共交通機関・公共施設・大規模商業施設等の上下階の移動

不特定多数の方の利用が想定される場合，上下階を移動する手段を複数用意することでそれぞれにとっての利用しやすい方法を選ぶことができる。階段，エレベーター，エスカレーターを同じようにアクセスしやすい場所に設置することで，車椅子やベビーカーを使用する人，自分のペースで階段を昇降したい人，閉塞感のないエスカレーターで移動したい人など，多様な属性の人々が利用しやすくなる。

3.3.2　トイレの機能分散

「多機能便房（トイレ）」は，十分な空間や手すり，汚物流し，おむつ交換台などのさまざまな機能を併せ持つトイレである。近年，併せ持つ機能が増えたために利用する人が集中することが問題となっている。そこで，これらの機能を合理的に分散させることが新たな方向性として示されている（**図表8－1**）。

図表8－1　トイレの機能分散

求められる機能	主な対応例	
車椅子対応	十分な空間 手すり 鏡の位置や角度 洗面台の下のスペース 大型ベッド（着脱衣やおむつ交換など）	
オストメイト（人工肛門・人工膀胱を造設している方）対応	温水の出る汚物流し（手荷物置き場を利用しやすい高さに設置することが望ましい） 鏡（装着状態の確認）	
乳幼児連れ対応	十分な空間 ベビーチェア（保護者の手の届く範囲に設置することが望ましい） おむつ交換台（おむつ用のごみ箱や荷物台を近くに設置することが望ましい）	
男女共用対応	異性介助者	十分な空間 大型ベッド（着脱衣やおむつ交換など）
	性的マイノリティ	利用しやすい配置

（出所）国土交通省総合政策局安心生活政策課（2021）他を参考に筆者作成

それぞれの利用しやすさを実現する機能を分散させるためのスペースに余裕がない場合には，簡易型オストメイト用設備やおむつ交換台・ベビーチェア・手すり等を「一般便房」に設置して機能分散を図る方法もとられている。

3.3.3　コミュニケーション手段

コミュニケーションには，受け手側の聴覚を用いるもの（音声），視覚を用いるもの（文字や拡大文字，手話），触覚を用いるもの（点字）がある。伝達の方法としては，音声の場合は読み上げや平易な言葉での説明，文字の場合は紙やタブレット端末を用いた文字筆記，点字の場合は点字筆記や指点字，手話

の場合は指文字や触手話なども用いられる。多様なコミュニケーションの手段を用意しておくことで，より多くの属性の人々が利用しやすい環境へと近づく。

4 | 考え方の多様性

4.1　ユニバーサルデザインの限界

　ユニバーサルデザインはたしかに属性の多様性を担保するものとして一定の効果があり，利用しやすい人々の範囲を広げるとともに，それによる社会参加の機会も増やしてきた。しかしながら，ユニバーサルデザインには限界もある。

　第一に，多様な属性の人々にとっての利用しやすさは必ずしもすべての人々にとっての利用しやすさと同一ではないことが挙げられる。例として，車椅子ユーザーの利用しやすさに着目した場合，より普遍性の高いデザインを考える必要性について提示するという特徴がある。しかし，デザインには，材料の限界や技術の限界，金銭面での限界などさまざまな限界があり，さらに，デザインする際に必要な前提条件を精査し，さまざまな限界を勘案して決定する必要がある。

　とくに，公共施設へのユニバーサルデザイン導入の場合，さまざまな関係者の意見を聞いて反映させる手法がとられることが多いが，その意見交換の場に招かれた人々がそれぞれの属性に属するすべての人の意見を代弁することは簡単ではない。また，提示した意見がすべて採用されるとも限らない。その上，その場に招かれない属性の人々の意見は俎上に載らない。またデザインの特徴として，完成したデザインを使用することにより，その時点で新たな課題が現れたり，気づいたりすることもある。これまで例示したユニバーサルデザインの具体例は，それぞれこの数十年間の蓄積を経てより妥当なものへと改善されているが，そのたびに考慮すべき新たな属性や特性も明らかになってきていて，随時それらへの対応が求められる状況にある。ユニバーサルデザインを導入すると利用しやすくなる人々が増えるが，それに伴い新たな課題が生じる人々が出てくることにも目を向ける必要があるだろう。というのも，新たな課題とさまざまな事情により残された課題は，利用しやすくなる人々からは見えにくい

が，利用しにくい人々にとってはいっそうの課題となるためである。

　第二に，利用しやすさに着目すること自体をめぐる課題が挙げられる。上述のようにユニバーサルデザインは，あるデザインの利用可能性という観点において，結果として多様な属性を，そのデザインを利用しやすい人々と利用しにくい人々に分けるものとなる。ユニバーサルデザインの特徴により，多様な属性の人々が利用しやすいようにしていく考え方が優位となるが，その際に，利用しやすさや利用しにくさといった価値観に基づく考え方の多様性が現れにくくなる可能性がある。

　考え方の多様性を制度やシステムに取り入れること自体は，意見を聴取する場において意見を出し合うことにより実現されうるが，その仕組みの外にある考え方への対応についてはより議論を深めながら対応することが求められる。この点については，カール・ポパーによる「寛容のパラドックス」という考え方がしばしば取り上げられる。ポパーは，プラトンの「自由のパラドックス」について，「あらゆる主権論にはパラドックスが含まれる（Popper 1950＝1980, 129）」とし，そのうえで，「寛容のパラドックス」について触れ，「無制限の寛容は寛容の消滅へ行き着かざるをえない（Popper　1950＝1980, 289）」とする。ポパーによって指摘されているように，それによって他者の権利や尊厳が侵害される場合についても目を向ける必要があるだろう。

4.2　「まちづくりの手法」の可能性

　かつては，車椅子を使用していると公共交通機関や公共施設を段差や開口部の幅員の関係で利用できないなどさまざまな物理的な制約があったが，これまでみてきたように，複数の属性の人々にとって利用しやすい製品等を工夫したり，いくつかの選択肢を用意してその中からそれぞれ利用しやすいものを選択できるように提示したりすることで，「多様な人々」が「利用しやすい」ことにつながってきた。この段階では，「多様性」は「属性の多様性」を意味し，さまざまな属性の人々の利便性について話し合い，利便性の方向が異なる場合に，話し合って調整することが可能になっている。

　地域社会が中心となって物理的な環境や社会的な環境をつくっていく活動であるまちづくりでは，地域の人々が地域のあり方について互いの考えを表明し

合うことがその主たる手法となる。そのための前提として移動やコミュニケーションを円滑化に寄与するユニバーサルデザインが広がることで，属性の多様な人々が地域の中で対話に参加する機会も増える。

　ここで，歩道の整備にユニバーサルデザインの考え方を導入する事例をみてみよう。

　歩道にユニバーサルデザインの考え方を導入する際，多くの場合，車椅子ユーザーの通行やすれ違いに着目する。車椅子やベビーカーを使用する人，ガイドヘルパーとともに歩く人などの通行やすれ違いのための幅員を確保することで，多様な属性の人々の通行を可能にするためである。

　道路幅員に余裕があれば歩道の幅員を拡げるが，そうでない場合は工夫が必要である。車椅子でのすれ違いのために十分な幅員をとることのできない場合，歩道のかさ上げや縁石による「歩車分離」ではなく，すべて平面とし，歩道と車道を路上に引いた線で視覚的に分離する「歩者共存」をめざす。これにより，車椅子ユーザーは，安全に注意しながら必要に応じて車道部分を活用し，通行したりすれ違ったりすることとなる。しかしこの方法は，単独で歩く視覚障がい者にとっては，歩道と車道を白杖で判別しにくく，道路通行の際の危険性を高めてしまう。

　この問題点を解決するための方法として，移動を支援するガイドヘルプの活用が挙げられる。ガイドヘルプは「移動支援」とも呼ばれ，外出を支える支援の形態の一つである。視覚障がい者へのガイドヘルプをするガイドヘルパーは，外出時の移動支援，情報の提供，代筆や代読により，社会活動への参加を支援するものである（ガイドヘルパー技術研究会監修，2007）。ガイドヘルパーであれば，歩道がユニバーサルデザイン化されているか否かにかかわらず，段差等の常にある危険だけでなく，路上に駐車されている車両や路上に一時的に出されている看板や工事現場など，イレギュラーな危険に対応することも可能である。

　このように，異なる考え方が併存可能となる具体的な場面が積み重ねられることにより，考え方の多様性へ向けた展開が可能となると考えられる。

5 | むすびにかえて——福祉のまちづくりへ向けて

　近年一般的な理解となっている「まちをよりよくしていく」というまちづくりの目的[7]からすると，福祉のまちづくりにおいて，性別や障がいの有無といった属性の多様性に起因する意見を取り入れる仕組みは整い始めている[8]。属性の多様性を前提として考え方の多様性について考えをすすめてみると，多様な考え方の方向性としていくつか想定される。

　①　利用しやすさの程度

　利用可能であるかどうかはある程度の客観的指標を用いることもできるが，利用しやすいかどうかという点については，その度合いの受け取り方は人により異なる。

　②　利用しやすさの相互調整

　経済的・技術的な限界がある中で，互いに利便性の優先度合いを譲らなければならない場面が出てくることもある。何を，どのように，どの程度まで主張するかは，それぞれの考え方次第となる。

　③　利用しやすさ以外の着眼点

　伝統重視の考え方であれば，変化させること自体を批判的にとらえる考え方になる。また，費用対効果や時間対効果といった観点からは，費用やかかわる人々の時間の効率性の面で価値判断することになる。

　まちづくりの手法では，まずは意見を出し合い，その上で議論を重ねることが求められる。意見の相違があれば，互いに真摯に向き合い，「まちをよりよくしていく」という目的に立ち返ってそれぞれの意見を尊重したり見直したりすることにより，周縁におかれた人々が徐々に社会的に包摂されていく。このように，社会を構成する人々自身がその暫定的な落としどころを決めることにより，その内容を漸進的に変えていくことが可能になる。考え方の多様性を，多様な状態を保ちながら持続可能にしていくことが，福祉のまちづくりに求められる姿となるだろう。

課　題

(1)　身近なユニバーサルデザインの例を一つ挙げて説明しましょう。

(2)　上記(1)で挙げたユニバーサルデザインの例は，どのような人々にとって利用しやすいものですか。

(3)　ユニバーサルデザインと多様性の関係性について考えたことをまとめましょう。

【注】

1　ユニバーサルデザインが導入された当初は，「すべての人々」を対象とすると説明されていたが（川内, 2001），近年は「多様な人々」を対象とするような表記が主流となっている。また同様に，「ユニバーサル・デザイン」と表記されていたが，近年は「ユニバーサルデザイン」と表記することが多くなっている。

2　ノースカロライナ州立大学（NC State University）の「The Center for Universal Design（CUD）」による定義では現在も「to be usable by all people」と記されている。

3　ユニバーサルデザインの「7原則」は以下である（NC State University, The Center for Universal Design, 1997; 猪熊　2020, 109）。
　　原則1：Equitable Use（公正な使用目的）
　　原則2：Flexibility in Use（利用時の適応性）
　　原則3：Simple and Intuitive Use（単純で直感的な使い方）
　　原則4：Perceptible Information（認知しやすい利用方法）
　　原則5：Tolerance for Error（過失に対する寛大さ）
　　原則6：Low Physical Effort（身体的努力の少なさ）
　　原則7：Size and Space for Approach and Use（十分な大きさと空間）

4　「障壁（バリア）」は，「物理的な障壁」，「制度的な障壁」，「文化・情報の障壁」，「意識上の障壁」の四つからなり，「4つの障壁」といわれる。なお，「意識上の障壁」は，平成7年版障害者白書にて用いられた表現であるが，近年は「心理的な障壁」と表現されることも多い。

5　雇用の分野における男女の均等な機会及び待遇の確保の支障となっている事情を改善する場合に女性労働者に有利な取り扱いをすること（雇用の分野における男女の均等な機会及び待遇の確保等に関する法律（男女雇用機会均等法）第8条）。

6　ここでの「属性」は，その人に属する性質や特徴のことを指す。なお，属性の多様性を重視する際に生じる課題については，三井（2021, 36）を参照のこと。

7　林（1981, 103）や日本建築学会編（2004, 3）では「改善」，似田貝他編（2008, 262-263）や猪熊（2020, 105）では「よりよい」「よりよく」という表現を用いている。

8　国立競技場整備事業においては，14の当事者団体によるUDWS（ユニバーサルデザイン・ワークショップ）が21回開催され，カームダウン・クールダウンスペースが設けられるなど当事者団体による提案が実現した（髙橋, 2021）。

【参考文献】

猪熊ひろか（2020）「福祉のまちづくり――バリアフリーとユニバーサルデザイン」千葉商科大学人間社会学部『はじめての人間社会学』中央経済社，105-115

ガイドヘルパー技術研究会監修（2007）『ガイドヘルパー研修テキスト　視覚障害者編』中央法規

川内美彦（2001）『ユニバーサル・デザイン――バリアフリーへの問いかけ』学芸出版社

国土交通省総合政策局安心生活政策課（2021）『共生社会におけるトイレの環境整備に関する調査研究報告書』

髙橋儀平（2021）「国立競技場竣工1周年記念イベント『国立競技場ユニバーサルデザイン・ワークショップは何をもたらしたのか』～新国立競技場UDWS報告会～」『福祉のまちづくり研究』第23巻第1号，66-74

似田貝香門・大野秀敏・小泉秀樹・林泰義・森反章夫編（2008）『まちづくりの百科事典』丸善株式会社

日本建築学会編（2004）『まちづくり教科書1　まちづくりの方法』丸善株式会社

林泰義（1981）「新しいまちづくり―地区計画の諸例―」日笠端編著『地区計画　都市計画の新しい展開』共立出版株式会社，103-135

三井さよ（2021）『ケアと支援と「社会」の発見　個のむこうにあるもの』生活書院

NC State University, The Center for Universal Design（1997）(https://projects.ncsu.edu/ncsu/design/cud/about_ud/udprinciplestext.htm　2022年10月12日閲覧)

Popper, K., R.（1950）*The Open Society and its Enemies*, U.S.A.: Princeton University Press（小河原誠・内田詔夫訳（1980）『開かれた社会とその敵　第一部』株式会社未來社）

第9章

ICT（情報通信技術）が支える
サステナブルなまちづくり

本章の目的

　これからの社会は，自然災害にも強く，社会的弱者に配慮され，環境負荷の少ない持続可能なまちづくりが望まれる。それには，環境保全やエネルギーの有効利用に配慮した都市の構築に加え，高度な情報通信技術により全ての人とモノをつなぎ，住民それぞれが多様性を尊重して共に支えあうことのできるコミュニティを形成していく必要がある。

Key Word

サステナブルシティ，持続可能な都市，スマートシティ，省エネルギー，スマートグリッド，超スマート社会，Society（ソサエティ）5.0

関連するSDGs

7 エネルギーを みんなに そして クリーンに	9 産業と技術革新 の基盤を つくろう	11 住み続けられる まちづくりを	12 つくる責任 つかう責任

---

1 ┃ 都市の抱える問題

　現在，世界の多くの地域では人口の爆発的増加が起こっており，それに伴い食料やエネルギーといった資源の枯渇や地球温暖化の進行が問題となっている。世界のエネルギー供給を見ると，石炭や石油を用いた火力発電によるところが多く，二酸化炭素をはじめとする温室効果ガスやPM2.5（微小粒子状物質）を大量に排出している。また，都市から出るごみも大きな問題のひとつである。

例えば，ビニール袋やペットボトルなどのプラスチック製品が世界中の川を通して海に流れ込み，漁具（漁網，ロープ）などと共に粉々になって水中を漂い，海の生物の体内に取り込まれ汚染されているという報告がある。日本では分別収集やリサイクルの取り組みも進んでいるが，それでも，最終処理場の用地確保が困難になっている。

　これらの問題を考え，改善していこうという取り組みのひとつが「スマートシティ」である。都市をスマート化することで，都市全体の省エネルギー化を図り，廃棄物を極力減らし，あるいはITS（Intelligent Transport Systems；高度道路交通システム）を活用してバリアフリーを進めていく。スマートシティについては第2節で詳しく説明する。

　さて，大都市以外に目を向けると，農村部では人口の流出が進み，地域経済を支える担い手が不足するとともに，空き家が増え，地域社会ごと消滅する危機が目の前に迫っている。地方都市についても少子高齢化の波が押し寄せており，商店街の衰退など中心地の空洞化が進み，医療や介護だけでなく，日常の買い物にも支障をきたすなどしている。また，住人の高齢化により，医療，福祉，バリアフリー化などの社会保障費の負担が急速に増加しており，このままでは今後ますます大都市への一極集中が進むことが予想される。

　また，近年，人間関係の希薄化も問題となっている。特に都市では普段から近隣同士のつながりが少なく，隣にどのような人が住んでいるかもわからないという住民も多い。そうなると，いざ大規模災害が発生したときに助け合うことができず，被害が拡大してしまう恐れがある。あるいは，一部のスマートシティにおいては，特定の企業や行政が連携するだけであり，多くの住民は参加意識を持てない状態にある。地域全体で良い取り組みを行おうとしても，住民の理解や住民同士の協力がなければ成り立たないであろう。

　これらの問題に目を向け，様々な方面で地方創成や地域活性化の取り組みがなされているが，特に，持続可能な都市を構築しようとする考えが「サステナブルシティ」である。サステナブルシティについては第3節で詳しく説明する。

2 | スマートシティ

2.1　スマートグリッドとスマートシティ

　米国では1992年の電力自由化にともない，電力の発電事業と送電事業が分離され，新規事業者が参入してきた。競争が進むことでコスト削減の圧力が強まり，利用料金は安くなるが，一方で事業者の余力はその分減ることになる。その影響で，たびたび大規模な停電が発生するようになった。そこで，スマートメーターを電力網の各所に設置して監視・制御することにより，送配電網の過負荷や事故などを回避して安定的に送電できる，いわゆる「スマートグリッド（次世代送信網）」が発達してきた。「スマート（smart）」には「賢い」の意味があり，情報通信技術を活用した先進的な取り組みに付けられて呼ばれることが多い。

　また，これまで電力といえば，火力発電や原子力発電で発電した電気を電力会社から購入するという方法が一般的であったが，近年，個人や企業による再生可能エネルギーの利用も増えてきている。これは太陽光，風力，水力，地熱，バイオマスなどの自然界に存在する資源を利用して発電するもので，発電した電気の一部を電力会社に買い取ってもらう「売電」も増えてきている。しかしながら，再生可能エネルギーを導入する場合，需要の少ない時期に余剰電力が発生したり，天候等の影響で出力が安定しない可能性がある。そこで，スマートグリッドを用い，複数のエネルギーを組み合わせて安定した電力供給ができるようにしたり，電力の需要が供給を上回るような場合，需要を抑えるように調整したりすることが必要となっている。

　「スマートシティ」は，狭い意味ではICT（Information and Communication Technology；情報通信技術）を活用してエネルギー等資源の最適化を図る都市のことをいう。より広い意味においては，エネルギーのみに着目したものではなく，コンピュータネットワークに接続されたIoT（Internet of Things; モノのインターネット）機器を統合し，様々な種類のデータ収集センサーを使用して，資産やリソースを効率的に管理し，情報提供を行うことができる都市の

131

ことをいう（山村, 2014）。以下, スマートシティを支える主な技術について紹介する。

2.2　スマートシティを支える技術

　まず紹介するのは交通を支える技術である。現在も温暖化対策として, 電車やバスなどの公共交通システムの整備と, 低炭素自動車（電気自動車, ハイブリッド自動車, 燃料電池自動車）の普及が進められている。都市のスマート化には, これに加えてITSのさらなる高度化や, シェアリングシステムの導入が求められる。例えば, 公共交通が高度化することにより, バスロケーションシステム（近くにいるバスの位置や到着時刻がリアルタイムで分かる）や, インターネットによる運行情報等の提供の充実により利用者を支援するシステムの開発が進んでいる。また, バスに限らず, 運転手の負担を軽減し, あるいは運転手を必要としない自動運転技術も国内外の自動車メーカーやIT大手により開発が進められている。シェアリングシステムについては, 従来のレンタカーやカーシェアリングの枠組みにとらわれず, 個人間で車を融通しあう「個人間カーシェアリング」も一部で利用され始めている。

　続いて紹介するのは廃棄物処理を支える技術である。廃棄物は一般的に焼却や埋立を行うが, 処理方法によっては都市が生み出す貴重な資源ともなる。日本では2000年に循環型社会形成推進基本法において３Rの考え方が導入され, リデュース（減らす）, リユース（再利用）, リサイクル（再び資源として利用）が掲げられた。なお, リサイクルは, 狭義では, 新製品に使う原料として再資源化することを意味するが, 広義では, 廃棄物を燃やしてその際に発生する熱をエネルギーとして利用するサーマルリサイクル（熱回収）も含んでいる。これに加えて各種リサイクル法も整備されたことで, 廃棄物の量は減少し, リサイクル率は上昇している。さらに, 近年, スマートフォンの普及により, 個人間のリユースも以前より活発に行われるようになっている。スマートフォンを使ってモノの写真を撮り, ネット上の取引サイトに情報を載せると, それを欲しい人が手を挙げる仕組みである。システムの利用料及び輸送コストはかかるものの, リユースショップ（リサイクルショップと呼ばれることもあるが, 多くは誤用）を通さず, またフリーマーケットでの出店のように販売場所を確

保する必要がないため，利用者が急速に伸びている。

　また，廃棄物を極力出さないようにするため，売れ残って無駄となる商品を減らすことにも情報通信技術が役立っている。例えば商業施設におけるPOSシステム（Point of sale system；販売時点情報管理）では，個人の購買履歴を収集しているが，これに天候やイベントなどのデータを加え，AI（Artificial Intelligence；人工知能）が仕入れ支援・売れ筋予測・在庫管理などを行うシステムの導入が進んでいる。これにより，必要な商品を必要な数だけ仕入れることができ，食品等のロスを減らすことにつながっている。

2.3　コンパクトシティ

　コンパクトシティの定義は様々あるが，概ね，都市の中心部に様々な機能を集約し，市街地をコンパクトな規模に収めた都市のことを指す。日本では，平成に入ってから郊外に大型ショッピング施設が続々と建てられ，全国の駅前商店街がシャッター商店街となっていった。それに歯止めをかけるべく，コンパクトシティを目指して中心市街地の活性化を試みようと様々な法律が施行され，補助金が支給されたが，残念ながら大きな成果は出なかった。

　国土交通省によると，コンパクトシティは人を都市部に集約化することで，社会インフラを効率的に利用し，持続可能な社会を実現しようとする都市計画のことをいう（国土交通省，『コンパクトシティの形成に向けて』）。コンパクトシティでは，人々がまとまって暮らすことにより様々な面で効率化が期待できる。例えば，家から職場まで，あるいは家から店までが近ければ，移動距離が短縮でき，その分，CO_2（二酸化炭素）の排出量も削減できる。また，徒歩，自転車などで移動できる範囲に全てのものが揃っていれば，車に乗る必要がない。高齢者が狭い範囲に集まることで支援も行いやすくなり，家と店が近いことで買い物難民が出にくい環境になる。道路や鉄道も，規模が小さければ維持費が低く収まる。さらに，図書館や学校，保健所，下水道等の公共施設も少なくて済む。このように，国土交通省のいうコンパクトシティには数々のメリットがあり，またスマートシティの考えに近いものがある。

　現在，東京への一極集中が加速しており，東京は自然とコンパクトシティ化が進んでいると考えられる。一方で，地方都市は，周辺市区町村から人を集め

られる一部の都市については人口が増加しているが，そうでない都市は人口が減少している。今後，コンパクトシティ化した都市はますます発展し，それ以外の都市は人口減少に歯止めがかからないことが予想される。

3 | サステナブルシティ（持続可能な都市）

3.1　Society（ソサエティ）5.0

　日本では，内閣府より，第 5 期科学技術基本計画において日本が目指すべき未来社会の姿として「Society 5.0（超スマート社会）」が提唱された。狩猟社会（Society 1.0），農耕社会（Society 2.0），工業社会（Society 3.0），情報社会（Society 4.0）に続く，新たな社会を指すもので，「サイバー空間（仮想空間）とフィジカル空間（現実空間）を高度に融合させたシステムにより，経済発展と社会的課題の解決を両立する，人間中心の社会（Society）」と定義されている（内閣府，2016）。

　また，日本学術会議（2014）によれば，Society 5.0のような進化型社会を実現するために，次の 3 点が必要とされる。1 つ目は持続可能性である。リスクに負けないレジリエントな（回復力があり，しなやかな強じんさを持つ）社会を実現する。現代の社会の脆弱性を科学的に分析・解析し，科学技術でこれを克服する。2 つ目は多様性である。多様性を活力とし，地球世界に貢献する社会を実現する。そして 3 つ目は公共性である。弱者に寄り添い公共性を追求する社会的公共性を再構築する。

　同じような考えに，経済産業省による「第 4 次産業革命」がある。第 1 次産業は農業・林業・水産業，第 2 次産業は鉱工業・製造業・建設業や電気ガス業である。第 3 次産業は 1 次 2 次産業に含まれない，目に見えないサービスを提供する無形財の産業で，サービス・通信・小売り・金融や保険などが含まれる。そして第 4 次産業には，IoT，ビッグデータ，AI，ロボットが登場する。

3.2　ICT（情報通信技術）がもたらす豊かな暮らし

　Society 5.0の社会では，いつでもどこでも人やモノがネットワークにつなが

り，高速通信が行えるのはもちろんのこと，ユニバーサルデザインの考えがさらに浸透し，年齢や障がいの有無にかかわらず，労働や行動範囲に制限がなくなってくる。また，AIにより，ロボットや自動走行車などの技術が発達し，少子高齢化や地方の過疎化などの課題に対しても対応できる力を持っている。Society 5.0で実現するこれからの社会について，ICTの視点から以下に述べる。

　AIの進歩とともに，自動走行車の実現が間近に迫っている。自動車に取り付けられた各種センサーや，道路や信号から得られる情報をもとに，AIが判断して自動運転を行うものである。現在のバスやタクシーは，人件費に多くのコストが割かれているが，ドライバーが不要となることで，低コストでより安全な移動手段となる。また，AIが都市内のすべての車両を把握し，常に最適な経路で移動できるようにコントロールすることで，渋滞の発生を極力避けることができる。さらに，自動車のように大きなものだけでなく，より小型の移動支援装置も普及してくるだろう。これらにより，年齢や障がいの有無を問わず，誰でも気軽に好きなところに移動できるようになる。

　また，ロボットがより身近になり，家事ロボット，介護ロボットなどを利用することが当たり前となり，人々はより文化的な活動に集中することができるようになる。特に介護の仕事は解決を単純化することが困難であり，すぐにすべての仕事をロボットで代替することは難しいと思われるが，介助者の腰痛を防ぐことを目的としたパワースーツや，入浴介助支援といった，目的を絞ったロボットはすでに実用化されはじめている。

　仮想現実（VR）や拡張現実（MR）による遠隔コミュニケーションも，ICTの高度化に伴い幅広い応用が期待できる。そのうちのひとつが遠隔会議システムである。東京にある会議室と地方都市にある会議室をオンラインで結び，あたかも同じ空間で打ち合わせをしているかのような状況を作ることが可能となり，出張や転勤の必要性が少なくなる。職場と自宅を同じように結ぶことで，今とは異なる形の在宅勤務の仕組みができ，また障がいのある人にも働く機会が広く与えられるようになる。もうひとつは娯楽への応用である。東京などの大都市に行かずとも，スポーツやコンサートの会場や劇場にいるようなライブ感を体験できるようになる。そして，遠隔医療への応用も考えられる。現状では，医師が不在の医療空白地域が問題となっているが，専門医が遠隔で診療を

行ったり，ロボットを介して手術を行うことができるようになれば，医療の地域格差も解消する。

　最後に，コミュニケーション系のサービスについて説明する。住民コミュニティは，サステナブルシティを支える重要な基盤である。ところが，非婚化や少子高齢時代を迎え，多くの地域で一人暮らし・共働き・高齢者の世帯の増加，人口減少，外国人住民の増加といった問題に直面している。世代間の繋がりがなくなり，あるいは文化や言語の違いにより住民同士の対話がなくなると，相互理解が進まず，地域コミュニティの力が弱まり，生活ルールや災害時の情報共有などで多くの問題が生じてくる。そこで，公共あるいは民間がコミュニティの運営を行い，住民同士のつながりをより深めたり，コミュニティ内の医療サービスや教育サービスを支援したりする。言語や文化の違う住民同士がお互いに理解しあい，協力し合う関係づくりを構築するのに重要な役割を担うことになる。

3.3　サステナブルシティの特徴

　サステナブルシティの特徴についてまとめる。ひとつは，他者への配慮である。ここで言う「他者」は，「資源」「エネルギー」「将来世代」「人間以外の生物」「発展途上国」のことを指す（白井，2012）。若年層，女性，子ども，身体弱者，外国人など，多様な住民のタイプに配慮する必要がある。もうひとつは，社会の弱いところ（脆弱性）を改善することである。高齢者などの社会的弱者や，住宅の密集による災害の被害をヒューマンウェアを活用して抑える。ここで，ヒューマンウェアとは，人の意識・関係のことで，人と人とのつながりを社会全体の資本としてとらえるものである。企業，行政だけでなく，住民や市民団体が連携し，住民が自らの意思で課題解決に取り組み，住民同士が協力する。住民それぞれが多様性を尊重して共に支えあうことのできるコミュニティを形成していく必要がある。

4 | スマートシティ，サステナブルシティの事例

4.1　Fujisawa SST

　SSTはSustainable Smart Town（サステイナブル・スマートタウン）の略で，Fujisawa SSTとは，神奈川県にあるパナソニックの藤沢工業跡地における環境配慮型住宅団地開発計画である。すべての家に太陽電池，蓄電池システムを装備し，創エネ，蓄エネ，省エネを連携させてエネルギーの自給自足を図っている。また，エネルギー網のスマート化だけでなく，自然と共生する景観，安全，交通，健康などの様々な角度から住人の快適性，地域特性や未来のくらしを考えてまち全体を構築している。

4.2　柏の葉スマートシティ

　千葉県柏市に立地し，三井不動産，柏市，千葉県，東京大学，千葉大学などの官民学連携によるまちづくりが行われている。柏の葉はつくばエクスプレスの沿線にあり，大型のショッピングモールや，大学，病院等の施設がある。街エコ推進協議会や街エコSNSが中心となり，CO_2の発生を抑えた建物や街区の中で，こんぶくろ池公園を中心に，自然と共生する暮らしを目指している。また，人と環境に優しい次世代型交通の実現を目指し，次世代ITS（DSRC）の社会実験も行っている。

4.3　日本橋エリア

　日本橋は事業者・就業者・在住者・来街者など，あらゆる立場の人が混在しているエリアであり，そのままでは人と人のつながりが薄く，災害などのリスクに弱い状態にある。そこで，三井不動産が地元団体や企業などを中心に委員会を設立し，江戸時代の人々が大切にしていた共生の精神を今に伝えるとともに，日本橋ならではの新たなスタイルを創造し，その魅力を発信する多彩な催しを行っている。「日本一安全な街，日本橋」の実現を目指し，地域住民参加の大規模な体感型防災訓練を実施するなど，災害に強い環境共生型のまちづく

りを目指している。また，都市ガスを燃料とした大型の高効率発電機を導入し，エネルギーの外部依存度を下げる試みも行われている。

5 | まとめ

　これまで述べてきたように，サステナブルシティとは，電力，熱などのエネルギー，および情報，資源，環境，経済の面で効率化を追求しつつ，同時に人と人とのつながりを大切にする強固なコミュニティの形成を目指すものである。IoTで全ての人とモノがつながり，様々な知識や情報が共有され，今までにない新たな価値を生み出すことが可能となる。また，希望の持てる社会，世代を超えて互いに尊重し合える社会，一人ひとりが快適で活躍できる社会となるであろう。

課　題

(1)　日本や世界のスマートシティの事例を調べよう。

(2)　持続可能なまちづくりにおける住民コミュニティとはどのようなものか，考えてみよう。

【参考文献】

&Nihonbashi 日本橋｜三井不動産 ESG Report 2019（https://www.mitsuifudosan.co.jp/corporate/esg_csr/special/nihonbashi.html　2019年9月20日閲覧）
海老原城一，中村彰二朗（2019）『Smart City 5.0 地方創生を加速する都市 OS』インプレス
柏の葉スマートシティ（https://www.kashiwanoha-smartcity.com/　2019年9月7日閲覧）
国土交通省（2015）『コンパクトシティの形成に向けて』（https://www.mlit.go.jp/common/001083358.pdf　2019年9月7日閲覧）
澤田誠二編著（2015）『サステナブル社会のまちづくり　海外の実務者との対話から見えて来るもの』マルモ出版
白井信雄（2012）『図解 スマートシティ　環境未来都市早わかり』中経出版
内閣府（2016）『Society 5.0』（https://www8.cao.go.jp/cstp/society5_0/　2019年6月7日閲覧）
日本学術会議（2014）『理学・工学分野における科学・夢ロードマップ2014（夢ロードマップ2014）』（http://www.scj.go.jp/ja/info/kohyo/kohyo-22-h201.html　2019年6月7日閲覧）
日本建築学会編（2015）『スマートシティ時代のサステナブル都市・建築デザイン』彰国社
藤沢サスティナブル・スマートタウンFujisawaSST（n.d.）（https://fujisawasst.com/JP/

　2019年9月7日閲覧）
三菱総合研究所編著（2012）『三菱総研の総合未来読本 Phronesis『フロネシス』07 新しい
　ローカリズム』丸善出版
山村真司（2014）『スマートシティはどうつくる？』工作舎
横幹〈知の統合〉シリーズ編集委員会編（2018）『ともに生きる地域コミュニティ 一超ス
　マート社会を目指して（横幹〈知の統合〉シリーズ)』東京電機大学出版局

自然・人にやさしい経済・ビジネス

第10章

人間社会と経済・経済学

本章の目的

　この章では，経済と経済学の歴史を振り返りつつ，「経済的な価値の増大を追求する短期的な経済成長」から「人・社会・自然などの多様な価値を尊重し，質の向上を追求する人間社会の発展」への移行を検討する。また，今日，よく見聞きするSDGsを，自分事として，人間社会のあり方として，考えていく。

Key Word

SDGs，ミル，マルクス，ケインズ，成長の限界，持続可能な発展・開発

関連するSDGs

1 貧困を なくそう	10 人や国の不平等 をなくそう	12 つくる責任 つかう責任	13 気候変動に 具体的な対策を	15 陸の豊かさも 守ろう

---

1 ｜ はじめに——現代社会とSDGs

　序章で学んだように，資本主義の発展，経済成長は，個人の生活にも，社会にも，豊かさをもたらしてきた一方で，途上国の貧困，先進国と途上国の格差，先進国内での格差の拡大，環境破壊など多くの大きな課題も生み出してきた[1]。そのため，今日では，そのような大きな課題を生み出す従来の経済成長を続けることはできないという危機感を背景に，SDGsなどが提唱されている。SDGs（Sustainable Development Goals＝持続可能な開発目標）[2]という名称は，未来のGoals（目標）がSustainable（持続可能な）Development（開発・発展）であること，つまり，現在の，現実のDevelopment（開発・発展）が持続不可能

なことを意味している。

　これまで，多くの人々は，経済成長を無条件に良いことだと認識してきたが，従来のような経済成長や経済・社会のあり方に懐疑的，批判的であった経済学者も存在してきた。次の節では，3名の経済学者の名著を紹介するが，このような古典を学ぶことで，社会・経済の実態・課題を考えるための，課題解決のための，有益な視点とヒントを得ることができる。

2│富・利益・貨幣を追求する経済・社会への疑問

2.1　ミル『経済学原理』（1848年）

　多くの経済学者が経済成長を前提に，それを目的に理論を構築し，経済政策を提唱してきた中で，ゼロ成長を積極的に肯定した経済学者として，イギリスの経済学者ジョン・ステュアート・ミル（1806～1873年）をあげることができる。

　ミルは，多くの経済学者が嫌悪していた「資本および富の停止状態」を「今日のわれわれの状態よりも非常に大きな改善」（ミル，1848，④p.104-105）[3]と認識していた。なぜミルは富の増大や経済成長の「停止」を「大きな改善」と考えたのだろうか。ミルの主張を3点，紹介したい。

　第一に，ミルは「今日の社会生活の特徴」である「互いにひとを踏みつけ，おし倒し，おし退け，追いせまる」ことに「魅惑を感じない」（同p.105）と述べている[4]。つまり，資本や富の増大のために，醜悪な競争をすることを戒めている。第二に，ミルは，「すでに必要以上に富裕になっている人たちが，裕福さを表示する」ための商品を買うために，さらに豊かになることの意味を「私には理解できない」と述べ，財産の平等化を提案している（同p.106, 107）。第三に，ミルは，人間の食料のためにすべての土地が耕作され「花の咲く未墾地」が残っていないような状況，人間が食用などに活用する動物以外が「人間と食物を争う敵として根絶され」る状況に警告を与えている（同p.108）。

　自社の利益，自分の利益のために法律に反する企業や人の存在，序章で学んだような，過剰な豊かさを享受するごく一部の人たちと貧困に苦しむ多くの人

たちの存在，自然破壊や動植物の絶滅などは，今日，大きな問題となっており，こうしたミルの問いかけは，もっと注目されるべきだろう。

　また，ミルは，こうした様々な問題を引き起こす資本や富や人口の増大の「停止状態」は「人間的進歩の停止状態を意味するものでない」ことを指摘したうえで，むしろ，「停止状態においても，あらゆる種類の精神的文化や道徳的社会的進歩」や技術の改良・改善が可能であることを指摘している（同p.109）。つまり，ミルは，資本や富や人口といった量的な拡大が止まったとしても，今日的に言えば，GDP成長がゼロになったとしても，文化，道徳，技術などの質的な向上・発展が可能であることを指摘した。こうした指摘も，今日，大きな示唆を与えてくれる。

　問題は，なぜ道徳や法律を顧みることなく，また，他者の貧困や地球・自然に無関心なまま，自分の経済的利益のみを追求してしまうのか，その要因・背景だろう。こうした社会の根源に「資本」を見いだしたのがマルクスである。

2.2　マルクス『資本論』（1867年）

　ドイツの経済学者マルクス（1818〜1883年）は，『資本論』で資本と資本主義を徹底的に分析した。

　資本は貨幣・お金でもあるが，私たちにとっての貨幣・お金とはずいぶん違う。私にとって，働いた結果，給与として手に入れた貨幣・お金の多くは，私自身と家族の生活のために，必要なものを購入・消費するために減っていき，無くなってしまう。しかし，資本家（株主・経営者など）にとって，資本が減ること，無くなることは許されない。例えば，100万円でビジネスをするなら，100万円を投資するなら，120万円へと増えていく必要がある。資本・資金を減らし続けるビジネス・投資は成立せず，資本家・株主・経営者として存在できないことになるからだ。

　こうした増えることを義務付けられた貨幣・お金＝資本が中心となる社会・経済が資本主義だと言える。

　マルクスは，ドイツ語のGeld（貨幣），Ware（商品）を使い，簡潔に【G－W－G'】を「資本の一般的な定式」としている（マルクス，1867，①p.273）。最後のG'は，G＜G'で，最初のGよりも増加している。つまり，最初は

100万円だが，その100万円で，材料を買ったり，人を雇ったり，ビジネスをして，その結果120万円になる貨幣が資本である。このような資本の増殖は，ビジネスを続けるためには，1回だけでなく，1ヶ月だけでなく，1年だけでなく，絶えず繰り返される必要がある。

　多くの人にとって，お金とは次のようなモノであろう。山で山菜（W）を採って，売って，お金（G）を得て，そのお金（G）で，海で獲れる魚（W）を買う。したがって，【W（山菜）－G（お金）－W（魚）】の場合，山菜を魚に交換することが，つまり，魚を買って食べるという内容・質が目的であり，お金（G）はそのための手段である。

　しかし，資本家にとって重要な資本の増殖【G－W－G'】では，最初も最後もG（貨幣）であり，同一である。ただ異なるのは，G＜G'という資本・貨幣の増額，数量の増加のみである。そのため，労働者に高い給与を支払う，自然・環境にやさしいビジネスをするというビジネスの内容・質よりも，いかにG＜G'を実現するか，どれだけ大きいG'を実現するか，つまり資本の増殖のみが目的となる。

　その結果，【G＜G'】を目的とする短絡的な資本主義のもとでは，労働者の賃金を切り下げたり，労働者を長時間働かせたり，自然環境に配慮しないことで，より大きなG'を獲得しようとしてしまう。そのため，マルクスは，労働者が低賃金で貧困に陥る現実，労働者の健康や命が長時間労働で脅かされる現実，自然・大地がその豊かさを破壊されていく現実などを分析し，「資本主義的生産は，ただ，同時にいっさいの富の源泉を，土地をも労働者をも破壊することによってのみ，社会的生産過程の技術と結合とを発展させる」と指摘した（マルクス，1867，②p.466）。資本主義のもとでは，自らの増殖を目的とした資本は，人間に豊かさ・富をもたらすはずの自然・土地，労働者を破壊するのである。

　マルクスは，こうした労働者の健康や寿命を大切にしない自己中心的な資本家の振る舞いについて，「われ亡きあとに洪水はきたれ！〔Après moi le déluge !〕」（同p.77）が資本家の標語であると指摘している。自分が利益を得ることさえできれば，その後，労働者や自然がどうなろうとかまわないという資本家の態度をマルクスは批判しながらも，こうした利益を最優先する資本家

の行動は「資本家の意志の善悪による」ものではなく，資本主義の自由競争が資本家に利益追求を強制していると指摘した（同p.77）[5]。

　このような人や自然を傷つけ，破壊する経済成長のあり方は，仕方のない，不可避なものだろうか？　ミル，マルクスは，そうした経済・社会から転換するためには，労働者の精神的な成長，労働者自身が経営に参加するような組織（協同組合，アソシエーション）などの重要性を主張していた。日本では労働者協同組合法が2022年10月から施行されたが，ミルやマルクスのこうした主張の意義は今日，ますます大きくなっている。

　ミルやマルクスの時代以降，資本主義は，急速に成長・拡大し，過剰なまでの豊かさを生み出す一方で，失業，貧困，格差の拡大，深刻化する環境破壊といった問題を生み出し続けてきた。

2.3　ケインズ「わが孫たちの経済的可能性」（1930年）

　こうした時代の中で，経済政策の役割とともに，人間にとっての経済の意味，位置付けを改めて提起したのがイギリスの経済学者ケインズ（1883〜1946年）であった。ケインズは，失業や貧困を克服するために，政府や経済政策の役割を重視した経済理論を確立し，現在のマクロ経済学や経済政策に大きな貢献をした経済学者であるが，ケインズ自身は，そうした経済の問題を，人間にとって，現代にとって，大きな課題とは認識していなかった。第1次世界大戦を経て，世界恐慌に直面していた当時，ケインズは『説得論集』の「序文」で「欠乏と貧困および階級間・国家間の経済闘争の問題」は「一時的で不必要な混乱」であるが，人類はこうした「経済問題を二義的な重要性しかもたない位置にまで引き下げうるに足りる十分な資源と技術」（ケインズ，1931, p.xxiv）を手にしていると指摘した。ケインズにとって，経済的な問題は，本来，人類にとって最重要な問題ではなく，「二義的」であり，「人生の問題」，「人間関係の問題」などが「真の問題」だとしている（同p.xxv）。

　こうした経済的な問題を解決できた場合，「真の問題」はどうなるのか？ケインズは「わが孫たちの経済的可能性」（1930年）で検討している。当時，世界恐慌が始まり，先進国は失業者の急増などに直面していたが，後（1936年）に政府の政策による有効需要の創出で失業問題を解決することを主張する

『雇用・利子および貨幣の一般理論』を出版するケインズにとっては，こうした経済問題は短期的な二義的なものであった。むしろ，こうした経済問題を解決できた後に，人類と社会がどのように変化するのか？　ケインズの最大の関心は，人類の未来＝孫の世代の経済，社会，人間にあった。ケインズは先に見たような「経済問題は，100年以内に解決されるか，あるいは少なくとも解決のめどがつく」と予想していた（ケインズ，1930, p.393）。そして，経済問題が解決されるなら，資本主義の中で，これまで貨幣の増大のみを貪欲に追い求めていた人類が，「貪欲は悪徳であるとか，高利の強要は不品行であり，貨幣愛は忌み嫌うべきものである」と認識するようになり，「われわれはもう一度手段より目的を高く評価し，効用よりも善を選ぶことになる」とケインズは予測した（同p.399）。

　ケインズの予測からもうすぐ100年となるが，悪徳であり，忌み嫌うべき貪欲さや貨幣愛は無くなったのだろうか？　私たちは，生活のための手段としての経済や貨幣よりも，人としてどう生きるかという目的を大事にできているだろうか？

　序章で見たような一部の富裕層に富がますます集中し，格差が拡大する現代社会，環境問題が深刻化する現代社会を見れば，私たちは，ケインズの予測は楽観的だったと判断するしかないのだろうか。もしくは，ケインズの予測から100年後は2030年だが，偶然にも，この年はSDGsが実現されるように目指している年でもある。SDGsを実現する過程で，人類の意識，社会・経済のあり方も，ケインズの予言に間に合うように変化するのだろうか。

　第二次世界大戦が終わり，1950, 60年代と，アメリカ，ヨーロッパ，日本などの先進諸国は高度成長と，大量生産・大量消費による豊かな生活を享受した。その高度成長期には，マルクスやケインズが指摘したような失業や貧困といった社会的課題も解消の目処が付いたかのようにも思われた[6]。ミル，マルクス，ケインズが重視したような価値観や道徳の模索もあった。高度成長期の1950, 60年代には，公民権運動，労働運動，女性運動，学生運動，環境保護運動，植民地支配からの独立など，人間の尊厳を模索する運動が盛んとなった。

　こうした中，社会的な公正・正義，自然環境との共存を求める動きも活発になっていった。その背景には，1950, 60年代に先進国が享受した高度成長と大

量生産・大量消費・大量廃棄がもたらした公害・環境破壊・資源の浪費，そして，解消されない途上国の貧困や先進国と途上国の大きな格差があった。以下では，今日のSDやSDGsに至るまでの重要ないくつかの研究・報告から学びたい。

3 | 自然・環境・地球への注目

3.1　カーソン『沈黙の春』（1962年）

　先進国，特に，アメリカの環境保護・政策などに大きな影響を与えたのは，アメリカの科学者レイチェル・カーソンの『沈黙の春』だった。カーソンは，農薬や殺虫剤として活用していた化学物質が，多くの生き物・植物，河川や土壌など広く自然にも，人間の健康にも，大きな影響・被害を与えることに警鐘を鳴らした。

　第1章の「明日のための寓話」は，このままでは：鶏も牛も人も死に絶え，春になっても，虫の羽音，鳥の鳴き声などが聞こえない，「春がきたが，沈黙の春」となるような「病める世界——新しい生命の誕生を告げる声ももはやきかれない」世界になってしまうかもしれないという警告から始まっている（カーソン，1962, p.12-13）。カーソンは，「私たちは，いまや分かれ道にいる」と主張した。つまり，人類がこれまで「長いあいだ旅をしてきた道は，すばらしいハイウェイで，すごいスピードに酔うこともできるが，私たちは瞞されているのだ。そのゆきつく先は，禍であり，破滅」であり，「もう一つの道は，あまり《人も行かぬ》が，この道を行くときにこそ，私たちは自分たちの棲家の安全を守れる。そして，それはまた，私たちが身の安全を守ろうと思うならば，最後の，唯一のチャンス」であると主張した（同p.228）。

　人類は，自分たちの生活や短期的な経済効率を追求するあまり，化学物質を楽観的に信じ，複雑な生態系に対して，化学物質が与える長期的な影響を熟慮することなく，化学物質を乱用することで，「沈黙の春」をもたらしかねない誤りを犯してきたため，もう選択肢も，時間も残されていないことを，カーソンは60年も前に書き記していたが，今なお，化学物資，化石燃料，原子力の安

易な利用は続いている。

3.2 Boulding "The Economics of the Coming Spaceship Earth" (1966年) [7]

　なぜ，人類は，自然・環境や生き物への長期的な多様な影響を熟慮することなく，短期的な利益のために，自然や環境を破壊してしまうのだろうか。

　大昔，地球は人類にとって無限なほど大きく，人類の力は地球や自然にとっては小さなものであった。そのため，人類が地球や自然や生態系を壊してしまうという危機感を抱けなかっただろう。しかし，人間が，多くの生き物を絶滅させたり，自然や環境を破壊したりする力を持ってしまった以上，地球や自然が壊れやすく，かけがえのない存在であることを自覚することが重要である。こうしたことに気づかせてくれるキーワードの一つが "Spaceship Earth"「宇宙船地球号」である。

　ボールディングは，「これからの宇宙船地球号の経済学」という論文で，これまで人類は，無限の平原を前提にした「カウボーイの経済」活動を行ってきたが，これからは小さな，一つしかない宇宙船としての地球を前提にした「宇宙飛行士の経済」活動に切り替えなければいけないと主張した（Boulding, 1966, p.281）。

　無限の大地を前提にすれば，資源をいくら掘り起こし浪費しても，有害物質を排出しても，無限の大地が受け止めてくれるだろう。しかし，小さな宇宙船の中に，どれだけの資源があるだろうか？　宇宙船の中に有害物質を排出したら，その宇宙船の中に住む私たち人類をはじめ多くの生き物にどんな影響がもたらされるだろうか？　そんなことを考えさせてくれるキーワードが「宇宙船地球号」である。

　ボールディングは，「宇宙飛行士の経済の時代は，少なくとも，今，生きているわれわれの人生が終わった後，つまり，まだまだ先のことなので，われわれはこれ（宇宙船地球号）を心配することなく，できるだけ陽気に，食べ，飲み，使い果たし，（資源を）掘り出し，（自然を）汚染し，そして，後世の人々が宇宙船地球号のことを思い悩めばよい」という当時の多くの人が抱いていた意見を紹介したうえで，「"われわれ亡きあとに洪水はきたれ！"」は人類の少な

くない人々の標語である」[8]と指摘した。ボールディングによれば，当時の人類の多くは自分さえ良ければよいと考えがちだった。しかし，ボールディング自身は，私たちが持つべきアイデンティティは「宇宙空間の中のコミュニティだけでなく，過去から未来へと続く時間の中のコミュニティとも，つながるアイデンティティ」だと主張した。人類が地球や自然に大きな影響を与えるようになった現代では，グローバル化が進む現代では，私たちの経済活動・生活が地球全体の自然や遠くの国の人たちに大きな影響を将来にわたって与え続けてしまう。そのため，広い視野で，自分たちを宇宙船地球号という「宇宙空間の中のコミュニティ」の中で認識することの重要性，そして，現代の自分たちの社会・経済・生活が将来の世代や地球に大きな影響を長期的に与えていることを，「過去から未来へと続く時間の中のコミュニティ」の中で意識することの重要性をボールディングは主張した。

4 | あたらしい経済・社会のあり方の模索

4.1　メドウズ他『成長の限界』（1972年）

『成長の限界』[9]は「人間の視野」という興味深い話から始まっている。人間は，「子どもの生涯」という遠い未来よりも「来週」という近い未来に関心を持ち，そのために行動しがちで，同様に，「世界」という広い空間・範囲よりも，「家族」という身近な空間・範囲に関心を持ち，そのために行動しがちだという事実を指摘している（メドウズ他, 1972, p. 4 - 7 ）。

もし，長期的に，広い視野で，地球や人類の社会・経済を分析すると，何が分かるのだろうか。本書は，「全体的，長期的な視野で世界をながめてきた人々は」，「世界人口，工業化，汚染，食糧生産，および資源の使用の現在の成長率が不変のまま続くならば，来るべき100年以内に地球上の成長は限界点に達するであろう」という同一の予測に達していると指摘している（同p.11）。もう，この予測から50年経過したので，残された時間はあと50年ということになる。

一方で，もし，「こうした成長の趨勢を変更し，将来長期にわたって持続可

能な生態学的ならびに経済的な安定性を打ち立てることは可能である」[10]とも
述べている。

　つまり，人類が，人口の無制限な増加，無限の経済成長，大量生産・大量消
費・大量廃棄を享受し続けようとするなら，こうした数量的な成長・拡大の追
求はいずれ限界に達してしまうが，「人類は今や，成長から世界的な均衡への，
制御された，秩序ある移行を直ちに開始することが可能である」[11]と自然や社
会・経済に配慮した持続可能な経済・社会への転換を『成長の限界』は主張し
た（同p.170）。

　では，従来のような経済成長ではない，均衡のとれた経済・社会のあり方と
は，いかなるものであろうか。

4.2　The World Commission on Environment and Development "Our Common Future"（1987年）[12]

　「環境と開発に関する世界委員会」のこの報告書は，「私たちは，20世紀の半
ばに，私たちの地球を宇宙から初めて見た」という文章で始まっている（The
World Commission on Environment and Development, 1987, p. 1）。人類は，
真っ黒な，広大な宇宙に浮かぶ，命を育む，小さな地球の姿を実際に見たこと
によって，自らによる地球や自然の破壊に対して危機感を抱いただろう[13]。こ
うした危機感は，先に見たボールディングの「宇宙船地球号」の危機感と共通
している。

　この報告書は，経済成長が，乳幼児死亡率の低下，平均寿命の延伸，就学率
の向上などをもたらした一方で，飢餓や貧困，経済的な格差の拡大，人類によ
る環境破壊などの大きな課題も生み出してきたことに触れ，「こうした改善を
もたらしたプロセスは，地球と人々が長期的に支え，耐えることができないト
レンドを生み出している」と指摘した（同p.2）。つまり，これまでの経済成
長の成果を指摘しつつも，これまでのような経済成長は，人類にとっても，地
球・自然にとっても，「支え，耐えることができない」と，つまり，持続不可
能だと指摘した。

　では，従来のような持続不可能な経済成長ではなく，持続可能な開発・発展
とはいかなるものであろうか。この報告書では，「持続可能な開発とは，自身

のニーズを満たすための将来の世代の能力を傷つけることなく，現在の世代の
ニーズを満たす開発」であり，持続可能な開発にとっては，「世界中の貧しい
人々にとっての基本的なニーズ」と「現在と将来の世代のニーズを満たすため
の環境の能力に課されている限界」が重要だと指摘している（同p.43）。簡単
に言えば，「持続可能な開発」とは，すべての人のニーズを長期的に満たしな
がらも，将来の世代の能力や選択肢を犠牲にしない，そして，有限で壊れやす
い地球・環境・自然も犠牲にしない開発・発展だと言える。

　本報告は，人類と自然の関係，先進国と途上国のような人と人との関係の実
態と課題を分析したうえで，「世界の一部の人たちが手に入れた幸運な繁栄は
不安定なものである。なぜなら，それらは短期的にしか利益と進展をもたらす
ことができない農業，林業，工業によって手に入れたものだからである」と指
摘している（同p.27）。序章で見たような，今を生きるごく一部の人だけが，
過剰な豊かさを享受し，資源を浪費し，環境を汚染するような経済・社会・生
活のあり方は，今を生きる多くの人々や将来の人々，そして，現在と将来の地
球・自然を犠牲にした豊かさの享受であり，持続可能ではない。そのため，本
報告は，こうした「持続可能な開発のための戦略は，人と人の調和，人と自然
の調和の促進を目指している」（同p.65）と結論付けている。序章で，経済・
社会・自然の三段のピラミッドで現代社会を考察したが，ここでも，持続可能
な「経済・社会の発展」，人と人の調和という「社会」，人と「自然」の調和と，
「経済」，「社会」，「自然」という3つのキーワードが出てきている。

　こうした議論は，これまで見てきた，私たちの視野の広さや考えている時間
の長さと関係している。一部の人の短期的な経済的利益を優先するのか？　ま
だ生まれていない人たちを含む，より多くの人たちの長期的かつ多様な利益，
地球や自然の豊かさを優先するのか？　と。

5 | おわりに

　持続可能な開発（SD），持続可能な開発目標（SDGs）などをめぐる議論では，
人と自然の関係，人類の自然への影響が注目を集めがちだが，これまで見てき
た主張や提案は，その背景にある，一人ひとりの意識，人と人の関係性，経済

や社会のあり方の重要性を指摘していた。

　貧困や格差，環境破壊を生み出すこれまでのような経済成長は，一部の人の短期的な経済的な利益を優先する成長であり，人・社会にとっても，地球・自然にとっても，もはや持続不可能だ。それゆえ，人・社会にとっても，地球・自然にとっても，受け入れられる，持続可能な社会の発展が模索されなければいけない。そのためには，そうした持続可能な発展は，「人と自然の共存」，「人と人が支え合う社会」，「人や自然にやさしい経済やビジネス」を基盤としなければいけない。序章で示したように，豊かな自然があるから，人類をはじめ生き物が生存・生活できる。社会の支え合いがあるから，多くの人々が豊かさを共有できる。一部の人の短期的な経済的な豊かさのために，多くの人・社会，地球・自然を犠牲にしてはいけない。このテキストでは，第Ⅰ部が「自然と人間社会」，第Ⅱ部が「人間社会の支え合い」，第Ⅲ部が「自然・人にやさしい経済・ビジネス」をテーマにしているのはそのためだ。

　これまで見てきたような，経済的な価値（GDP，利益など）の拡大を短期的に追い求めるだけの成長，すなわち「経済的な価値・数量追求の短期的拡大」は，人・社会・自然・地球を，現在も，将来も傷つけてしまう。

　こうした持続不可能な経済成長を追求するのではなく，人・社会・自然・地球の長期的かつ多様な価値を尊重する社会の「質の改善・発展」を追求することが求められている。その一つがSDGsである。

　SDGsを，「地球・自然や途上国の人にやさしくしよう」というメッセージとして理解するのではなく，これまでのような経済・社会のあり方への批判・否定として理解することが重要だ。だからこそ，過去と現在の持続不可能な経済・社会とは根本的に，質的に，異なるSustainable（持続可能な）Development（開発・発展）を「Goals（目標）」，「目指すべき未来の社会像」としているのだ。したがって，自分たちの生活が途上国の人々や自然を傷つけていないか？　と自問自答したうえで，自らの責任として，社会的な正義の問題として，より良い社会をつくるという積極的な意義を一緒に考えていきたい。

　私が，大学・大学院で学び，教員として本書を書き，授業をしているのは，私の努力の成果というよりも，私が，豊かな日本に，子どもと教育を大事にしてくれた親のもとに，生まれたという偶然・幸運によるところが大きいだろう。

私が世界で最も貧しい国・地域に生まれていたら，今，健康に50歳を迎えているか，教育や研究に携われているか，自信は全く無い。

　つまり，どの国・地域に，どの家庭に，どの時代に，生まれても，基本的な生活を営み，公平にチャンスをつかめる社会をつくることが，重要だろう。そのためには，自分のこととして，地球上に住む人々や地球・自然を長期的に考え，行動することができるか？　が問われている。さらに，人類が目指すべき社会像・目的，自分の人生において重視すべき目的と，生活のための手段としての経済や貨幣の優先順位を間違えないこと，短期的な，個人的な，経済的な利益を追い求めるのではなく，長期的な，社会全体の，地球全体の利益を優先することが重要だ。

課　題

(1)　「序章」で学んだエコロジカル・フットプリントなども参考に，現代の私たちの経済・社会・生活が，どうして持続不可能なのか，具体的に調べて，考えてみよう。

(2)　この章で出てきた著作や報告書について，どれか一つ選んで，詳しく調べてみよう。そして，そこで学んだ社会の見方・考え方を活用して，現代の私たちの経済・社会・生活について考えてみよう。

(3)　SDGsの「目標12　つくる責任　つかう責任」について調べ，今，学生としてできることについて考えてみよう。そして，就職して，どんな仕事で，どんなことができるか考えてみよう。

【注】

1　環境問題については序章や第1章を，途上国の貧困や格差などについては第15章を参照。

2　Sustainable DevelopmentのDevelopmentは，社会の「変化」をイメージしやすいように「発展」と訳した方が良いと考えているが，すでに訳語として定着してしまっているので，本章でも「開発」と記す。ただし，文脈上，「発展」や「発展・開発」と表記することもある。序章の脚注2を参照して欲しい。

3　④は第四分冊を示す。以下同様に，例えば①は第一分冊を示す。

4　こうしたミルの認識は，ケインズが『自由放任の終焉』（1926年）で示した貪欲な競争への戒めと共通している（朝比奈，2020, p.11）。

5　もし，資本家Aが労働者に高い賃金を支払い，環境保護のために多くの投資をして商品

　aを作り，資本家Bが労働者に最低限の賃金しか支払わず，環境保護のために資金を使わずに商品bを作るとしよう。そして，その商品aと商品bが同等の商品であれば，消費者は，「労働者と自然に配慮して作った，価格の高い商品a」と「労働者と自然を軽視して作った，価格の安い商品b」のどちらを購入するだろうか。また，グローバル化が進む今日では，見知らぬ国・地域で生産された商品が，労働者や自然に配慮して生産されたかどうか，私たちが知ることは難しい。そのため，多くの消費者は，商品bを買ってしまうだろう。つまり，短期的にもうかるのは資本家Bとなる。そのため，マルクスの言うように，資本家の善意や悪意とは関係なく，資本主義のもとでは資本家Bのようなビジネスが行われやすい。SDGsは，「つくる責任，つかう責任」を掲げ，つくって・売る生産者の責任も，買って・つかう消費者の責任も問うているのはこうした背景があるからだ。具体的な事例として，序章の「2　社会科学の「見取り図」」を読んでほしい。

6　多くの先進国は，1950，60年代には高成長，低失業，高賃金，格差の縮小を実現したが，1980年代以降，低成長，高失業，低賃金，格差の拡大に直面している。

7　公文俊平氏による訳書（『経済学を超えて－改訳版－』学習研究社，1975年）もあるが，本章の引用文は原著を著者（朝比奈）が訳したものである。

8　本段落の引用は同p.283より。なお，訳文内の（カッコ）内の挿入は著者（朝比奈）による。原著の“Après nous, le déluge”の訳文は，先に学んだマルクス『資本論』の岡崎訳をベースに，フランス語のmoi（単数「われ」），nous（複数「われわれ」）を反映させて訳出した。

9　本書の著者の一人であるドネラ・メドウズは「ザ・グローバル・シチズン　村の現状報告」で「もし世界が1000人の村だとしたら」，「村では毎年28人子どもが生れています。毎年10人死にます。そのうち3人は食べるものがないために死んでゆき～」というストーリーを発信した。このストーリーは後に『世界がもし100人の村だったら』という著作になった。60億人，70億人，80億人と増え続ける地球のすべての人々を視野に，世界の実態を理解し，共感することが難しくても，1000人の村というコミュニティのサイズなら，共感・実感し，考え，行動できるようになるかもしれないという思いが込められたストーリーなのだろう〔池田再話（2001）「解説」より〕。

10　同p.11。原著でこの部分は，“sustainable far into the future”（p.24）と書かれており，これからたびたび出てくるキーワード“sustainable”が50年前には登場していたことが分かる。

11　こうした「成長から均衡への転換」は先に見たミルを思い出させる議論であるが，実際，『成長の限界』は，ミルの『経済学原理』を引用し，紹介している（同p.111, p.159）。

12　大来佐武郎氏監修による訳書（『地球の未来を守るために』福武書店，1987年）もあるが，本章の引用文は原著を著者（朝比奈）が訳したものである。

13　ナショナル・ジオグラフィック（National Geographic）「ギャラリー：宇宙から見た地球」（https://natgeo.nikkeibp.co.jp/atcl/gallery/122700466/　2022年11月19日閲覧）などで，宇宙から見た地球の姿を見て，感じ，考えて欲しい。

【参考文献】

朝比奈剛（2020）「第1章　現代社会を考える」（千葉商科大学　人間社会学部『はじめての人間社会学』中央経済社）

池田香代子再話，ダグラス・ラミス対訳（2001）『世界がもし100人の村だったら』マガジンハウス

ケインズ，J．M．（1931）『説得論集』「序文」（『ケインズ全集』第9巻「説得論集」宮崎

義一訳　東洋経済新報社　1981年）

ケインズ，J．M．（1930）「わが孫たちの経済的可能性」（『ケインズ全集』第９巻「説得論集」宮崎義一訳　東洋経済新報社　1981年）

ケインズ，J．M．（1926）『自由放任の終焉』（『ケインズ全集』第９巻「説得論集」宮崎義一訳，東洋経済新報社，1981年）

マルクス，K．（1867）『資本論（第一巻）』岡崎次郎訳　大月書店1972年

ミル，J．S．（1848）『経済学原理（四）』末永茂喜訳　岩波書店1961年

レイチェル・カーソン（1962）『沈黙の春』青樹簗一訳　新潮社1987年

H.メドウズ，L.メドウズ，J.ラーンダズ，W.ベアランズ（1972）『成長の限界』大来佐武郎監訳　ダイヤモンド社1972年

Kenneth E. Boulding (1966) 'The Economics of the Coming Spaceship Earth'

[in Kenneth E. Boulding (1968) "Beyond Economics" The University of Michigan Press]

The World Commission on Environment and Development (1987) "Our Common Future" Oxford University Press

■ 第**11**章 ■
先が読みづらい時代で働くために

> **本章の目的**
>
> 　相対性理論で有名な物理学者，アルベルト・アインシュタインは「混乱の中から単純なものを，不和から調和を見出せ。困難の真っ只中にチャンスがあるのだ」（名言倶楽部, 2021）という言葉を残している。第11章では，このアインシュタインの言葉を時折引き合いに出しながら，これから先，大学生が自分のキャリアを描く際に考えておくべきことは何か，変化にどう対応すべきか，片や，周りが変わっても自分の中では譲ることのできない価値観，自分ならではの持ち味をどのように活かして働くかについて考えていく。
>
> **Key Word**
>
> VUCA時代　ありのままの自己肯定感　シャインの3つの問い　つながり力
>
> **関連するSDGs**
>
>

1 ｜ はじめに

　1978年，『不確実性の時代』[1] という経済書が日本でベストセラーとなった。その後，世の中では先行きが不透明な時代，予測が困難な時代，移り変わりが激しい時代という言葉を頻繁に聞くようになる。

　大学生の就職活動，人々の働き方，生き方もこのような時代の中で大きな影

159

響を受けてきた。

　とくに2020年から22年にかけて，新型コロナウイルスの影響から就職活動も
オンラインによる選考が増え，ほとんどの学生はその対応に苦労した。

　私のゼミの学生も例外ではなかった。単位の取得状況が卒業要件ギリギリの
学生にとっては，レポートや課題に追われながらオンライン就活の準備もしな
ければならないというピンチに直面した。

　Ｓさんもその中の１人だった。Ｓさんはコロナ禍のステイホームの時間をま
ずは学業に集中させ，それでも余った時間を読書に費やし，その多くの本から
生きる知恵や刺激を受けた。また，刺激を受けたことで多くの人と本の内容に
ついて話し合うようになり，そのおかげで自分の考えをまとめる力がつき，書
く力も育まれた。履歴書などに書く自己PRがなかなか思いつかなかったが，
まずは「ありのままの自分」を受け容れ，内省したところ，「ピンチに陥った
自分がそこからどう立ち直ったか」という自分ならではの経験を伝えることに
した。決してスムーズな就活とは言えなかったが，内定の報告は，思ったより
も早く届いた。

2 | 先が読みづらい時代

　2020年の初頭から世界中でパンデミックを引き起こした新型コロナウイルス
により，人々の日常生活はマスクの着用，社会的距離の確保，移動の制限など
を強いられることになった。

　また，仕事や教育の場ではテレワークやリモート授業というように，オンラ
イン化が急速に進むなど，世の中の様子はめまぐるしく変わった。

　しかし，働く環境が大きく変わったのは，今に始まったことではない。1990
年代にWindows95が発売されると，PCの普及に拍車がかかる。その後のイン
ターネットの発達，携帯電話やスマートフォンの進化などはさらに私たちの生
活に多くの恩恵をもたらした。

　その一方で，私たちは地球の温暖化による異常気象のほか，地殻変動，有害
物質の放出などによる陸や海の生態系への悪影響，未知なる感染症による脅威，
様々な思惑が交錯する国際関係など多くの問題を抱えることになった。このよ

うな，移り変わりが激しく，複雑ではっきりしない，予測が難しい時代を
「VUCA時代」と呼ぶ（GLOBIS CAREER NOTE, 2022）。

　「VUCA」という言葉は，もともと1990年代の後半に発生した軍事用語だが，
ビジネスの社会で使われるようになったのは2010年代に入ってからである。

　「VUCA」は

　・Volatility＝変動性

　・Uncertainty＝不確実性

　・Complexity＝複雑性

　・Ambiguity＝曖昧性

の頭文字から成る言葉だ。「VUCA時代」は言うならば「先が読みづらい」
時代である。

　地震や台風などの自然災害も先が読みづらい事象であるが，私たちの働き方
に大きく影響するのは，AIやRPA[2]の進化，人口の流動化や超高齢社会による
働き方の変化，最近多発する新たな感染症，様々な思惑による国際情勢の不透
明感，所得格差，学歴格差，ジェンダー不平等などから生まれる社会や経済の
不安などである。

3 ｜「VUCA時代」の就職活動で感じる不安や生きづらさ

　就職活動はいつの時代でも学生の悩みの種であるが，とくに2021年卒以降の
学生の場合は，新型コロナウイルスの流行で大学での授業が対面からオンライ
ンになるばかりでなく，就活の面接もオンラインが急増し，多くの学生がその
対応に戸惑った。就活におけるオンライン化は，一方で地域格差を是正する，
動画を駆使した新たなコミュニケーションツールを生み出すなどのメリットも
あった。

　しかし，23年卒になると，オンライン就活に慣れつつも，皮肉なことに対面
による面接やグループディスカッションなどに不慣れな学生が現れてくる。ア
フターコロナの就職活動は，対面，オンラインの双方に対応できるハイブリッ
ド型になっていくのだろう。双方に対応しなければならない学生にとって，就

活の悩みの種は一層膨らんでいくことになる。移り変わりの激しい環境に対応
しなければならない就活は，学生たちに大きなストレスがかかり，ある種の生
きづらさを感じさせることになる。

4 | AIと人間の仕事

　就活生が感じる生きづらさは，新型コロナによる影響だけではない。AI技
術の急速な進化も移り変わりの激しさを象徴しているが，そのAIの進化は就
活生や働く人間にとっては大きな脅威にもなっており，将来に対する不安，生
きづらさを感じさせる。

　株式会社野村総合研究所（NRI）は，「10年〜20年後，日本の労働人口の約
49%が，技術的には人工知能やロボット等により代替できるようになる可能性
が高い」という衝撃的な調査結果を発表した（NRI, 2015）。なお，この調査は，
あくまでもAIやRPAによる「代替可能性」を示したものであり，実際に代替
されるかどうかは労働需給を含めた社会環境要因の影響も大きい」としている。
これから就職しようとする学生が，自分の目の前にある仕事の多くが10年から
20年で大きく変化したり，自動化されたりしてしまうと聞かされたら，将来に
対する不安，生きづらさという悲観的な気持ちが大きくなるだろう。

　ところが，このような「悲観論」に対して疑問を持つ声が最近増えてきた。
「AIの普及で，一時的に雇用が失われても生産性が高まり，利益率も上がれば
雇用拡大につながる」というのだ（山本勲, 2021）。

　このように，現時点では，将来AIが人間の仕事にどれだけ取って代われる
かは定かでなくなってきている。今は，必要以上に悲観することはないだろう。

5 | AIとの共存

　仮にAIが人間の仕事に取って代わるとしても，どのような仕事に取って代
わるのかは，おおよそ予想できる（NRI, 2017）。

　最初に名前が挙がってくる職業部門は，マニュアル化がしやすい事務・管理
部門（バック・オフィス系）であろう。明らかに人間よりもAIの方が仕事に

有利だと思われる領域だからだ。

　また，慢性的な人材不足（労働力の減少）は我が国の大きな課題である。AIの活用は労働力を補うばかりではなく，人材不足から生じる厳しい労働環境の改善に大きな期待がかかるのも事実である。これからは，AIと如何に上手に付き合っていくか，1人ひとりが自分の能力や価値観と照らし合わせて考えていくべきである。

　AIが得意とする分野は，単純な作業，業務のプロセスの自動化が可能な領域だ。製造業の工場は20世紀後半からオートメーション化がすでに進んでいるので，今後大きく変化するのは事務系，中間管理系の仕事だと思われる。

　一方，AIによる自動化が難しいとされるのは，次の3つである（NRI, 2017）。
① 創造的思考
　・芸術，学問など抽象的な概念を操る，または，創出すること
　・人間としての目的意識に沿って答を創出する能力
② ソーシャルインテリジェンス
　・自分と異なる価値観を持つ他者とコラボレーションする能力
　・理解・説得・交渉といった高度なコミュニケーションを駆使したり，サービス指向性の対応をしたりすること
③ 非定型対応
　・先例，マニュアルなどがなくても自律的に判断する能力
　・業務が体系化されておらず。多種多様な状況に適切な対処を自分自身で見つけ出すこと
以上から推測すると，人間でなければならない主な仕事は，以下の通りだ。
① AIをコントロールしたり，活用したりする仕事
② AIが苦手とする領域に関わる仕事
　・AIが苦手とする仕事とは，「データ」の積み重ねからは生まれない「創造力」，つまり新しいものを生み出す仕事
　・AIでは読み取ることが難しい細かな人の心を察知して対応する仕事
　つまり，AIと人間の得意とする分野をはっきりさせ，コントロールする，または，上手に共存という考え方である。

　アインシュタインは「混乱の中から単純なものを見出せ」（名言倶楽部,

2021）と言っている。これから先，AIが人間の仕事を脅かすことがあったとしても，AIの得意不得意をしっかりと見極めて，自分ならではのAIとの共存を考えていきたい。

6 ｜ 仕事選びの軸──「シャインの３つの問い」について

　自分は何を軸として仕事を選んだら良いか。その軸は本当に確かなのか。先が読みづらい時代では，あれもこれもしなければと色々なことを考えてしまい，却って何をしたら良いのか分からなくなってしまう。

　それならば，「あれもこれもしなければならないと色々考えること」をやめてみよう。

　就活を始める際に多くの学生は，「自分がやりたいと思う仕事」を考え始める。ところが，なかなか「やりたい仕事」見つからない。見つからないからといって，その自分を責める必要はない。小さいときの憧れとは違い，大学生の場合はどうしても「自分にできるのか」「長続きしそうか」ということを考える。

　キャリア研究の専門家である大久保幸夫は，アメリカの心理学者，エドガー・シャインが提唱した「シャインの３つの問い」（**図表11－1**）について次のように解説している。

　まず，キャリアをデザインするには，次の３つの自己イメージを確立するべきである。1つ目は，「能力・才能に関する自己イメージ＝自分にできること，得意なことは何か？」。次が「動機・欲求に対する自己イメージ＝自分は何がやりたいのか？」。そして３つ目が「意味・価値に関する自己イメージ＝自分は何をやることに価値を感じるか？」である（大久保，2006, 16-17）。

　この３つの問いは，仕事選びの軸になるものとも言える。このなかで，早くから自覚できるものは「できること」だろう。自分の強み，弱みはある程度自分自身分かるし，コンピテンシー診断などでも把握できる。また，自分の意志で伸ばすことができるのが「能力」である。「価値」も物事を経験することによって感じ取ることが可能だ。つまり，この２つは経験を通して割と早いうちに固めることができる。

図表11－1　シャインの3つの問い

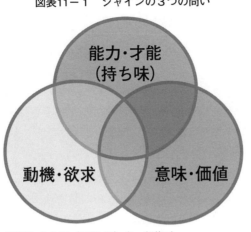

（出所）大久保（2006, 18）を一部修正

　では，「やりたいこと」はどうか？　「好きなこと」は分かっていても「やりたいこと」を自覚するとなると案外難しい。

　「○○が好きだ」という純粋な気持ちは，誰もが一度は持ったことがあるだろう。しかし，具体的に「どうしたいのか」ということを考えると，なかなかこれという答が出ない。そこで，悩むのであれば「やりたい仕事」にこだわらずに「やりがいのある仕事」を考えてみたらどうか。「やりがい」を辞書で調べてみよう。明鏡国語辞典（第2版）には「その物事をするだけの価値，それをするときの張り合い。しがい。」とある。つまり，「やりがい」は，やってみてワクワクするとか，充実感を得たりすることである。

　大学生活での様々な経験を通して自分はどのようなことに「やりがい」を感じるのかという経験をできるだけたくさん積んでおきたい。その間に自分の「能力・才能」に磨きをかけ，自分なりの仕事に対する「価値観」を持ち始めよう。大学時代のみでその完全な答を求めなくても良いと思う。

　キャリアデザインは，大学を卒業し，初めて職に就く際に考えれば良いというものではない。「キャリアについて考えると言うことは一生をかけた自分自身への問いかけ（内省）と行動の繰り返しなのである」と大久保は述べている（大久保, 2006, 19）。

7 | 混乱の中から単純なものを見出す
──生きづらさとありのままの自己肯定感

「シャインの３つの問い」は経験を積みながら内省し確信していくものであり，仕事経験の少ない大学生がそれを確信するにはある程度の時間を要する。とくに「やりたいこと」については，たとえ候補はたくさんあっても，これだと確信できるものにはたどり着かない。それならば，無理に「やりたいことをひねり出すのではなく」，自分の不動な「価値観」から得意とする「能力（持ち味）」の順に考えてみたらどうかというのが私の意見である。「価値観」と「能力（持ち味）」の順番は逆でも構わない。天性の才能に恵まれているのであれば，当然，持ち味として活かすべきである。コンピテンシーのような基礎力や，必要だと分かった専門力は，後からでも身につけ，磨くことができる。仕事経験は少ないものの，学生生活の経験を通して自分の「能力」を磨き，「価値観」を知ることが大切である。

コロナ禍のなかで「自分は十分な経験が積めなかった」と思い込む学生も多いだろうが，決して卑下する必要はない。前述の通り，キャリアデザインは「一生をかけた自分への問いかけと行動の繰り返し」であるから，まずは，積極的に経験する機会を作ることである。

大学生としてやがて迎えるだろう就職活動に対しては，数少ない経験から問いかけるしかない。少ない経験の中にも自分なりに工夫したことがあるだろう。様々な制限の中で行なった学内における学習支援活動，クラブ活動やアクティブ・ラーニングの一環として参加した野外での活動，コロナ禍から生まれた支援活動など，また，アルバイトでも感染対策の中で心がけたことなど，ちょっとした工夫があるはずだ。そのような経験を振り返りながら，自分が「持ち味」だと感じたこと，意識した「価値観」をもとに，現時点でのベストな選択を目指したい。

加えて，大学生活を通して是非掴んでほしいのが「ありのままの自己肯定感」だ。

自己肯定感はよく，「ありのままの自分を受け容れる感覚」だと言われる。

しかし，この「ありのままの自分を受け容れる」というのは，意外と難しい。なぜならば，人はどうしても他人と自分を比べてしまうからである。周りと比べて「自分はある程度できている」と感じるならば安心するが，「自分は周りと比べて何かと劣っている」と思うと不安になる。

「これでいいのだ」——これは，私が小学生の頃に流行ったギャグ漫画に良く出てくる台詞だが，私は，ありのままの自分を受け容れる自己肯定感を端的に表した言葉だと思っている。タレントのタモリが作者赤塚不二夫の葬儀で述べた弔辞には次のような言葉があった。「あなたの考えはすべての出来事，存在をあるがままに前向きに肯定し，受け入れることです。（中略）この考えをあなたは，見事に一言で言い表しています。すなわち，『これでいいのだ』と。」（齋藤, 2022）このひらがな7文字からは，自己を肯定するだけでなく，「いいのだ」と断定するところに「周りよりも劣っているかもしれない」という不安や「ああすれば良かった」と悔やむ気持ちを断ち切る強さを感じる。私自身，今でも後悔することが多く，落ち込むこともあったが，その時にはこの言葉を思い出すようにしている。

もちろん，感情的にならずに，冷静に内省することは大切である。

さて，この項の見出しで「ありのままの自己肯定感」と書き記したが「ありのまま」という言葉は本来不要だ。それでもあえて「ありのまま」をつけたのは，「自己満足」と混同しないためである。

心理臨床家の高垣忠一郎は，自己肯定感を「自分が自分であって大丈夫」という気持ちと表現している。さらに高垣によれば，「『自己満足』には『自分はこうあらねばならない』という基準があり，それがクリアできなければ『自己嫌悪』や『自己拒否』が生じるが，『自分が自分であって大丈夫』という『自己肯定感』には『こうでなければ』という基準はない。ただ，自分が気に入らない自分も受け容れ，気に入らない『弱点』『欠点』も含めて『あるがままの自分』を引き受けて生きていくには『勇気』がいる」という（高垣,2015）。

チェック＆トライを積み重ねていく仕事人生では，失敗も当然ある。自己肯定感が十分でないまま失敗すると，自分に対する信頼感はすぐに萎んでしまう。

生きづらさを感じる時代の中で生き抜くには，「あれもこれもできなければならない」と考えるのではなく，まずは「自分は自分で大丈夫」という感覚を，

学生時代の様々な経験を通して実感してほしい。たとえ，これまで「自分はサボってきた」という負い目があったとしても，その負い目を受け容れ，そこに気がついた自分は「大丈夫」だと信じることである。

　「先が読みづらく，生きづらさも感じる時代で自分のキャリアを考えるのであれば，まずは『自己肯定感』を持ち，仕事については，その『大丈夫だ』という自分の確かなマインドから成り立つ『価値観』『能力（持ち味)』から考えてみよう」ということになる。

8 | 格差や不平等，社会的不和のない時代を目指すSDGs

　この章で度々紹介しているアインシュタインの言葉にある「混乱の中」というのは，「VUCA時代」にも通じると考えて良いだろう。

　コロナ禍がもたらした世界規模のパンデミック，ウクライナ侵攻，毎年のように各地で発生する自然災害などは，「VUCA時代」の象徴的な出来事と言える。ワクチンの供給では，先進国と後進国の格差がはっきりし，国内でもステイホームや営業時短を強いられ仕事に大きな制限がかかり，その結果貧富の格差が広がった。

　突発的な出来事ではないが，AIの進歩も人々の生活を便利にする一方で，所得の格差，情報の格差などに影響を与えた。格差は時として不平等であることにつながり，それが社会的不和の原因にもなっている。SDGsの目標の1〜7，10，16は格差や不平等，社会的不和のない世界を目指そうというものだ。

　SDGsの17の目標には詳細なターゲットが合計で169ほどある。この先の50年，100年，社会から本当に必要とされる企業は，何らかの形でこの17の目標，169のターゲットに本気で関わっていく企業である。

　ところが，これらの目標は，全地球的規模の課題であり，どのような大企業でも1社だけの力で成し得ることではない。各企業が持っている持ち味（能力）をそれぞれの企業理念（価値観）のもとに事業展開しながら，SDGsの目標達成に向けて企業ばかりでなく，団体，人がつながること，つまりコラボレーションしていくことがポイントだ。

　SDGsの17番目の目標は「パートナーシップで目標を達成しよう」である。目標達成に向け，つながり力（コラボレーションする力）をフルに発揮しようと呼びかけているわけだ。

　そして，これから各企業で求める人材も，基本的には自分の持ち味を活かし企業理念，事業目標にマッチする価値観をもち，他の人たちとつながることができる人たちである。

　つまり，先が読みづらい時代のキャリアデザインの初期では，たとえどのような環境にあっても揺るがない自分の価値観と持ち味をしっかりと抱えて，目の前に表われる予期せぬ課題に対して，これから出会うであろう多種多様な人たちと積極的につながる力（コラボレーションする力）を養うことが大切だ。

9 ｜ 曲がり角に立つ日本の雇用システム

　これまでの日本の大学生新卒雇用は，まだスキルがほとんどない大学生を主に総合職または一般職として採用，仕事をしながら教育研修を行ない長期的に育てていく「メンバーシップ型」[3]が主流である。このメンバーシップ型雇用は，戦後の高度成長期のように先行きが見通せる時代にはマッチした方法であり，雇用される側にとっても「安定できること」が大きなメリットだった。

　しかし「VUCA時代」では，メンバーシップ型の特徴であった「終身雇用制」「年功序列」が崩れていく。そして，3年間に新卒採用者の約3割が離職するといわれる[4]原因が，学生が考える職務内容と実際の職務内容が違うというミスマッチであることから，これまでの総合職採用，新卒一括採用などを見直そうとする動きがある。

　今後は，募集職種や勤務地などを予め提示した「職種別（コース別）採用」が増えていくと思われる。

　経験者の雇用については，より専門性を活かした職種選択，1人ひとりにあわせた「働き方」を考慮したシステムに切り替わっていくだろう。これからの就業者の多くは，長いキャリアの中で何度かキャリアチェンジする機会に出くわすことだろう。そこで，皆さんが就職した後に是非とも身につけてほしいのが，ポータブルスキル[5]である。ポータブルスキルは，職種の専門性以外に，

「業種や職種が変わっても持ち運びができる職務遂行上のスキル」のことで，主に「仕事のし方」「人との関わり方」に関するスキルからなる。

10 つながり力──「不和から調和を見出す」こと

　さて，これまでに取り上げてきた仕事選びの軸である「能力・持ち味」「価値・意味」「動機・欲求」と自己肯定感などは，自分を内省するという視点にたったものである。

　片や忘れてはならないのは，自分の外の社会，人，環境，そしてAIなどと，どのようにつながるかということだ。

　若い人がキャリアを考える上での「つながり」には，主に「仕事上でのつながり」と「キャリアチェンジ（キャリアの分岐点）におけるつながり」がある。

　「仕事上でのつながり」は，難題に取り組むときなどに様々な人とコラボレーションしていくことだと私は考えている。

　「コラボレーション」とは，「異なる分野の人や団体が協力して制作（または製作）する[6]」ということである。「協働」と訳されることも多い。制作する，働くと言うことから，つながる1人ひとりの「主体性」も感じられる言葉だ。仮に，1人だけで大きな課題に取り組むとなると，「得意不得意」があるため，仕事に行き詰まることもあるが，それぞれ違った能力を持った人たちがチームとして機能し課題解決にあたれば，行き詰まるリスクも少なく，期待以上の成果を上げることができる。

　また，つながる人たちは，能力だけでなく，考え方，価値観も違うだろうから，お互い刺激し合ったり，自分では思いもしなかったことに気づいたりするなど，個々の成長にもつながるだろう。

　その上，このようなチームが機能していけば「VUCA時代」の移り変わりが激しい流れにも素早く対応することが可能だ。

　「シャインの3つの問い」と同様，有名なキャリア理論に「クランボルツの計画された偶発性理論」がある。クランボルツによると「キャリアの8割は偶然の出来事や人との出会いによって決まる」もので，将来の目標を決めてそこから逆算してキャリアを作り込んでいっても現実的ではないと主張している

（大久保, 2006）。

このクランボルツの主張は「シャインの３つの問い」とは相容れないもののように見える。

これに関係して，神戸大学名誉教授の金井壽宏は次のような「トランジション・モデル」を提唱している。「キャリアの全体をデザイン仕様というのは不可能だ。キャリアの全貌ではなく，キャリアの節目と思われるときだけデザインしよう」（金井, 2002）という考えだ。大久保もこれとほぼ同様の考え方を持っている（大久保, 2006. 26-28）。

キャリアの節目は，就職，失業，転職，引越し，病気やけがなど人生における出来事を指す。節目となるキャリアの分岐点に立ったとき，大事な判断材料となるのが，それまでの経験での「偶然の出来事や人との出会い」（つながり）である。

リクルートワークス研究所は，2020年に発表した「マルチリレーション社会――多様なつながりを尊重し，関係性の質を重視する社会――」の中で，「生き生きと生活するためには，自分らしくいられる居場所をみつけ，人間関係の幅を広げたり，質を高めたりすることが大切で，人とのつながりがあれば，不確実性も乗り越えられる」と説明している（リクルートワークス研究所, 2020）。

11 ┃ まとめ──「困難の真っ只中にチャンスがあるのだ」

コロナ禍で「ステイホーム」を強いられる中，フードビジネス業界などの「接客」が基本となるビジネスは大打撃を受けた。しかし，このようなピンチの中から生まれたビジネスもある。

九州のある水産養殖会社は，コロナの影響で大都市圏での需要が激減，同じく打撃を受けて客が減少し仕事がなくなった近所の観光ホテルのシェフとコラボレーションし，これまでのお弁当にはなかった観光ホテルのシェフならではのメニューを開発。冷凍弁当として全国の在宅ワーカー向けに通信販売を始めたところ，各地から注文が殺到した（津本, 2020）。

これまで見てきたように，単純な仕事，マニュアル化された仕事，プロセスを自動化できる仕事はAIにかなわないが，創造力を要する仕事，高度なコミュ

ニケーションや人間ならではの微妙な心の動きを察知しサービス指向を高める仕事，マニュアルなどで体系化されていない，または，多種多様な状況に適切な対処を自分自身で見つけ出す仕事は，人間が行なうべき領域である。

今後，多くの仕事がAIに代わるかもしれないが，「VUCA時代」だからこそ，新たに生まれるビジネスも多い。コロナ禍で社会が急激に変化するなか，「ビジネスのあり方」「働き方」を考え直す機会が増えた。

さて，最後にもう一度，アルベルト・アインシュタインの言葉を読み返してみよう。

「混乱の中から単純なものを，不和から調和を見出せ。困難の真っ只中にチャンスがあるのだ」

課 題

(1)　過去３年間を振り返り，自分にとって「能力・才能」「意味・価値」といえるものは何かを考えてみよう。

(2)　大学生活の中で，自分はどのような人たちと，どのようにつながっているのか。そのつながりは，何をもたらしてくれるのかを考えてみよう。

【注】

1　経済学者ジョン・K・ガルブレイスによる『不確実性の時代』は，1978年刊行。この頃，日本で経済書がベストセラーになることは珍しかった。

2　Robotic Process Automation＝「ロボットによる業務の自動化」。

3　メンバーシップ型雇用とは，「終身雇用」「年功序列」「新卒一括採用」を中心としたこれまでの日本型雇用のことをいう。これに対して，近年は，仕事の領域を前もって決め，「専門性を高める」ジョブ型雇用を取り入れる企業が増え始めている。

4　令和２年度における就職後３年以内の新規大卒就職者の離職率は31.2％（厚生労働省，2021）。

5　ポータブルスキルは，一般社団法人人材サービス産業協議会（JHR）が開発したものである。「仕事のし方」は，現状の把握，課題の設定，計画の立案，課題の遂行，状況への対応の５つの要素，「人との関わり方」は，社内対応，社外対応，上司対応，部下マネジメントの４つの要素からなる。

6　デジタル大辞泉（小学館）から引用。「制作」は主に音楽，映画，芸術作品など形のないものを作ることを意味する。形のあるものを作る場合には「製作」を使う。

【参考文献】

大久保幸夫（2006）『キャリアデザイン入門［Ⅰ］（基礎編）』日本経済新聞出版社

金井壽宏（2002）『働く人のためのキャリアデザイン』PHP新書

GLOBIS CAREER NOTE「VUCA（ブーカ）とは？　予測不可能な時代に必須な3つのスキル（https://mba.globis.ac.jp/careernote/1046.html　2022.06.11.閲覧）

厚生労働省（2022）『ポータブルスキル見える化ツール（職業能力診断ツール）』（https://www.gov-base.info/2022/06/27/162063　2022.09.23.閲覧）

厚生労働省（2021）『新規学卒就職者の離職状況を公表します』（https://www.mhlw.go.jp/stf/houdou/0000177553_00004.html　2022.08.21閲覧）

齋藤孝（2022）『心が強い人はみな，「支える言葉」をもっている』（株）アスコム

ジョン・K・ガルブレイス（1978）『不確実性の時代』（都留重人監訳，TBSブリタニカ）

高垣忠一郎（2015）『生きづらい時代と自己肯定感――自分が自分であって大丈夫って？』弘文堂

津本朋子（2020）ダイヤモンドオンライン「コロナ不況を諦めない！　天草発『異業種助け合い』ビジネスに学べ」（https://diamond.jp/articles/-/232934?page=2　2022.08.30.閲覧）

日本経済新聞（2022.01.25.）「『ロボットが雇用を奪う』は誤りか（The Economist）」日本経済新聞電子版（https://www.nikkei.com/article/DGXZQOCB230K40T20C22A1000000/?unlock=1　2022.09.24.閲覧）

野村総合研究所（NRI）（2015）「日本の労働人口の49％が人工知能やロボット等で代替可能に〜601種の職業ごとに，コンピューター技術による代替確率を試算〜」（https://www.nri.com/~/media/pdf/jp/news/2015/151202_1.pdf　2022.08.25.閲覧）

野村総合研究所（NRI）（2017）「AIと共存する未来〜AI時代の人材〜」（https://www.mhlw.go.jp/file/05-Shingikai-12602000-Seisakutoukatsukan-Sanjikanshitsu_Roudouseisakutantou/0000186905.pdf　2022.08.25.閲覧）

『明鏡国語辞典第2版』（2010）

名言倶楽部（2021）「アインシュタイン50の名言とエピソード［英語と和訳］」（https://meigen.club/albert-einstein/　2022.08.22.閲覧）

山本勲（2021.09.19.）「AIは本当に仕事を奪うのか　評価なお定まらず」Global Economics Trends　日本経済新聞電子版（https://www.nikkei.com/article/DGXZQOCD154270V10C21A9000000/　2022.09.24.閲覧）

リクルートワークス研究所（2020）「マルチリレーション社会――多様なつながりを尊重し，関係性の質を重視する社会――」（https://www.works-i.com/research/works-report/2020/multi_03.html　2022.08.10.閲覧）

■第**12**章

サステナビリティ実現に貢献する
ソーシャルビジネス

本章の目的

　本書の序章でみたように，サステナビリティを実現するためには，将来世代が彼らのニーズを満たせるように，現在を生きる私たちが今の内から策を講じつつ私たちのニーズを満たすことが必要である。具体的な行動目標として国際連合によって策定されたSDGs（Sustainable Development Goals）を2030年までに達成するべく，あらゆる主体がそれぞれの分野・領域において人や地球環境へ配慮した取り組みを進めていくことが求められている。

　ソーシャルビジネスはこうした取り組みのひとつである。本章では，2つの事例をもとに，ソーシャルビジネスとは何か，どのような可能性があるのか，本書読者のみなさんがどう関われるかを示していく。

Key Word

ソーシャルビジネス，ソーシャル・イノベーション，ソーシャル・コンシューマー

関連するSDGs

| 1 貧困をなくそう | 8 働きがいも経済成長も | 9 産業と技術革新の基盤をつくろう | 10 人や国の不平等をなくそう | 11 住み続けられるまちづくりを | 12 つくる責任つかう責任 | 15 陸の豊かさも守ろう | 17 パートナーシップで目標を達成しよう |

12 | ソーシャルビジネスの事例1 ——ぞうさんペーパー

「ぞうさんペーパー」は株式会社ミチコーポレーション（広島県山県郡，代表取締役：植田紘栄志氏）が開発・製造・販売している商品シリーズのひとつである。一般的に紙は木材を原料とするが，ぞうさんペーパーはなんと象の糞が原料となっている。糞から作られるとはいえ，においは全くなく，可愛らしいデザインの文具・雑貨となって（**図表12－1**），動物園やテーマパーク，イベント会場等を訪れる人を魅了している。

図表12－1　ぞうさんペーパー

(出所) ミチコーポレーション（2022）

　なぜこのようなユニークな商品が生まれたのだろう？　この問いに答えるには，現代社会が直面する社会的課題とそれにボランティアではなく仕事として取り組んだ植田社長の奮闘を知る必要がある。

　「ぞうさんペーパー」が作られているスリランカでは，古い自動車の排ガスによる大気汚染，森林伐採，大量の生活ゴミ・粗大ゴミによって，ジャングルやサンゴ礁などの美しく豊かな自然がひどく傷つけらてしまっていた。環境破壊によってダメージを受けるのは人だけではない。野生の象は住処や食べ物を失いジャングルから迷い出た挙句，人々の住む民家を壊したり人間を襲ったりして，人間から銃で追われる事態に陥っていた。もともと象は労働力やお祭り

の中心的存在としてスリランカの人々の生活に深く関わっていただけに，象と人が共存できる道が模索された。

　ゴミの分別回収が進んだ地域では古紙が入手できた。草食動物である象の糞には植物の繊維が多く含まれることに着眼した植田氏は，煮沸消毒によって象の糞から植物の繊維を取り出し，パルプ状の古紙と混ぜて，日本の和紙のような風合いの紙を作り出すことに成功したのである[1]。そしてスリランカに「ぞうさんペーパー」製造工場をつくり，文具・雑貨などへの加工も行い，「ぞうさんペーパー」商品を日本に輸入するという形が出来上がった。

　商品としての「ぞうさんペーパー」は，いくつもの価値を生み出すに至った。まず，木材ではなく，古紙と象の糞を原料としたことにより，森林を保護している。また古紙回収にあたり，スリランカの人々に協力を求めゴミの分別回収を行ったことが，無分別なゴミ投棄の減少・衛生環境の改善に貢献した。そして「ぞうさんペーパー」と文具・雑貨を製造する工場では，人々に雇用を提供している[2]。貧困問題を抱えるスリランカ[3]において人々に給与を支払う新たな場を作ったのである。日本への輸入については，野生動物の保護に資するとして，スリランカ政府・日本政府・経済産業省の協力のもとワシントン条約[4]に関する特例措置を取り付け[5]，制度の柔軟な運用という事例を生み出した。日本で「ぞうさんペーパー」を購入する消費者に対しては，商品紹介資料や書籍によって環境教育を施し，環境保全に対する意識啓発を行っている。さらには商品の売上をもとに，より多くの環境配慮型製品の開発，植林活動，象の孤児院の運営支援を行っている。こうして象と人間の共存をめざした活動が実を結び，少なくとも「ぞうさんペーパー」工場付近では象と人間が互いに傷つけあうことはなくなった。

　この取り組みは高く評価され，2006年，「ぞうさんペーパー」はBBCワールドとNewsweek誌が主催する世界的コンテスト「ワールドチャレンジ2006」で世界800プロジェクト中，グランプリを獲得した。

2 | ソーシャルビジネスの事例2
――ど根性栽培ブルーベリー

　「ど根性栽培ブルーベリー」（**図表12－2**）は，エザワフルーツランド（千葉県木更津市）園主 江澤貞雄氏が開発した画期的な栽培法「ど根性栽培」で育てられたブルーベリーである。

図表12－2　ど根性栽培ブルーベリー

（出所）エザワフルーツランド（n.d.）

　ブルーベリーは，アメリカから1951年に導入されて以来，土壌改良材のピートモス[6]と水と化学肥料をたっぷり施して栽培することが常識とされてきた。この栽培方法により1985年，木更津市にて農協主導のもと120戸体制7 haでブルーベリー栽培がスタートしたが，4 ha以上が全滅するという失敗に見舞われた。当時，農協営農指導員として産地化を進めていた江澤は，失敗の原因を水のかけすぎによる根腐れおよび化学肥料の多用による枯死と判断した。ピートモスを使った植え床づくりは，穴を掘ってピートモスを大量に入れる。この植え穴に苗木を定植した後30～40日も雨が降らないと，ピートモスは乾燥してその撥水性のために水を吸わなくなってしまうため，頻繁にかん水することになる。そこへ雨が降ると大きく掘った植え穴に水がたまり根腐れを引き起こすのである（**図表12－3**）。この経験をもとに江澤は，ピートモスを使わずブルーベリー苗木を大地に直接植え，人為的な水やりをせず，有機質肥料を年1回しか与えないという独自の新しい栽培方法「ど根性栽培」を開発するに至った。

図表12－3　植え穴に水がたまるしくみ

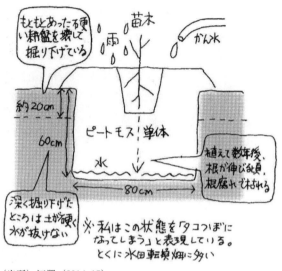

（出所）江澤（2014, 15）

　「ど根性栽培」で育てるブルーベリーは，水を求めて地中深くまで太い根を張る。根が深く広く張ると，その土地の土壌によく馴染んで乾燥に対して強くなる上，糖度も高くなる。また地上部が大きくなり，収量が増える。こうしてブルーベリー自身の強さと果実の甘さを引き出すとともに，除草剤・殺虫剤・殺菌剤などの農薬を一切使わない無農薬・無化学肥料栽培による安全・安心な商品という社会的価値，ピートモスを使わず大地に直接植える省力・省資材な栽培方法で耕作放棄地でも植栽できる参入障壁の低さという経済的価値を生み出した。

　そして少子高齢化・人口減少に直面するJR久留里線沿線地域の活性化を目的として，この「ど根性栽培」を採用した地元農園と木更津市観光ブルーベリー園協議会を組織し，木更津市，木更津市産業・創業支援センター，木更津市観光協会など地域の関係者と協力しながら助成金・補助金に頼らないビジネスとして，小さな子供からお年寄りまでが摘み取りを楽しめる観光農園産業を作り広げている（齊藤, 2018, 104-105）。

　2013年に日本特産農産物協会主催「地域特産物マイスター制度」においてブ

ルーベリー栽培の新技術が評価され全国で2番目のブルーベリーマイスターに認定されてから，江澤は農林水産省「平成26（2014）年度環境保全型農業推進コンクール関東農政局長賞」，国土緑化推進機構「平成27（2015）年度森の名手・名人」など次々と表彰を受けることとなった。江澤個人としてだけではなく，木更津市観光ブルーベリー園協議会としても，農林水産省・日本農林漁業振興会共催「平成28（2016）年度豊かなむらづくり表彰事業 農林水産大臣賞」を受賞したり，農山漁村活性化の優良事例として2017年に農林水産省主催「ディスカバー農山漁村の宝」に選定されたりしている。

3 | ソーシャルビジネスとは——定義および要件

　本節ではソーシャルビジネスとは一体どのようなビジネスなのか，確認していこう。

　ソーシャルビジネスは，現代社会が直面する多様な社会的課題（環境問題，格差問題，少子高齢化問題など）の解決に取り組むビジネスであり，「社会性」「事業性」「革新性」という3つの要件を有する（谷本，2002；谷本，2006，谷本ほか，2013）[7]。

- ・社会性：現在，解決が求められる社会的課題に取り組むことを事業活動のミッションとすること。
- ・事業性：ミッションをビジネスの形に表し，継続的に事業活動を進めていくこと。
- ・革新性：新しい社会的商品・サービスや，それを提供するための仕組みを開発したり，活用したりすること。また，その活動が社会に広がることを通して，新しい社会的価値を創出すること。

　この定義に基づき「ぞうさんペーパー」「ど根性栽培ブルーベリー」を検討してみると，それぞれの社会性・事業性・革新性を**図表12−4**のように整理できる。環境問題と貧困問題の解決に取り組む「ぞうさんペーパー」と，少子高齢化と人口減少問題に取り組む「ど根性栽培ブルーベリー」は，分野も，場所も，取り組む方法も異なるものの，ビジネスとして取り組み，3要件を満たしていることから，いずれもソーシャルビジネスであるということができる。

図表12-4　「ぞうさんペーパー」および「ど根性栽培ブルーベリー」における
ソーシャルビジネスの3要件

	ぞうさんペーパー	ど根性栽培ブルーベリー
① 社会性	・ジャングルの木材を伐採せずに古紙と象の糞を原料とすること，「ぞうさんペーパー」関連商品販売の利益の一部を植林に充てることによるジャングル保全 ・親を失った象の孤児院支援に利益の一部を充てることによる象の保護 ・貧困国での商品製造，雇用提供による貧困削減 ・象と人間の共存 ・ぞうさんペーパーを購入する消費者への意識啓発・環境教育	・無農薬・無化学肥料栽培による安全・安心な商品づくり ・除草剤不使用，刈払機での除草対応による生物多様性の保全 ・耕作放棄地の活用 ・観光摘み取り園事業を通じた観光客の誘致と地域活性化
② 事業性	・「ぞうさんペーパー」関連商品の輸入・販売による利益創出 ・さまざまな賞の受賞やテレビ番組・雑誌などでの紹介[8]を通した消費者層の拡大	・省力・省資材の栽培方法による初期投資の低減，作付面積の拡大による収穫量増 ・ステイクホルダーとの協力関係構築[9]によるブルーベリー観光農園産業の推進，観光客誘致と来園者増 ・受賞等による社会的認知度上昇
③ 革新性	・象の糞を原料にした紙という新しくてユニークな商品 ・ワシントン条約の特例措置という制度変更 ・環境問題や貧困問題に対する消費者の意識変化	・従来常識とされてきた栽培方法と異なる新しい栽培方法「ど根性栽培」の開発・実施 ・ブルーベリー栽培関係者の意識変化，「ど根性栽培」を採用する農家の増加[10]，栽培習慣の変革 ・無農薬ブルーベリー観光農園事業の拡大

（出所）筆者作成

　ただ，この3要件「社会性」「事業性」「革新性」を兼ね備えることは容易ではない。通常のビジネスでも事業を継続していくことは難しいのだから，社会的課題の解決に取り組みつつ利益を継続的に確保できるビジネスモデルを構築する―つまり社会性と事業性を両立する―ためには，従来にはない革新的なアイデアや工夫（革新性）が必要となるのである（**図表12-5**）。

図表12－5　社会性，事業性，革新性の関係

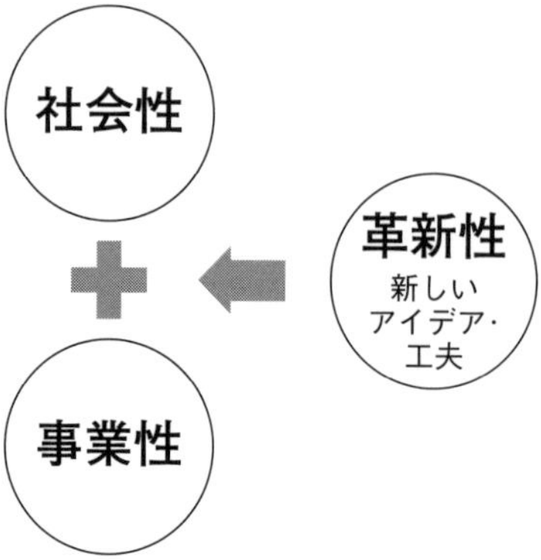

社会性

革新性
新しい
アイデア・
工夫

＋

事業性

（出所）筆者作成

　多くの場合，こうした革新的なアイデアや工夫は一人の社会的企業家（社会的起業家を含む）[11]だけが生み出すのではなく，事業のミッションや企業家の想いに共感した多くの協力者（**図表12－6**）との協働によって生み出され，時間をかけて磨かれていく。

図表12－6　ソーシャルビジネスを育む協力者のネットワーク

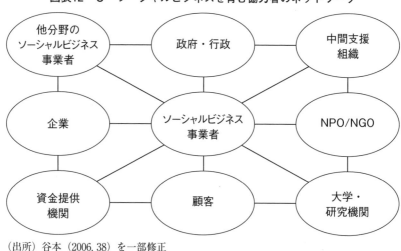

（出所）谷本（2006, 38）を一部修正

　次節では，ソーシャルビジネスに取り組む人々（社会的企業家と協力者たち）がどのようにソーシャルビジネスを育んでいくのか，育まれたソーシャルビジネスがどのように社会を変えていくのか，ソーシャル・イノベーションという概念を用いてみていこう。

4 | ソーシャル・イノベーション
——ソーシャルビジネスが社会を変える

　ソーシャル・イノベーションとは「社会的課題の解決に取り組むビジネスを通して，新しい社会的価値を創出し，経済的・社会的成果をもたらす革新」（谷本ほか, 2013, 8）と定義され，4つのポイントがあるとされる。

　第1に，少子高齢化，コミュニティの衰退，環境問題，格差・貧困など，社会的課題の解決を目指したものであること。第2に，こうした社会的課題の解決にビジネスの手法を用いていること。第3に，経済的成果と社会的成果の両方が求められること。第4に，経済的・社会的成果の達成にとどまらず，ステイクホルダーの意識変化や行動変容を生み，それが他地域での取り組み導入・普及につながっていき，ひいては既存の諸制度を変革していくこと（谷本ほか, 2013, 8-9）。

　イノベーションという用語は，新技術・新素材などの開発にかかる科学技術上のテーマだけに使われるわけではない。多様な知識を活用し，既存の物事から新しい仕組みを創造すること，さまざまな仕組みや関係の革新が生み出されることもイノベーションである（野中・廣瀬・平田, 2014）。谷本（2013）は，近年イノベーションの概念が進化していると指摘している。モノづくりの新技術だけでなく，地域づくり，福祉，健康，金融，ICTなど広い領域で新しい仕組みや制度の構築／再編成が進められており，ソーシャル・イノベーションが重要な課題となっているとする。

　ソーシャル・イノベーションには社会的課題の認知（フェーズⅠ），ソーシャルビジネスの開発（フェーズⅡ），市場社会からの支持（フェーズⅢ），ソーシャル・イノベーションの普及（フェーズⅣ）という4つの段階があり，各段階が関連し合い行きつ戻りつしながら，ゆっくりと進んでいく（谷本ほか,

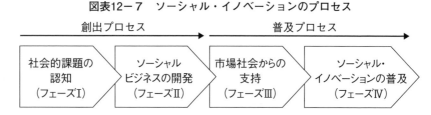

図表12-7　ソーシャル・イノベーションのプロセス

（出所）谷本ほか（2013, 19）

2013）。

　社会的企業家は社会的課題と出会い，怒り・悲しみ・疑問などを抱きながら
これを課題と認知して（フェーズⅠ），解決に向けて行政・NPO・企業・資金
提供機関などのさまざまな人々／組織に働きかける。その想いや事業のミッ
ションに共感し，地理的にも近い人々／組織が，さまざまなアイデアや資金の
支援を行いながら集まり，ネットワークを構築する（**図表12-6**）。社会的企
業家はこうした協力者との協働によって，新しい事業（社会的商品・サービス，
課題解決の仕組み）を開発するのである（フェーズⅡ）。

　やがて創出された新事業に共感し，その思いや価値を支持する「ファン」が
生まれる。社会的企業家は，購入しやすい価格を設定したり，商品・サービス
を知る機会／購入できる場・方法を増やしたりするなど，人々が関わりやすい
仕組みを示して継続的利用者を増やし，市場社会における支持を広げていく
（フェーズⅢ）。そして社会的企業家と協力者・消費者間のこうした相互作用は，
協力者・消費者の意識や行動を変化させていく。他地域でも同様の取り組みを
はじめる動きが現れ，ビジネスモデルが普及していくと，従来の価値観・社会
関係に変化が起こり，既存制度とのコンフリクトが生じる。制度変更に向けた
働きかけがなされ，制度のつくりかえがなされたり新制度が創出されたりして
いく（フェーズⅣ）。

　上記のようなソーシャル・イノベーションの創出と普及のプロセスをみると，
最初は一人の社会的企業家の心に芽生えた小さな問題意識が，多くの協力者と
の協働によって制度に影響を及ぼし，社会を変えていく大きなうねりになって
いくことが分かる。これがソーシャルビジネスの持つ可能性であると言えよう。

「ぞうさんペーパー」を作るミチコーポレーションのホームページには，経営理念としてこう書かれている。「僕らが商品やサービスに託したメッセージは世界を変えていく。利益を上げ成長するほど自然や動物がハッピーになるビジネス。」

5 | ソーシャルビジネスへのかかわり
——ソーシャル・コンシューマーとして

　上記で紹介した「ぞうさんペーパー」「ど根性栽培ブルーベリー」に限らず，ソーシャルビジネスは，社会的課題の解決を通じて環境・社会・経済の現状を改善し，いまと将来の人々の暮らしをより良い状態にしていくこと，すなわちサステナビリティの実現を目指して事業活動を行っている。本書の読者（主に学生のみなさん）は，サステナビリティやSDGsについて学んだ後，自らが具体的にどのような行動を起こしていくか検討することになると思われるが，その選択肢にソーシャルビジネスへのかかわりを含めてみるとよい。消費者としてソーシャルビジネスにかかわることは今日からできることであり，SDGsのゴール12「つくる責任，つかう責任」やゴール8「働きがいも経済成長も」に貢献するひとつのアクションとして，サステナビリティ実現のプロセスに参加することを意味する。

　大平・スタニスロスキー・薗部（2015）および大平（2019）は，消費を通じて社会的課題の解決を行う個人を「ソーシャル・コンシューマー（Social Consumer）」と定義している。環境や社会に配慮していない商品・サービスは購入しない（ボイコットboycott），環境や社会に配慮した商品・サービスを積極的に購入する（バイコットbuycott）など，自らの購買行動をまるでサステナビリティの実現に向けた投票行動のように位置づけて，社会的課題の解決につながる商品やサービスを購入する人と理解するとよい。大平・スタニスロスキー・薗部（2015）が示すソーシャル・コンシューマーの特徴に基づけば，ソーシャル・コンシューマーは商品の製造・販売・リサイクルプロセスやサービスの提供プロセス，取り組みの対象となっている社会的課題，商品の購入やサービスの利用によって生まれるインパクトなどについて関心と知識をもつ

人々であると考えられる。したがってサステナビリティやソーシャルビジネスについて学ぶ読者のみなさんは，ソーシャル・コンシューマーとなりうる素地を養っているといえるだろう。

　大平・スタニスロスキー・薗部（2015）は，2011年に発災した東日本大震災以降，ソーシャル・コンシューマーが増えていると報告している。また日本の消費者を「ソーシャル・コンシューマー層」「利己的ソーシャル・コンシューマー層（エコ商品やオーガニック商品の購入頻度がソーシャル・コンシューマー層に準じて高いが，経済的であるとか健康によいなど，比較的自分の利益を重視している層）」「無関心層」に階層化すると，ソーシャル・コンシューマー層は25.4％いると報告している。そして，44.1％を占める利己的ソーシャル・コンシューマー層をターゲットにすることで，日本のソーシャル・コンシューマー層を拡大できると指摘している。

　読者のみなさんには，まずは消費者としてソーシャルビジネスへかかわり始めること，ソーシャル・コンシューマーとしてサステナビリティ実現に寄与するようになった後には，利己的ソーシャル・コンシューマー層へソーシャルビジネスの魅力や可能性について働きかけるようになることを期待したい。

6 | まとめ

　本章では，「ぞうさんペーパー」および「ど根性栽培ブルーベリー」を事例としてソーシャルビジネスの定義を確認し，ソーシャルビジネスが社会をより良く変えていく可能性を検討した。またソーシャルビジネスにソーシャル・コンシューマーとしてかかわることがサステナビリティの実現プロセスへの参加を意味することを示した。

　紙幅の都合上ここでは他の事例を紹介できないが，日本でも世界でも，たくさんの社会的企業家が志をもってさまざまなソーシャルビジネスに取り組んでいる。彼ら／彼女らが生み出すさまざまな商品／サービスは環境や人にやさしく，パワフルで，とても魅力的だ。まだ認知度が低かったり，十分な資金が集まらなかったりと乗り越えるべき課題も多くあるが，その取り組みは人々の共感と協力を獲得し，協働によって新たな社会的・経済的価値を生んでいる。ひ

とつひとつの取り組みは小さくとも，人々のつながり―ネットワーク―によって大きなインパクトとなり，社会を変えていくというダイナミクスがそこにはあるのだ。あなたの周りにもきっとある，そうした取り組みをぜひ見つけてほしい。そしてその商品・サービスを買ったり利用したりすること，それにより社会的課題がどのように解決されていくか考えてみること，その商品・サービスについて誰かに紹介したり勧めたりすることを少しずつ始めてみてほしい。

課　題

(1)　あなたの身の回りにある，社会的課題を挙げてみよう。その課題にどのような企業／団体がどのように取り組んでいるか，調べてみよう。

(2)　下記のソーシャルビジネスの事例サイトをみて，気になった商品／サービスの「社会性」「事業性」「革新性」を分析してみよう。

> ソーシャルプロダクトオンラインショッピングモール「SoooooS」
> http://sooooos.com/

> 経済産業省「ソーシャルビジネス・ケースブック」
> http://www.meti.go.jp/policy/local_economy/sbcb/casebook.html

---

【注】

1　ぞうさんペーパーは，①象の糞を集める→②糞を大きな鍋で長時間ゆでて殺菌し，繊維だけを取り出す→③繊維を古紙とともに水に入れ，パルプ状にする→④漉く→⑤陰干しする→⑥天日干しして乾燥させる→⑦商品として仕上げる，という工程によってつくられる。

2　スリランカケーゴール市にある「ぞうさんペーパー」製造工場では，100人以上の人々が働いている。

3　「ぞうさんペーパー」の商品開発が行われた時期でもある2000年代初頭，スリランカでは国民の8.8％にあたる195万人もの人々が1日あたり1.90ドル未満で生活する貧困状態に置かれていた（The World Bank, n.d.）。

4　ワシントン条約（絶滅のおそれのある野生動植物の種の国際取引に関する条約）は，自然のかけがえのない一部をなす野生動植物の一定の種が過度に国際取引に利用されることのないよう，これらの種を保護することを目的とした条約である（経済産業省，2022）。

5　象の派生物（糞）を使っておりワシントン条約に抵触するため輸入は認められないとの判断がなされたが，同条約の趣旨に沿った商品であるとしてスリランカ政府・日本政府・経済産業省の協力のもと交渉を続けた結果，特例措置による輸入が可能になった。

6　ミズゴケなどの植物有機物が，寒冷地の低湿地で長い年月の間堆積し，褐変腐植化したもの。軽くて通気性，吸水性に富み，鉢花の栽培用土としてそのまま，あるいは他の土と

混和して用いられる（日本造園組合連合会, n.d.）。
7　この定義は経済産業省によるソーシャルビジネス研究（経済産業省, 2008；経済産業省, 2011）およびソーシャルビジネス推進施策のベースとなっている。
8　「ぞうさんペーパー」は「世界の果てまでイッテQ」（日本テレビ, 2010年5月9日放送）や「激レアさんを連れてきた。」（テレビ朝日, 2018年5月21日放送）などの番組で紹介されている。
9　江澤はこれら協力組織のことを「日本一の応援団」と呼んでいる。
10　「ど根性栽培」を採用した農家数を示す統計資料はないが，江澤への講演依頼や栽培指導の依頼の増加，全国各地で栽培指導を行った件数から推測される。
11　ソーシャルビジネスの担い手には，今所属している組織（行政，企業，NPO/NGOなど）に在籍したまま取り組む社会的"企"業家もあるし，新たな企業／団体を立ち上げて取り組む社会的"起"業家もある。

【参考文献】

江澤貞雄（2014）『ブルーベリーをつくりこなす―高糖度，大粒多収』農文協
大平修司・スタニスロスキースミレ・薗部靖史（2015）「日本におけるソーシャル・コンシューマーの発見：消費を通じた社会的課題解決の萌芽」『千葉商大論叢』，第53巻，第1号, pp. 59-78.
大平修司（2019）『消費者と社会的課題―ソーシャル・コンシューマーとしての社会的責任』千倉書房
経済産業省（2008）『ソーシャルビジネス研究会報告書』（https://www.meti.go.jp/policy/local_economy/sbcb/sbkenkyukai/sbkenkyukaihoukokusho.pdf　2022年9月13日閲覧）
経済産業省（2011）『ソーシャルビジネス推進研究会報告書』（http://www.meti.go.jp/policy/local_economy/sbcb/sb%20suishin%20kenkyukai/sb%20suishin%20kenkyukai%20houkokusyo.pdf　2022年9月13日閲覧）
齊藤紀子（2018）「久留里線沿線地域の可能性―「ど根性栽培」による無農薬ブルーベリー観光農園事業がめざす地域活性化」『国府台経済研究』第28巻，第1号，pp. 103-129.
谷本寛治（2002）「社会的企業家精神と新しい社会経済システム」下河辺淳監修・根本博編著『ボランタリー経済と企業』日本評論社, pp. 197-239.
――編著（2006）『ソーシャル・エンタープライズ―社会的企業の台頭』中央経済社
――（2013）「序論：持続可能な発展とイノベーション」企業と社会フォーラム編『持続可能な発展とイノベーション』千倉書房, pp. 3-14.
谷本寛治・大室悦賀・大平修司・土肥将敦・古村公久（2013）『ソーシャル・イノベーションの創出と普及』NTT出版
野中郁次郎・廣瀬文乃・平田透（2014）『実践ソーシャル・イノベーション―知を価値に変えたコミュニティ・企業・NPO』千倉書房
植田紘栄志（2018）『冒険起業家　ゾウのウンチが世界を変える。』ミチコーポレーション
＜参考サイト＞
The World Bank（no date）"Understanding Poverty: Sri Lanka"（https://data.worldbank.org/country/sri-lanka?view=chart　2022年9月13日閲覧）
エザワフルーツランド（no date）（https://www.ezawafl.com/　2022年10月13日閲覧）
経済産業省（2013）「ソーシャルビジネス」（https://www.meti.go.jp/policy/local_economy/sbcb/index.html　2022年9月13日閲覧）
経済産業省（2022）「ワシントン条約」（https://www.meti.go.jp/policy/external_economy/

trade_control/02_exandim/06_washington/　2022年 8 月13日閲覧)

一般社団法人日本造園組合連合会（no date)「ピートモス」(http://www.jflc.or.jp/index.ph
　p?catid=144&blogid=9&itemid=119　2022年 8 月15日閲覧)

株式会社ミチコーポレーション（2022）(http://www.michi-corp.com/　2022年10月13日閲覧)

株式会社SoooooS.カンパニー（no date)「人や地球にやさしい暮らしのためのショッピング
　モール SoooooS.」(https://sooooos.com/　2022年10月13日閲覧)

■ 第**13**章 ■

非営利法人と会計

本章の目的

　本章においては，代表的な非営利法人の社団法人・財団法人，学校法人，社会福祉法人，NPO法人および医療法人と当該法人に適用される各会計基準から共通化を目指し非営利組織モデル会計基準の研究が進行している最新の情報をとり上げ，非営利法人の会計共通化の実現可能性について検討する。

Key Word

公益法人制度改革関連三法，公益法人，一般法人，準則主義，認可，認証，縦割り行政，モデル会計基準

関連するSDGs

9 産業と技術革新の基盤をつくろう

---

1 ┃ 営利法人と非営利法人

　法人を営利法人と非営利法人に分類した際，前者にはどのようなものがあるか。代表となるものに，株式会社がある。株式会社の制度は株式を発行し，出資者（株主）がその株式を購入することで出資する仕組みとなっている。株式会社の形態は，多数の出資者を募り多くの資金を得ることができる。出資した株主は出資額の分の有限責任を負うことになり企業経営は担わないことになる。つまり，この仕組みによって資本と経営が分離することで多額の資金調達が見込め，企業規模が拡大しやすくなるとともに，株主は経営活動によりもたらさ

れた利益の配当金が得られる。

　株式会社が営利法人の代表であれば，このように常に法人は利益を上げ，株主に還元しなければならない。それに対し，非営利法人とは，必ずしも利益を上げることを要求されない。株式会社は利益を株主に分配したり，解散時に残余財産を分配したりする必要があるが，非営利法人は構成員（理事，会員等）への分配を目的とはしない。また，この場合の「非営利」とは構成員への分配をしないということを意味しており，収益事業を運営してはいけないということではない。

　なお，詳しくは後述するが，株式会社等の営利法人に行われる会計を「企業会計」といい，非営利法人に行われる会計を「非営利組織会計（非営利法人会計）」という。両者は区別してはいるものの，「…会計の記録を利用して金銭や物品の管理を行おうとする点で共通の目的をもっている。たとえば各組織が，関係者から提供を受けている資金額と，その資金を使って入手した資産の種類や数量および金額を，会計記録を通じて明らかにしておけば，それらの資産を保全するのに役立つ。また，その記録は，現在の状況を資金提供者に報告するためにも利用することができる。」（桜井2022）ことから，会計領域は別になるとはいえ，経営活動を計数的に捉えようとするベースは同様であるといえる。

2 非営利法人の設立

2.1　社団法人・財団法人[1]

　本項では，非営利法人の中でも公益法人として代表格の社団法人・財団法人について解説する。社団法人・財団法人設立に関しては，かつては，①公益に関する事業を行うこと，②営利を目的としないこと，および③主務官庁の許可を得ること，の3つの要件が必要であった。このことから社団法人・財団法人を設立するには，イコール公益法人でなければならず，当時は公益性を伴わない法人設立が認められないことが問題視されていた。

　2006年に成立し，2008年12月に施行された公益法人制度改革関連三法によって，これまで公益法人設立にあたり主務官庁の権限が強かったことによる障害

が，「準則主義」を採用することになり改善されるようになった。準則主義によると，法人格の取得と公益性の判断が切り離され，迅速な法人格の取得が可能となる。

上記関連三法とは，次の3つである。

(1)　「一般社団法人及び一般財団法人に関する法律」

(2)　「公益社団法人及び公益財団法人の認定等に関する法律」

(3)　「一般社団法人及び一般財団法人に関する法律及び公益社団法人及び公益財団法人の認定等に関する法律の施行に伴う関係法律の整備等に関する法律」

準則主義では，(1)の法律（以下，「一般法」）によって法人格の取得が容易となった。一般法により設立される場合には，一般社団法人・一般財団法人（以下，「一般法人」）と呼ばれ，事業内容に制約はない。公益事業はもちろん，収益事業を営むのも自由となる。一般社団法人は設立時2名以上の社員がいればよく，定款を作成し設立の登記を行い，集団で組織となることで行動することを目的とする。一般財団法人は300万円以上の財産を拠出し設立の登記を行い，財産の運用を目的とする。

どちらも登記手続で設立することはできるが，公益法人ではない。公益法人の認定を受けるには，(2)の法律（以下，「認定法」）によって公益性を認められなければならない。一般法によって一般法人の設立後，認定法により公益認定基準を満たせば，公益社団法人・公益財団法人（以下，「公益法人」）に認められ，公益目的事業を行うことができるとともに税制面でも優遇措置を受けられる[2]。また，一般法人でも一般社団法人の新規設立件数が著しく増加している。梅本（2021）によるとその背景には，「一般法人の設立には行政の許可を要せず，登記のみで設立が可能になったという設立手続の容易さが第一の要因として挙げられよう。加えて，法人の設立と公益性の認定が分離されたことから，一般法人においては公益的事業を行うことは必須ではなくなり，極端にいえば，全くの営利的事業のみを行う一般法人というものも制度上は可能になった。」と述べられ，今や一般法人は，「社団」「財団」のネーミングを利用し玉石混淆の体をなしていることを指摘している。

2.2　学校法人・社会福祉法人[3]

　本項では，非営利法人の中でも特に行政との関わりが強い学校法人と社会福祉法人について説明する。学校法人と社会福祉法人はどちらも準則主義ではなく，「認可」により法人格が取得される。認可では必ず公益性を持った非営利法人として認められ，学校法人は文部科学省，社会福祉法人は厚生労働省の管轄である（都道府県知事や市長所轄の場合もある）。ここでの学校は特に私立学校のことを指すが，私立といえども公共性が求められている。同法人は，私立学校法に基づき設立されるが，国・地方による補助金は私立学校振興助成法の規定によって定められている。

　社会福祉法人は，2000年の社会福祉基礎構造改革により福祉サービスの充実化を目指し，さらに2016年には社会福祉法人制度改革が断行され，福祉サービスの整備が進んだ。

　教育も福祉も公益性が高く，社会に必要とされる領域である。特にこの２つの法人は補助金の収入構造が高い。それゆえに同じ非営利法人の中でも既述の一般法のように，公益性は必ずしも伴わないが迅速に法人が設立される準則主義ではなく，認可によって公益性が伴って設立される法人となる。

2.3　NPO法人

　特定非営利活動法人（以下，「NPO法人」）の存立基盤は，わが国の震災に対するボランティア活動を柔軟かつ迅速に行えるところにある。すなわち，「1995年１月17日の阪神・淡路大震災や2011年３月11日の東日本大震災等の災害により，政府や企業というよりかは地域住民等のあいだでの協力の重要性が再認識され，相互の助け合う身近な組織の重要性が高まってきているとともに，スピード感のある対応が一層求められてきている。」（齋藤2014）との指摘にある。1998年３月に特定非営利活動促進法が制定され，NPO法人として法人格が取得できるようになった。しかし，同法人の法人格取得は，学校法人・社会福祉法人の認可とはもちろん異なり，一般法人のような準則主義とも違う，「認証」による取得となる。認証の場合にも震災等に迅速に対応するために法人格取得は緩やかな基準となっている[4]。

2.4　医療法人

　医療法人制度は，病院，診療所が医療の永続性を確保するとともに，資金の集積を容易にして医療が普及向上されることを期待されて創設されている。その責務として，自主的に運営基盤の強化を図るとともに，提供する医療の質の向上，運営の透明性を図り，地域医療の役割を積極的に果たすことに社会の要請が高まり，より公益性が求められる存在となっている。

　医療法人は，医療施設と厳しい競争環境にある場合も多く，高度な医療サービスを提供しつつ患者（顧客）の新規獲得と維持のため様々な事業努力を続けている。高度な医療サービスを展開するにあたっては，人材確保や設備投資への負担が重くなることが予想されるため，経営層には，資源の消費額を回収し，損失を回避することを前提に事業を運営することが期待されている（日本公認会計士協会2022）。設立に際しては，医療法人社団と医療法人財団の2つの形態が考えられるが，上述の社団法人と同様に設立しやすい前者が圧倒的に多い。

3 | 非営利法人の会計基準

　非営利法人は法人形態によって適用される会計基準も異なってくる。会計は，法的には会社法や金融商品取引法等によって規制される。しかし，具体的な会計基準になると，一般に公正妥当と認められる会計基準として，企業会計の基準が設定され，株式会社等の営利法人によって適用されている。わが国では戦後，政府の諮問機関である企業会計審議会が，会計基準を制定してきた。その後，政府機関から民間団体に会計基準設定主体はシフトするようになり，2001年，企業会計基準委員会が設立され今日に至っている。

　営利法人は，企業会計基準委員会が公表する会計基準を適用し，財務諸表（損益計算書，貸借対照表，キャッシュ・フロー計算書）を作成する。それに対し，非営利法人は公益法人会計基準，学校法人会計基準，社会福祉法人会計基準，NPO法人会計基準，および医療法人会計基準等，法人形態によって適用される会計基準も異なり差異が生じている。

　例えば，一般法人および公益法人は公益法人会計基準に準拠し財務諸表を作

成する。公益法人に関する会計基準は，行政改革の経緯で2004年に大きく改正された。さらにその後の公益法人制度改革に歩調を合わせるために，2008年に内閣府公益認定等委員会により新たに改正された。しかし，同基準は必ずしも強制力はなく，一般に公正妥当と認められる会計基準であればよい。つまり，「…損益計算をベースにして計算書類等を作成することができるのであれば，一般法人であれ新公益法人であれ，2004年会計基準や企業会計の基準を適用することができる。」（岡村 2013）ということになる。

　社会福祉法人会計基準および学校法人会計基準は強制力があり，同じ非営利法人でも公益法人会計基準等とは異なっている。藤井（2017）によると，基準の強制力が法人形態ごとに異なっているのは，「…ごく大づかみにいえば，補助金行政とのリンケージが相対的に強い社会福祉法人会計基準と学校法人会計基準は強制力を持ち，そのリンケージが相対的に弱い公益法人会計基準，医療法人会計基準，NPO法人会計基準は任意適用（原則適用）とされている。」と指摘している。また，財務諸表の内訳も計算書の名称も法人形態で異なる。このように，営利法人にとっての会計基準は企業会計基準があるのに対し，非営利法人にとっての会計基準は法人形態ごとに会計基準が設定されている。また，企業会計基準が民間団体の会計基準設定主体であるのに対し，非営利法人の会計基準は行政との関係性が強い。しかし，それでも近年は一般法や認定法のように制度改革が進み行政との関係性が緩和されているといえよう。

4 ｜ 非営利法人の会計共通化
——モデル会計基準の普及

4.1　会計基準収斂の必要性

　日本公認会計士協会（以下，「協会」）によると，非営利法人の形態ごとに適用される会計基準が異なり，その設定主体も別になることが指摘されている。一般の情報利用者が複数の会計基準の専門的知識を持つことは期待しにくく，一般の情報利用者の利便性を著しく阻害している。その原因が各法人の所轄官庁によってそれぞれ会計基準が設定されてきたことに起因している。所轄官庁

が管理監督する際の利便性が重視され，一般の情報利用者のニーズに応えることを主眼にしていなかった（日本公認会計士協会2013）。しかし，公益法人の制度改革が進み，各官庁のこのような縦割り行政の弊害を是正する時が到来したともいえる。

協会は，非営利法人の会計基準を統合させる実現可能性を高めるためにこれまでに段階的に研究報告を行っている。主として次のものが重要な報告書として挙げられる。

(1) 非営利法人委員会研究報告第25号「非営利組織の会計枠組み構築に向けて」(2013)

(2) 非営利組織会計検討会による報告「非営利組織の財務報告の在り方に関する論点整理」(2015)

(3) 非営利法人委員会研究報告第30号「非営利組織会計基準開発に向けた個別論点整理〜反対給付のない収益の認識〜」(2016)

(4) 非営利法人委員会研究報告第34号「非営利組織会計基準開発に向けた個別論点整理〜固定資産の減損〜」(2017)

(5) 非営利組織会計検討会による報告「非営利組織における財務報告の検討〜財務報告の基礎概念・モデル会計基準の提案〜」(2019)

(6) 非営利組織会計検討会による報告「非営利組織モデル会計基準の普及のための課題の整理〜非営利組織会計基準の共通化に向けた提案〜」(2022)

このように非営利法人の会計研究がとり行われ，漸次本格的な始動の機運が高まってきたことが窺える。このことを踏まえ，本節においては非営利法人の会計収斂アプローチの近年の動向を中心に明らかにする。

4.2 非営利セクターの重要性の背景

福祉，医療，教育のような公共的サービスを提供するために非営利セクターの存在が重要であることは論を俟たない。上述の研究報告が協会から公表されたのもその重要性に鑑みてのことである。協会によると研究報告第25号の時点で非営利セクターの重要性の背景の要因を次の3点で指摘している（日本公認会計士協会2013）。

(1)　サービスの需要拡大および多様化

わが国において少子高齢化が急速に進展しており，これに比例して福祉・医療サービスの需要も急増している。また，個人間の所得格差の拡大等もあり社会的支援の在り方も課題になっている。その一方では，人々の価値観・ライフスタイルの多様化により福祉・教育への需要も多様化している。経済・社会のグローバル化，ボーダレス化から生起する国際課題（環境，人権問題）に民間組織の活躍の場が広がっている。

(2)　民間によるサービス供給

サービス供給については政府セクターの財政面の制約が顕著となり，政府による財政的支援と管理統括を前提としたサービス供給が困難となっている現在，多くの公的サービスが民間に委託されるようになった。

(3)　非営利セクターの果たす役割の拡大

非営利セクターの果たす役割が広がり，行政の積極的な関与による公共的サービスの提供といった形から，NPO法人に代表される民間の自発的・創発的行動へと広がりを見せている。

以上のように非営利法人の会計を研究する根拠には非営利セクターの現状が従前とは比較にならないほど，わが国の社会で中心的な役割を担っていることが前提となっている[5]。

4.3　非営利組織会計基準の共通化

協会によると2022年公表の「非営利組織モデル会計基準の普及のための課題の整理〜非営利組織会計基準の共通化に向けた提案〜」（以下，「2022年報告」）において基本的立場を述べている。わが国の非営利組織は，各所轄官庁の指導の下で事業活動を整備・拡充し，安定した財源の下に発展を遂げてきた。近年においては，法人運営の自立性を尊重しつつ，非営利組織のさらなる発展を図るには，それを支える資源の調達活動を活性化する必要があり，そのためには，共通化を見据えた会計基準の開発が避けて通れないという認識が広く共有化されるようになった。従前，わが国では，法人形態ごとに独自の会計基準が設定されてきたために，一般的な情報利用者にとっては，横断的な理解がしにくい状況にある。このような状況を改善するための提案を行い非営利組織のさらな

る発展に向けた取組みの一助としたいというのが，本報告の基本的立場である。

　協会は，非営利組織会計検討会を設置し，非営利組織における会計基準の共通化に向け，非営利組織における財務報告の在り方を検討した結果を「財務報告の基礎概念」と「モデル会計基準」を含む報告書として，非営利組織会計検討会による報告「非営利組織における財務報告の検討～財務報告の基礎概念・モデル会計基準の提案～」（以下，「2019年報告」）をとりまとめ，2019年に公表した。2019年報告では，わが国における非営利組織会計が目指すべきは，会計に関する基本的知識を持つ者であれば，法人形態の違いにかかわらず，非営利組織が公表する財務諸表を通じて当該組織の財政状態，活動および資源の利用状況を容易に理解できる環境を実現することであるとしている。非営利組織全体において，財務報告の枠組みを共有すること，および分かりやすい首尾一貫した枠組みを形成することによって，一般の情報利用者の情報ニーズに応えることを，財務報告の基本目的としている（日本公認会計士協会2022）。

　公益法人，社会福祉法人，学校法人等の所轄は，内閣府，厚生労働省，文部科学省，もしくは都道府県であったりする。根拠法も法人形態によって異なり，したがって会計基準設定主体も縦割りによって法人形態ごとに存在していた。2022年報告では，非営利組織に共通の会計枠組みを構築することのアプローチとして「モデル会計基準」開発の経緯に触れている。なお，これら一連の報告では「非営利法人」ではなく「非営利組織」の呼称で統一されており，非営利法人よりも大きなカテゴリーで認識していると思われるが，本章においては俎上に載せている非営利法人を対象にしていることを前提にして論を進めることにする。

4.4　一般目的財務報告の必要性

　非営利組織においても一般目的財務報告のための基本的な枠組みが必要であるという基本理念の下，2019年報告および2022年報告どちらにも一般目的財務報告の必要性の背景として考慮する要因が次のように指摘されている（日本公認会計士協会2019，2022）。

(1)　自立した資源調達と組織経営の必要性

　非営利組織が自ら戦略的に組織資源を調達し，これを活用することによって，

組織を経営していくことが求められるようになっている。非営利組織の財務資源について，補助金等の公的資金から寄附金等の民間資源へのシフトが重要な課題であり，財務的な管理と対外的な情報開示の充実が求められている。

(2)　組織ガバナンス確立の要請

非営利組織には，資源提供者，債権者，受益者，従業員およびボランティア従事者，地域社会住民等の多様なステークホルダーのニーズを反映しつつ，健全な経営を実現し，組織目的を実現することが求められる。評議員会や理事会による監督機能発揮を担保する上で，財務状況および成果を適切な形で把握し，報告していくことが重要となる。

(3)　異なる法人形態間の事業およびステークホルダーの差異縮小

非営利組織の中での法人形態の違いによる事業領域の違いが小さくなっている。医療，教育，介護等に代表されるように，同様の事業が様々な法人形態で運営されるケースが多く，異なる法人形態であってもステークホルダー構造も類似している。

(4)　複数事業を実施する法人の開示方法

非営利組織の中には，大規模な病院組織を有する学校法人のような法人でも，法人全体の財務諸表では，1つの会計基準のみを採用している。しかし，例えば，上述の学校法人では，第1の目的が教育事業であるものの，付随する医療事業の事業規模が教育事業より大きくなる場合がある。その場合，学校法人の会計制度の枠組みにおいて作成した財務諸表のみの開示で良いのかという課題があると認識している。これらの情報を含め統一的に比較可能なものを作成し適切に開示することは，当該法人の活動実績を情報利用者に事実として情報を提供することであり，モデル会計基準はその役割を担うことが可能であると考えている（論点が開示に進んでいることから，(4)のみ2022年報告で追加された）。

4.5　非営利組織のモデル会計基準

2022年報告によると，協会の検討会においてモデル会計基準を提案する際に次のような経緯を経たことが述べられている（モデル会計基準のイメージとして**図表13−1**を参照されたい）（日本公認会計士協会2022）。

4.5.1　非営利組織会計の共通化に向けた段階的アプローチとモデル会計基準

(1)　モデル会計基準の段階的アプローチ

　協会の検討会では，わが国の非営利組織における法人形態の違いによる差異を解消し，分かりやすく一貫した非営利組織会計を実現するアプローチの1つとして，複数の異なる会計基準を統合化することも考えたが，既存の会計基準との継続性を重視するとともに短期的な統合による作成者側の負担を考慮し，漸次的な変化を進めていくアプローチが適切と判断した。

　また，既存の各会計基準の共通性を高めていくための段階的アプローチとして，非営利組織の特性や財務報告の目的，情報利用者のニーズ等を整理し，非営利組織に共通する財務報告の概念を整理した上で，非営利組織のモデル会計基準を提案した。

(2)　個別の法人形態への普及

　モデル会計基準は，個別の法人形態に適用すべき会計処理や表示の基準を表すものではなく，文字どおりの会計基準のモデルとして，制度上の会計基準が開発・改正される際に参照されることを目的としたものである。非営利組織における財務報告の基礎的な概念が共有されるとともに，具体的な取扱いを示すモデル会計基準を参照した改正が実施されていくことを通じて，基準間の整合性が高まるものと期待される[6]。

図表13－1　モデル会計基準

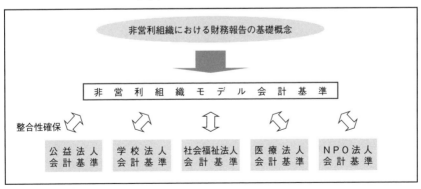

（出所）日本公認会計士協会2022, 5

4.5.2　2019年報告における提案

2019年報告での提案概要は次のようにまとめられる。

(1)　財務報告の基礎概念の整理

これまでモデル会計基準を開発するにあたり，非営利組織の特性，財務報告の目的，有用な財務情報の質的特性，財務諸表の構成要素，認識・測定といった財務報告の基礎となる概念を検討し，これらを財務報告の基礎概念としてとりまとめた。

(2)　企業会計との関係

企業会計との関係においても財務報告の基礎概念およびモデル会計基準に関する文書がそれ単独で成立するよう，企業会計の枠組みとは独立して構築するアプローチを採用した。

(3)　非営利組織の特性の反映

組織の活動を通じて公益または共益に資することを目的とする非営利組織の組織特性を反映し，ステークホルダーに有用な情報を提供することと併せて説明責任を果たすことも財務報告の目的として位置づけたり，資源の違いを反映し，純資産を区分表示させるよう整理し，財務諸表の構成要素をとりまとめたりした。

以上のように，2019年報告および2022年報告で非営利組織会計基準開発にあたり基礎となる概念を整理し，一般目的財務報告によって透明性確保を通じてステークホルダーに有用な情報提供の実現を検討している。

5 ｜ おわりに

本章においては，わが国における公益法人等の非営利組織をとり上げその特徴を示すとともに，法人形態によって適用される会計基準が異なることから共通化への提案とそのためのモデル会計基準の段階的アプローチの実現が協会によって考察されてきたことを明らかにしている。2022年報告では各法人形態別会計基準とモデル会計基準の比較分析が詳細になされており会計基準共通化の機運は着実に高まってきているといえる。しかし，各会計基準設定主体がその整合性・一貫性の意義を認め，リアリスティックに段階的アプローチを目指す

には，さらなる研究に踏み込んでいくことが必要になると思われる。本アプローチの実現に向けてより一層の発展が期待される。

課　題

(1)　公益法人および一般法人の中から具体的な法人をとり上げ，どのような事業を行っているのか調べてみよう。

(2)　日本公認会計士協会とはどのようなことを行う機関ですか。調べてみよう。

【注】

1　本項の社団法人・財団法人の解説に関しては，次の文献を参考にしている。島田（2009），齋藤（2014），有限責任監査法人トーマツ　パブリックインダストリーグループ編（2012），岡村（2013）

2　公益法人制度改革関連三法以前の2008年の公益法人の数は24,317法人であった。尾上（2020）によると，新公益法人制度となり「特例民法法人」として存続していたそれら法人は移行認定申請した結果，新制度での公益法人が8,998法人であった。移行認可で一般法人となったのが11,664法人であった。移行期間は2013年で終了となったが，その後の公益法人新規増加は500台の数字となっている。梅本（2021）は一般法人の飛躍的増加と比較して，「果たして，新しい制度下における公益法人が，民間非営利部門における公益活動の主たる担い手として，多様化する社会のニーズに応える存在となっているのかは，なお検証が必要である…」と指摘している。

3　本項は次の文献を参考にしている。齋藤（2014），中田編（2019）

4　認証の基準については，齋藤（2014）を参照のこと。

5　協会は，非営利セクターに対し，さらに現状抱える課題（非営利組織の規模と財源）とその強化による情報開示並びに非営利組織の会計の在り方を指摘している（日本公認会計士協会2013，吉田2017）。

6　松前（2020）によると，2019年報告に言及する中で，「現行の各制度における法人形態別会計基準は，主として行政管理を目的としているが，今回のモデル会計基準では，一般目的的財務報告を作成することを目的として，各非営利組織が持つ特徴的な事項を含めている。制度によっては，モデル会計基準による財務諸表のみでは，必要な情報が足りずに別表等での対応が必要となる場合もあることから両者の調整が今後の課題となる。」と指摘している。

【参考文献】

梅本寛人（2021）『最新社団法人・財団法人のガバナンスと実務』中央経済社

岡村勝義（2013）「公益法人の会計」非営利法人会計研究会編『非営利組織体の会計・業績および税務』関東学院大学出版会

尾上選哉（2020）「会計からみる公益法人制度改革の課題と可能性」『非営利法人研究学会誌』

22（8月）15-26

齋藤真哉（2014）「非営利法人制度の現状と課題」『非営利法人研究学会誌』16（8月）23-34

桜井久勝（2022）『財務会計講義（第23版）』中央経済社

島田恒（2009）『［新版］非営利組織のマネジメント』東洋経済新報社

中田ちず子編（2019）『非営利法人の税務と会計（8訂版）』大蔵財務協会

日本公認会計士協会（2013）『非営利組織の会計枠組み構築に向けて』非営利法人委員会研究報告第25号

——（2015）『非営利組織の財務報告の在り方に関する論点整理』非営利組織会計検討会による報告

——（2016）『非営利組織会計基準開発に向けた個別論点整理～反対給付のない収益の認識～』非営利法人委員会研究報告第30号

——（2017）『非営利組織会計基準開発に向けた個別論点整理～固定資産の減損～』非営利法人委員会研究報告第34号

——（2019）『非営利組織における財務報告の検討～財務報告の基礎概念・モデル会計基準の提案～』非営利組織会計検討会による報告

——（2022）『非営利組織モデル会計基準の普及のための課題の整理～非営利組織会計基準の共通化に向けた提案～』非営利組織会計検討会による報告

藤井秀樹（2017）「非営利法人会計制度の回顧と展望」『非営利法人研究学会誌』19（7月）1-11

松前江里子（2020）「非営利組織における財務報告の検討に関する報告～財務報告の基礎概念・モデル会計基準の提案～について」『非営利法人研究学会誌』22（8月）37-45

有限責任監査法人トーマツ　パブリックインダストリーグループ編（2012）『新公益法人会計の実務詳解（第3版）』中央経済社

吉田正人（2017）「非営利法人会計基準共通化に向けた会計枠組み構築の可能性―社会福祉法人制度改革における環境整備に言及して―」『千葉商大論叢』55（1）（9月）195-207

■第**14**章■

「日本の労働はブラック」との理解でいいのか？
──労働経済・労働法への第一歩

本章の目的

　第14章では日本の労働経済・労働法を素描する。最後の第3節では，では労働者としてどうすればいいのか，を試論として提示したい。

　この章では2018年までについて扱うこととする。2019年からは働き方改革，新型コロナウィルスやウクライナ侵攻で大きな変化が生じているが，複雑になるので別の機会としたい。

Key Word

新卒採用，ワーク・ライフ・バランス，就業規則，労働基準監督官

関連するSDGs

5	8
ジェンダー平等を実現しよう	働きがいも経済成長も

1 ┃ 日本の労働市場の長所と短所──現状

　1節では日本の労働市場の現状や特徴をみていきたい。

1.1　過労死問題の国際化と国連勧告

　まず日本の過労死について考えたい。「過労死」は国際的に珍しく，英語でKAROSHIとして通用する。

日本の過労死が国際問題化したのは1990年代である（寶珠山, 2003）。1992年に有名な医学雑誌Lancetに日本の過労死についての論文が掲載され（Drinkwater, 1992），1993年には国際労働機関ILOの年次レポートに過労死問題が報告された（ILO, 1993）。先進国では労働者は様々な角度から保護されていて，追い詰められると健康を害する前に会社を辞めるため，死まで追い詰められるケースが頻発することは，常識的に考えがたい。日本独特のものというニュアンスも伴って，2003年にはKAROSHIがオックスフォード英語辞典に採用された（Soanes, 2003）。

過労死を生み出す「長時間労働」に疑問が投げかけられたのはその約20年前，1980年代の日米貿易摩擦によってであった。1987年頃からのバブル拡大によって残業時間も伸びる中で，「過労死」も国内で問題視されることとなった。それが1990年代初頭の国際化に結びついていくこととなる。

2013年には，国連が日本政府に過労死問題にもっと真剣に取り組むよう勧告した。日本政府は2014年に「過労死等対策推進法」を施行し，2016年から「過労死等防止対策白書」という形で，毎年現状や対策の進行を報告している。

死亡の背景要因は様々あるため，業務が原因の過労死と断定するのは容易ではない。そこで遺族が労災を申請し[1]，審査の上で政府が支給を決定した「労災支給決定（うち死亡）」を過労死と解釈することになった。

過労死等には，業務に起因する(1)脳血管疾患・心臓疾患による死亡，(2)精神障害による死亡，(3)死に至らないもの，の３つが挙げられている。このうち(1)と(2)が過労死にあたる（**図表14－1**）。これによれば，(1)脳・心臓疾患による死亡も(2)精神障害による死亡も，ともに年100件弱で推移している。雇用者6000万人弱のうち，年間200人弱。つまり年間だいたい30万人に１人の割合となっている。

なお，遺族が労災を申請するのはごく一部と考えられるため，このデータは本来扱うべき過労死の一部に過ぎない。この「労災支給決定（うち死亡）は年間約200人，だいたい30万人に１人」は，控えめな数字との指摘もある。

図表14－1　過労死等；労災請求及び支給決定

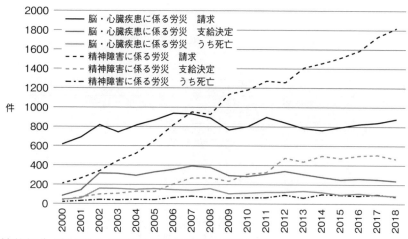

(資料出所) 厚生労働省「平成30年版過労死等防止対策白書」
(原データ) 厚生労働省「過労死等の労災補償状況」

1.2　OECDレポート

　図表14－2はOECDの日本についての雇用レポート"How does JAPAN compare?"である（OECD, 2018）。これによれば，OECD平均に比べて，日本は特に失業についての値が良い。日本では，仕事を欲しい人は仕事を得やすい状態にある。

　他方で，低所得者比率や男女間稼得収入格差（年収）が，OECD平均に比べて大きな値となっている。

図表14－2　日本の労働市場パフォーマンス（OECD諸国との比較）

		日本	OECD平均	最善 Top	最悪 Bottom
量的指標	雇用率2017	日本 80.3%	OECD 72.1%	アイスランド 87.2%	トルコ 55.3%
	失業率2017	日本 3.0%	OECD 5.9%	アイスランド 2.9%	ギリシャ 21.7%
	広義未活用労働率2016	日本 24.0%	OECD 27.2%	アイスランド 12.6%	ギリシャ 44.8%
質的指標	平均時給2015	日本 $16.1	OECD $16.6	デンマーク $29.8	メキシコ $4.6
	失業時予想収入減少率2016	日本 1.6%	OECD 4.9%	日本 1.6%	ギリシャ 22.7%
	仕事のきつさ2015	日本 31.2%	OECD 27.6%	ノルウェー 13.8%	ギリシャ 47.9%
不平等度指標	低所得者比率2015	日本 14.5%	OECD 10.9%	チェコ 5.8%	ギリシャ 16.0%
	男女間稼得収入格差2015	日本 57.7%	OECD 38.1%	フィンランド 21.4%	韓国 61.0%
	不利な集団の雇用ギャップ2016	日本 24.7%	OECD 24.7%	アイスランド 9.2%	トルコ 47.1%
回復力	不況時失業率上昇度2000-16	日本 0.2pt	OECD 0.4%	ルクセンブルク 0.1%	スペイン 0.9%
適応力	労働生産性上昇率2010-16	日本 0.6%	OECD 0.8%	アイルランド 5.5%	ギリシャ −1.0%
	低学力生徒比率2015	日本 15.4%	OECD 31.3%	日本 15.4%	メキシコ 73.2%

（出典）OECD（2018）。和訳は筆者による。OECDは訳作成に関与せず，誤りに一切の責任を負わない。雇用率は20-64歳人口に占める雇用者の割合。失業率は労働力人口のうち，仕事をせず探しすぐ着任できる者の割合。広義未活用労働率は15-64歳人口に占める（除15-29歳教育中非就業者）非労働力人口または失業者または不本意短時間就業者の割合。平均時給は物価水準（購買力平価）及び不平等度を調整した粗時給。失業時予想収入減少率は失業による収入減少予想額の失業前収入に占める割合。仕事のきつさは仕事の要求水準が高くそれに見合うリソースが足りないと感じる人の割合。低所得者比率は等価可処分所得の中央値の半分以下の家計に属する者の20-64最人口に占める割合。男女間稼得収入格差 は一人当たり年収の男女間格差。不利な集団の雇用ギャップとは5つの集団（子を持つ母，フルタイムの教育訓練を受けていない若者，55-64歳，外国人，障害者）の雇用率と25-54歳男性の雇用率の差。不況時失業率上昇度とはGDPが1％下がった3年後に失業率が平均何％ポイント上昇するか（2000-16）。労働生産性上昇率は一人当たり年労働生産性上昇率（2010-16）。低学力生徒比率は中学校に在籍していないか，成績がPISAレベル1以下の15歳の，15歳人口全体に占める割合。

1.3　その背景——労働経済学の入口へ

　このように，日本は失業については恵まれているが，低所得者比率も男女間収入格差も大きい。こういった状況を生み出す原因について，労働経済学の説明を紹介する（清家他2020，太田他2012など）。

　まず日本の長所である「失業率関係の数値が日本は恵まれている」ことの背景を探る。世界の労働の常識では，従業員はいつ辞めるか分からない。育てても有能であるほど離職して自分で事業を始めたり，ライバル企業に高額で引き抜かれ，結局「敵」を育ててしまうことにもなりかねない。だから若い従業員を育てるよりも，経験のある即戦力を採用し，仕事に見合った報酬を払う，短期的な関係が雇用の基本となる。この場合，若者はなかなか仕事が得られない。そのため若者の失業率が高く，特に不況時にはなかなか職が得られず苦しむ。彼らが暴れだし，革命や暴動など大きな政治問題となることもある。

　だが我が国では経験のない新規学卒者を，企業は大量に採用し，育ててくれる。この「新卒採用」と育成は日本の労働市場の大きな特徴である。

　その鍵は「離職防止策」にある。育てても辞められたら困るので，まず，巨額の退職金と企業年金，また50歳代での高給を準備する。バリバリ働くのは40歳近辺にもかかわらず，給料は50歳代のほうが高くなる。仕事量に比べて高い賃金や巨額の退職金をもらえるから，辞める気にならない。他方で企業はそんな割高な高齢者にいつまでもいられると困るので，60歳でいったん退職させる（Lazear1979, 清家他2020 pp.109-114）。こういう離職防止策が機能しているから，企業側は安心して若者を採用して育てる気になる。このような退職金や賃金後払いなど離職防止策は，世界中で有力大企業を中心に見られる。

　日本では東京五輪関連の大工事が始まった1960年代の極端な労働力不足期に，従業員引き抜き防止のために離職防止策が特に広がった。有力大企業以外も追随し，いわゆる日本的「終身雇用」慣行と言われるようになった。「終身雇用」は崩れたと言われて久しいが，新卒採用はいまだ，日本労働市場の大きな特徴となっている[2]。

　他方で図表14－2において，日本の所得不平等度が高く，男女間格差も大きかったのは，女性に非正社員が多いためである。正社員の長時間労働が当たり前[3]の企業社会では，女性が正社員として激務をこなしながら，育児をすることは困難であることも少なくない。だから子どもができたら仕事を辞め，子育てが落ち着いたら，どこかで低賃金パートをして子どもの教育費などを稼ぐ。優秀な女性陣がパートとして戦力となりながら十分報酬や地位で報いられてこなかった，という事態が長年多かったと言われる。それがこの所得不平等度に

つながった。

　これは「女性就業問題」と言われる。平等や幸福追求の観点からだけでなく，日本企業の活力低下，経済格差に基づく妻へのDV（男女共同参画局 n.d.）や母子家庭貧困などの遠因とされている。2000年に男女共同参画部門が内閣府に移管され，首相直轄のもと全府省で取り組むこととなった。また少子化の原因とされ，2008年に「仕事と生活の調和（ワーク・ライフ・バランス）憲章」が制定されることになる重要な背景となった。

1.4　仕事と生活の調和（ワーク・ライフ・バランス）憲章の現状認識

　少子化対策を追求すると，長時間労働問題に至る。正社員の長時間労働体質のため，女性は出産と同時に正社員を辞めてしまう。そのため，キャリアを継続したい女性は第一子，また第二子以降の出産をためらうことになりかねない。これこそが真の原因，との認識が政府内で広がった。だが社会的風潮を作らなければ労働時間の短縮は進まないので，「国民運動」として取り組むこととなった（上記憲章2(3)「国の役割」）。2008年末に首相・経団連会長・連合会長・全国知事会会長などのトップが首相官邸に集まり，「仕事と生活の調和（ワーク・ライフ・バランス）憲章」を締結した。

　この憲章では，まず現状認識を披露している。それによれば，「仕事と生活が両立しにくい」現実がある。具体的には，(1)安定した仕事に就けず，経済的に自立できないケースや，(2)仕事に追われ，心身の疲労から健康を害しかねないケース，また(3)仕事と子育てや老親の介護との両立に悩むケースもある，としている。そこで次の目標を追求する，としている。①就労による経済的自立が可能な社会。②健康で豊かな生活のための時間が確保できる社会。③多様な働き方・生き方ができる社会。

　このワーク・ライフ・バランス憲章では，正社員の長時間労働だけでなく，非正社員の収入が少ないことも「ワーク・ライフ・バランスの問題」と考えている。この双方を問題とするスタンスは，働き方改革でも長時間労働規制と同一労働同一賃金改革（非正社員の待遇改善）の二本柱として受け継がれている。

1.5　日本の労働市場――小まとめ

　日本の労働市場には，重要な長所がある。それは，勤労経験の不十分な新規
学卒者を大量に採用して育てる慣行があり，失業を恐れる心配が比較的少ない
ことである。これが若者の職業人生へのスムーズな移行や，社会の安定を可能
にしており，重要な長所だと考えられている。だが多くの短所がある。非正社
員が十分な収入を得られず，家族形成に問題を抱えかねない。正社員は長時間
労働体質のために健康を損ないかねず，先進国では珍しい過労死などの問題を
生んでいる。他方で長時間労働体質のため，育児や介護，地域社会への貢献な
ど社会的責任を果たせないことが少なくないことも問題とされている。特に女
性は育児と正社員就業の両立が困難なため，出産とともに会社を辞めるケース
もある。それが中年女性の定収入や，出産を避け少子化につながっている。

2 | 就業規則と解雇規制
――背後にある労働法の枠組みなど

　ここでは，そういった長短の背後にあるとされる，労働法の枠組みなどを紹
介していきたい。

2.1　労働の世界の原則
――労使交渉・団体行動権・労働基準監督官

　まず，労働の世界の原則を説明する。第一の原則は，労使交渉（私的自治）
だ。労働者と使用者（雇う側，企業等）の関係はお金をやり取りする私的なビ
ジネス関係である。だから原則政府は介入せず，それぞれの職場の労使交渉で
働くルールを決める。第二の原則は，労働基本権（団結権・団体交渉権・団体
行動権）の保障である。労使交渉・私的自治といっても，企業と労働者一個人
には力の差がありすぎ，対等な交渉などできないことが多い。だから労働者が
望むならば団結して集団行動をする権利を，政府が保障する。第三の原則は，
政府が最低限の労働基準を定めて，労働警察（労働基準監督官）がそれをもっ
て取り締まる。

2.2　労働組合が企業別で弱い

　労働組合は，この第一と第二の原則の主役である。雇用は，会社と自分個人との関係・契約である。だが労働者は働かないと生活が困難になるという弱みを持つ者も多い。分断・競争させられるなど，労働者は使用者による分裂工作やゆさぶりに弱く，酷使されてすり減ってしまう。

　日本では第二次大戦後，憲法28条の団結権・団体交渉権・団体行動権という規定となり，それを詳細化した労働組合法ができた。労働者は自由に労働組合を組織できる（団結権）。労働組合を組織しましたと使用者に通告するだけで，労働組合法の保護を受けることができる。使用者は労働組合を分裂させるような行為は禁じられているだけでなく（団結権を侵害しない），労働組合が交渉を申し込んできた場合には話し合いの場を設け，労働組合にノーと言う場合は理由を説明するなど，誠実に交渉せねばならない（団体交渉権を侵害しない）。労働組合が一斉に仕事を放棄するなどの実力行使に出る場合は，手続きを踏んだ適法なものであれば刑事・民事免責を受けることができる（争議権）。そのような特権が労働組合には与えられ，その特権をもとに使用者と労働条件について交渉する。

　欧米では激しい労使の戦いの中で労働組合も大きく団結しようということになり，全米自動車労働組合など企業を越えた産業別組合が力を持つようになった。企業の枠を越えて同じ産業の労働者が人手や資金面で助け合い，強力なストライキなどによって同じ人事制度を各社に要求して飲ませるなどをした。しかし日本は高度成長の人手不足の中で，企業が引き抜き防止のために従業員への待遇を急速に充実させた。それを受けて多くの企業で，会社と協調的な労働組合（「第二組合」「企業別組合」）が組合員を増やして主導権を握った。この企業別組合は全社一丸となって生産性向上や新製品開発などを行い，日本企業の活力を支えたが，会社に対して相対的に弱腰で，長時間労働などが残存する背景にもなったと言われる。

2.3　就業規則

　雇用契約は，あくまで会社と自分との個人的関係である。だが従業員はたく

さんいて統一ルールが必要とされるので，労働条件については定型化する必要
がある。会社が決める定型的労働条件を「就業規則」と言い，労働基準法で作
成・提出・従業員への周知が義務付けられている。なお就業規則に定めていて
も，もし労使が合意して定める「労働協約」があるならば，そちらが有効にな
る。しかし労使間の労働協約はカバーが限定的なため，多くの場合，就業規則
が職場のルールとなっていて，入社によって合意したとみなされる。

　就業規則には法的な力がある。就業規則にはふつう「残業を命じることがあ
る」「転勤を命じることがある」などの規定がある。そのため，残業命令や転
勤命令等を拒否した場合，就業規則違反で処罰される可能性があり，社命で残
業や転勤をすることとなる。

　就業規則の内容は労働基準法および厚生労働省がかなり細かく定めており，
それを満たしているかを労働基準監督署（2.5に詳述）が形式的にチェックする。
内容で是非の判断に迷う部分は民事訴訟で裁判所が判断をする体制になってい
る。特に中小企業では労働組合がなかったり小さかったりするが，こういった
労働基準法・厚生労働省・労働基準監督署・裁判所という体制で，政府が就業
規則も通して労働者の権利を守る形になっている。だが，就業規則は実際には
かなり使用者側の自由が効く。またそれぞれのケースが裁判になるか，裁判所
がどう判断するか，分からない面もある。このような状態のため，従業員は会
社側の意向を尊重しなければ，転勤させられるかも，低評価をつけられて不利
益を得るかも，何が起こるか分からない，と不安に思うこととなる。この従業
員の不安が，長時間労働やパワハラをもたらす背景にある。

2.4　解雇規制

　このように，使用者側が就業規則を通して強大な権限を持つことを裁判所が
認めた背景には，労働者に有利で使用者に不利な「解雇規制」（特に解雇権濫
用法理）を課したこととバランスを取るという発想があったと思われる[4]。

　正社員の解雇はかなり難しい[5]。厳しい条件をクリアしないと，解雇は不当
と裁判所は判断する。その場合，使用者は確定判決後にその従業員を復職させ，
解雇から復職までの数年分等の賃金を従業員に払わなければならない。

　この強い解雇規制の背後には，戦後の経済的に厳しい事情があったと考えら

れる。民法では昔から，解雇は自由であった（民法627条１項）。解雇規制（解雇権濫用法理；現労働契約法16条）が形成されたのは1950年代の多くの裁判所判決を通してであった（濱口，2017）。解雇が生存権の侵害になりえることがその根拠である[6]。戦後すぐは経済状況が厳しく，解雇された場合その一家の運命はどうなるか分からない。「自己責任だ」と切り捨てるのは社会正義として特にためらいがあったのかもしれない。そこで，使用者は雇用を保障する。その代わりに労働者は懸命に働く，そういう形にする。仕事はきついかもしれないが，戦地に比べればマシだ。そういう思いも背景にあって，「労働者の強固な雇用保障」と「就業規則に基づく使用者の強い人事権」の組み合わせとなったのではないか。

　この解雇規制に，高度成長期に退職金・年金制度など離職防止策が整備されて，いわゆる「終身雇用モデル」となった。ただ，「労働者の強固な雇用保障」というものの，使用者は解雇したい従業員をいじめて本人から自発的に離職するよう誘導するという事実上の解雇が少なからず行われてきた（労働政策研究・研修機構2011）。だから雇用保障は思ったほど強くなく，結局は企業側に有利な「就業規則に基づく強い人事権」だけが残ったというのが現実かもしれない。

2.5　労働基準監督官が少ない

　労働基準法とは，「労働者が人たるに値する生活を営むため」（同法第１条）に，最低限満たすべき労働条件を定めたものである。その違反の多くには刑事罰が課され，取り締まりを行うのが労働基準監督官（以後「監督官」）である。監督官は特別司法警察職員であり，臨検・尋問・逮捕などの強力な権限を持っている。しかし一般に，強権行使は抑制的（「謙抑的」）でなければならない（刑法の謙抑性；労働基準法については河野他，2010）。そのため，普段は行政官として行政指導を行うソフトな形を取り，やむを得ないときだけ司法警察員としての権限を行使する。

　しかし監督官は長年約3,000人だった[7]。警察官約30万人の約百分の一しかおらず，手間のかかる業務も多い。さらに工場や建築現場の非常に細かい安全管理のルールを守っているかの事前チェックも行い，工場等で事故が起こると事

後的に捜査する仕事も担当している。業務量に比べて人員が圧倒的に足りない。さらに労働基準法案件については厚生労働省は警察と共助協定を結んでおらず，逮捕した場合の留置場は個人的な伝手で警察の担当者に借りる必要もある。被疑者が危険な場合でも，現場の個人的関係で警察官に協力してもらえるに過ぎない。こういった厳しい状況のなかで，監督官は監督署で労働者等の相談に乗り，予告なく事業所に立ち入り調査を行って，帳簿書類の確認や尋問などを実施し，是正勧告や使用停止命令を出す。小説や漫画，ドラマの主人公にもなる，本来労働者にとって頼もしい存在である[8]。しかし多忙のためか，労働者が監督署に相談に行っても，監督官が深刻な件だと思わなかったり，証拠が薄ければ，「証拠を集めてまた相談してください」などとあまり真剣に取り合ってもらえない，という不満も聞く。

　労働基準監督官は，毎年約100人ずつ採用してきたが，近年毎年400-600名の最終合格者を出すまでに増員を進めている（厚生労働省, 2022）。また定年退職した監督官を大規模に再雇用してサポートをお願いしたり，監督業務の差し支えない一部を民間委託できないか検討する，なども行い，マンパワーの充実を図っている。

3 ｜ では私たち労働者はどうすれば？

3.1　はじめに

　ここまで述べてきたように，日本の企業で働く場合，就業規則に基づく強い人事権のもとに服せざるを得ない。それに伴って，過重なノルマ・超長時間労働・残業代不払い・パワハラなどの「事故」に遭うかもしれない。もしそういう「事故」に遭って自分が被害を受けたらどうすればいいか。また遭わないために何ができるか。3節では，「私たち労働者はどうすればいいか」について試論を述べたい。

3.2　ひとりで戦わない——誰かとつながる

　最初のおすすめとして，「ひとりで戦わない」，誰かとつながるという大原則

を挙げたい。もともと労働者はひとりでは戦えないから，団結権などの労働基本権が人権として世界中で保障されることになった。もしひとりで戦うと，職場でもどんどん孤立し，メンタルも苦しくなっていくかもしれない。

　そこでまずは，職場の信頼できそうな先輩を普段からよく観察して，日頃から相談することを考えたらどうだろうか。いい先輩は職業人生を大きく左右する，宝物である。そこで仕事を含めたいろんなことを普段から相談しておく。労働関係の相談もする。ある役員に話したら一発で解決する，職場の先輩はそういう情報も持っている可能性がある。パワハラであれば過去も同様の事件を起こしていたり，将来も繰り返す可能性があり，会社全体の問題である。できれば先輩に動いてもらうことを考えたい。

　次に，労働組合である。労働組合は前述のように，会社に対して様々な特権を持っている。こういう問題に熱心な人が集まっており，強力にサポートしてくれる。その中に「信頼できる職場の先輩」を見出せるかもしれない。

　その他，家族や友人に相談する・近くの労働基準監督署や都道府県労働局に相談する・連合などの大きな労働組合や市役所の法律相談などに相談することもできる。

　他者に相談すれば，上司や会社上層部に話が通ったり，労働組合が団体交渉事項としてくれたり，行政機関が動いたり，労働審判を使うなど，状況が展開していく可能性が生まれる。

3.3　離職・転職

　前項では「ひとりで戦わない」と記したが，自分が主導権をもって行えることがある。実は，究極だが重要なのが「離職する」という選択肢である。ひとりでどう動いても，組織は変わらない場合がある。その場合，離職しなければ問題は改善しなかったり，状況が悪化することもある。経営陣が交代したり大きな事件が起こると，入社前に思っていたのとは異なる事態になることもある。だが転職した結果，新しい出会いや成長の機会を掴むことができることもある。会社を辞めることが最適であることも少なくないのではないか。

3.4 「私（の心身が）危ないかも」と感じたら，午前休などを取って，かかりつけ医へ

　もし「私，危ないかも」と感じても，病院に行ってドクターストップがかかったら，多忙な同僚に迷惑を掛けてしまうと遠慮するかもしれない。だが耐えに耐えて一気に悪くなることがある。判断力も鈍って仕事を引き継げず，大きな迷惑を掛けてしまうこともある。余力が残っているうちに，手を打つ必要がある。

　そこで，「私，危ないかも」と感じたら，「午前休取ってかかりつけの内科医に行きます。」などと電話することを強く勧めたい。かかりつけ医ならば，受け入れてもらいやすいかもしれない。また医師に説明することで，今の自分の状況が客観的に見えてくるようになる。肝臓や身体の病気ではないか，検査もしてくれる。いつものかかりつけ医ならば，実績のある心療内科医などを紹介してもらえる。また医師の診断書には，会社を従わせる力がある。ともかく，勇気をもっていつもの病院に行って欲しい。

　離職して次の仕事が見つからなくても，最悪の場合でも生活保護が受給できる。その前に雇用保険をもらえたり，雇用保険が無理ならば求職者支援制度の受講給付金（月10万円；2022年現在）を受けられるかもしれない。身体を壊したら厄介なことになるので，体調を最優先して欲しい。

4 | おわりに　21世紀的な「有能」とは
——多様な趣味や自分の中の多様性など

　実は，最強の対策・自衛法は「有能になる」ことである。有能になれば，会社も同僚も喜ぶ。また退職しても，再就職先を見つけることができる。有能な人に退職されると会社はダメージが大きく，上司の大きなマイナス評価にもなる。だから有能になれば，会社も上司を私を大切にして，親身になって対応してもらえる。

　では，21世紀の「有能」とは何か？　情報通信などの技術の飛躍的進化によって，人間の「有能」の定義そのものが変わってしまった。教育基本法2008

年改正の前文や教育目的を定めた第2条に「創造性」が新たに加わり，著名な国際団体ATC21sが提示した21世紀型スキルの筆頭が「創造力と革新性」（creativity and innovation）となっている。創造性，「ゼロからイチをつくる」という。しかし人は無から有を作れず，必ず元ネタとなる趣味や発想がある。その組み合わせの新しさ，「新結合」こそが革新性とも考えられている（イノベーションの父，シュンペーター）。多様な趣味と関心を持ち，好きなことをどんどん深め，引き出しを増やしてそこから新結合ををどんどんつくり，それぞれプロの技能を用いてたくさん形にする。そのどれかが当たったら，脇からは「ゼロからイチをつくる」独創的人材だと見える。しかし実はゼロではなく，本人には本人なりの必然性がある。新しいサービス等の開発だけでなく，煮詰まった問題解決に新しい接近法を試して突破口を探る際にも，革新性・創造性が求められる。

　そこで大切になるのが，元ネタとなる趣味や深い関心，またはマイノリティとしての独自の視点や，自分の中の特異な経験の豊富さ。つまり，自分の中の多様性ではないか。20世紀には，しばしば「趣味では食えない」などと勉強の邪魔として嫌われてきたかもしれない。しかし21世紀はエンタメ業界だけでなく，既存の業界でもエンタメ要素が大きくなり，「食えない」趣味がビジネスにつながりえる時代である。自分の中のマイノリティ性や異質な複数の自分，趣味や関心など，人としての多様性を増していくことが，斬新なアイデアや独創性，21世紀の有能さとしても求められるように思う。

　そしてそういった，人々の独創的な試みの積み重ねこそが，世の中をより多様で豊かにし，進化させる。人生が長くなる中で，そういう居場所をそれぞれが試行錯誤の中で見つけたり作ればいい。

　これは一種のライフワーク（仮）を持つことになる。組織に依存しないもののため，各自がフリーになったら何をどうやるか，事業構想やフリーランスの勉強も進めておくこともいいのではないか。

　ダイバーシティ（多様性）という言葉が色々なところで聞かれるようになった。ハンディキャップを持つ人も，多様性を増し，社会をより創造的に強くする戦力として理解する動きが進んでいるように感じる。それを支えるのが機械の飛躍的進化ではないか。「創造性」を求められても困るという人も，実際に

はたくさんいる。持続可能な開発目標SDGsの中核のひとつは「誰一人取り残されない」ことだが（外務省2015），技術が進歩する中で，自助・共助・公助を組み合わせて，どのような社会を作り上げるのか。引き続きそれぞれの現場で挑戦を続けていくことになる。また大学生は大学時代にどんな準備をしたらいいのだろうか？ 「第11章 先が読みづらい時代で働くために」を参考に，色々と自分なりの工夫を重ねて欲しい。他者と違うところに，自分の価値が生まれてくるのだから。

【注】

1 労災とは，労（働）災（害）保険のこと。もし従業員が業務や通勤で怪我や病気になった場合，その従業員は労災保険を申請する。決定が降りれば怪我等の場合は医療費は全額保険持ちとなったり，仕事を休む場合は休業補償金をもらえる。死亡の場合は遺族が「遺族補償給付」を受けることができる。

2 新規学卒採用が多くても，雇用の総量が変わらなければ，代わりに中途採用が減るに過ぎず，必ずしも失業者が減るわけではない。だが離職防止策を作った上で新卒を大量採用し，仕事の様々な現場に配属してOJT（仕事しながらの訓練）をほどこして現場の優秀人材に育て上げ，「現場力」を高めて日本の国際競争力とするならば，雇用総量が増加し，失業者は減少する。

3 労働者一人当たり労働時間や長時間労働者の割合は減少傾向にあるが，主に高齢の非正社員が多い・増えているためであり，正社員の労働時間は減っていない（コロナ前；毎月勤労統計調査，一般労働者の総実労働時間）。

4 菅野和夫東大名誉教授は，強い解雇規制がかかっている以上，就業規則による労働条件の合理的変更はやむを得ないと主張し続けていると自ら記している（菅野2012, p.118脚注7）。同教授は長く同法の権威として，労働政策審議会長や中央労働委員会長など労働法関係の公的ポストのトップを歴任しており，氏の賛成意見には大きな影響力があったものと思われる。

5 解雇の正当性について裁判になった場合，勝敗の分かれ目のひとつは，立証義務を果たしたかにある。そのため企業と労働者のどちらが立証義務を負うかが極めて重要である。日本では解雇を行う場合は，企業側がその正当性（合理性と社会的相当性）を立証せねばならないため，解雇自体のハードルは高い。だがこの点は欧州と米国でも同様であり（論理は異なる），OECD雇用保護指標2019によれば，日本の正規雇用者の個別解雇規制指標はOECD諸国の中位にあたり，決して高いとは言えない。

6 東京生命事件東京地裁判決，昭25年5月8日労民集1巻2号230頁（濱口2017,p.11）

7 労働監督官数の国際比較については，佐藤（2022）を参照のこと。

8 労働基準監督官を主人公にした小説に沢村（2014）・新庄（2018）・上野（2021）があり，マンガに鈴木（2010）がある。このマンガは2013年秋にドラマ化され，日本テレビ（2014）としてDVD・Blue-ray化されている。

【参考文献】

Drinkwater, J., (1992) 'Japan: death from overwork.' The Lancet 340 (8819), p.598.
International Labour Organization (1993) "The ILO World Labour Report", ILO

Publishing, Geneva.

Lazear, E. P., (1979) "Why is there mandatory retirement?" Journal of Political Economy, 87-6.

Organisation for Economic Co-operation and Development, (2018) 'How does JAPAN compare?', "Good Jobs for All in a Changing World of Work *The OECD Jobs Strategy*" *OECD Publishing, Paris.*

Soanes, C., (2003) "Oxford dictionary of English" Oxford University Press, Oxford.

上野歩（2021）『労働Ｇメンが来る！』光文社文庫

太田聰一・橘木俊詔（2012）『労働経済学入門　新版』有斐閣

外務省（2015）「仮訳　我々の世界を変革する：持続可能な開発のための2030アジェンダ（2015年9月25日第70回国連総会で採択）」前文・パラグラフ4など，外務省資料サイト（https://www.mofa.go.jp/mofaj/press/pr/wakaru/topics/vol134/index.html　2022年11月15日閲覧）

厚生労働省（2022）「労働基準監督官採用試験」厚生労働省採用サイト（https://www.mhlw.go.jp/general/saiyo/kantokukan.html　2022年11月13日閲覧）

河野順一・寺田知佳子（2010）『労働基準監督機関の役割と是正勧告』中央経済社，p.123

沢村凛（2014）『ディーセント・ワーク・ガーディアン』双葉文庫

新庄耕（2018）『カトク　過重労働撲滅特別対策班』文春文庫

菅野和夫（2012）『労働法第九版』弘文堂

鈴木マサカズ・とんたにたかし（2010）『ダンダリン一〇一』講談社モーニングKC

佐藤敬二（2022）「労働者1万人あたりの労働監督官数」立命館大学『佐藤のサイト』（https://www.ritsumei.ac.jp/~satokei/sociallaw/laborinspector.html　2022年11月2日閲覧）

清家篤・風神佐知子（2020）『労働経済』東洋経済新報社

男女共同参画局（n.d.）「ドメスティック・バイオレンス（DV）とは」（https://www.gender.go.jp/policy/no_violence/e-vaw/dv/index.html　2022年11月4日閲覧）

日本テレビ（2014）『ダンダリン　労働基準監督官』バップ（ドラマ；DVD，Blue-ray）

寶珠山務（2003）「過重労働とその健康障害：いわゆる過労死問題の現状と今後の課題について」産業衛生学雑誌45, 187－193

濱口桂一郎（2017）「日本型雇用システムと解雇権濫用法理の形成」JILPT Discussion Paper 17-03

労働政策研究・研修機構（2011）『個別労働関係紛争処理事案の内容分析Ⅱ—非解雇型雇用終了，メンタルヘルス，配置転換・在籍出向，試用期間及び労働者に対する損害賠償請求事案—』労働政策研究報告書133

第15章

国際協力
——貧困・格差の世界的な縮小に向けて

本章の目的

　なぜ世界には貧しい国もあれば富める国もあるのだろうか？　本章はグローバル化が進む現代において世界的な不平等が進展し，それが新型コロナウイルスのパンデミック，およびロシアによるウクライナ侵攻などのグローバルリスクの顕在化により，さらに深刻化している事実を示す。そのうえでそうした状況を変えていくためには国際協力が必要不可欠であることを指摘する。

Key Word

貧困削減に資する成長，クズネッツの逆Ｕ字仮説，絶対的貧困，相対的貧困，繁栄の共有，脆弱性，FCV

関連するSDGs

1 貧困をなくそう	10 人や国の不平等をなくそう	16 平和と公正をすべての人に

---

1 ｜ はじめに

　2015年から世界が達成を目指している「持続可能な開発目標」（SDGs：Sustainable Development Goals）はもともと2015年までに世界が達成を目指していた「ミレニアム開発目標」（MDGs：Millennium Development Goals）を発展的に引き継ぐ形で導入されたことは周知の事実である。SDGsには全部で17の目標，169の達成基準があるが，このうちSDGsの第1の目標は「貧困を

なくそう」であり，これはMDGsの「極度の貧困と飢餓の撲滅」に共通する目標である。この点は貧困撲滅に大きな焦点を当てていたMDGsの継承としての目標がSDGsにあることをうかがわせる。重要なのはMDGsでは目標が8つだったのに対して，SDGsでは17と大幅にふえ，たとえば「10. 人や国の不平等をなくそう」といった新たな目標が加えられたことである。この点はMDGsが主に発展途上国を意識した目標だったのに対し，SDGsが先進国，発展途上国全てが取り組まなければならない問題として設定されたことにもつながっている。たとえば国家間の格差の解消に対する先進国の責任はもとより，個人間の格差の問題は先進国でも存在することから発展途上国のみならず先進国でも意識的に格差を解消することが求められている。世界銀行[1]は「繁栄の共有（shared prosperity）」という形で国家間，国内間の不平等をなくすることが，極度の貧困を終焉させる鍵であると説き，最も注目する指標の一つとしている。「繁栄の共有」とは，その国の最貧層40％に焦点をあてた際の，一人当たり家計消費もしくは所得の年次成長率として定義される[2]。後述するように世界銀行はこの指標の改善を重要な目標として掲げている。

　またSDGsでの貧困削減の目標は，貧困線よりも下にある貧困層のみを対象にしているのではなく，貧困線より少し上の水準で生活している層，換言すれば何らかのショックがあった場合に貧困に陥るリスクが非常に高い状態（脆弱性：vulnerability）をなくすことも含まれている。脆弱性をもつ層については2000年にMDGsが策定されて以降特に問題視されるようになったため（黒田2014），これは必然であったといえよう。

2 | 経済成長・貧困・不平等

　SDGsの目標に含まれている貧困や不平等の問題は経済成長の概念とともに，**図表15－1**のようにトライアングルの関係で理解されてきた（De Janvry and Sadoulet 2021）。現在でも発展途上国経済を分析する開発経済学の分野ではこのトライアングルをめぐる関係の議論に多くの時間が費やされている。

　図表15－1における③の経済成長と貧困の関係についていえば，例えばトリックルダウン（trickle down）仮説があげられる。これは経済成長をすすめ

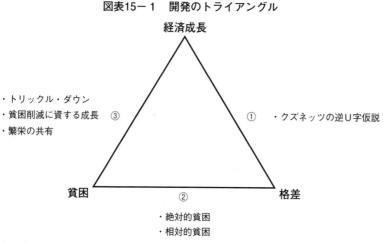

図表15－1　開発のトライアングル

（出所）De Janvry and Sadoulet（2021）等を参考に筆者作成

ればその恩恵が最貧層まで届くとされる仮説である。しかしこの見方は経済成長から取り残される貧困層が多くなるに従い説得性が失われ，援助供与国・機関は貧困層を直接ターゲットとする支援，施策を行うようになり，また2000年台初頭に「貧困削減に資する成長」（pro-poor growth）の条件を探る研究が盛んになった[3]。すなわち貧困削減に効果がある経済成長とはどのようなものか明らかにする研究である。ここから「貧困削減に資する成長」とは貧困層と富裕層との格差がなくなることで貧困層が恩恵を受けるような経済成長であるという理解にもつながった。すなわち格差と貧困の関係の重視である（図中②）。ここにおいて絶対的貧困と相対的貧困の関係が重要となる。絶対的貧困の基準は現在世界銀行が定めているように1日1.90ドルと定められているが[4]，具体的なイメージとしては1995年に南アフリカのヨハネスブルグで開催された「持続可能な開発に関する世界首脳会議（World Summit on Sustainable Development：WSSD）」の行動計画で触れられた記述がわかりやすいだろう。それによると絶対的貧困とは「食料，安全な飲料水，衛生施設，医療や住居，教育，住居，教育，情報など人間が生きていくうえで最低限必要なものが著しく剥奪されている状態であり，所得だけでなく社会サービスへのアクセス状況にもよる」とされる[5]。この絶対的基準を上回れば貧困は解決可能である。今

日では絶対的貧困層のほとんどがサブサハラアフリカと呼ばれるサハラ砂漠よりも南の地域にある国々に集中しているが，それも徐々に少なくなっている[6]。しかしながら，上記のように経済成長と絡む貧困は相対的貧困と密接な関連をもつ。相対的貧困とはその社会（例えば日本の社会）の所得分布の中心から一定以下の所得の層を貧困層とし，その一定以下となる所得の基準を貧困線とする。相対的貧困線として一般によく知られているのはOECDの基準であるが，これは「家計所得の中央値の半分の値」として定められている[7]。平均所得でなく所得の中央値を基準として貧困線が定められている理由は，**図表15－2**からもわかるように一般に所得分布は左に偏った分布となるため，中央値の方が，平均所得よりも全国民の標準的，代表的所得値として正確な値を示すためである。相対的貧困を理解するためには日本の例で考えるとわかりやすいかもしれない。日本では相対的貧困率を厚生労働省が3年ごとに行われる「国民生活基礎調査」の大規模調査で公表している[8]。日本もOECD加盟国であることからOECDの基準に則った相対的貧困線を用いており，最新の相対的貧困線は2019年調査で公表されている2018年のものである。すなわち世帯の年間可処分所得（いわゆる税引き後の手取り収入）の中央値253万円を基準に，その半分である年127万円を相対的貧困線としている[9]。この金額を下回る人々が全体の何％いるかが相対的貧困率となる。可処分所得が100万程度，あるいはそれ以下で生活するとなると子どもを育てることはもちろん，貯蓄は難しく，日々の消費生活でさえも不自由が生じる可能性があるだろう。相対的貧困は単に経済成長を進めるだけでは**図表15－2**で示すように解消されない。経済成長が格差縮小に貢献することによって相対的貧困は少なくなるのである。すなわち上記であげた貧困削減に資する経済成長の条件として重要なのは格差縮小につながるか否かという視点が重要になってくる。このように経済成長や不平等の近年の考え方は貧困と切っても切れない密接な関係として理解されており，それが上記で触れたように世界銀行の「繁栄の共有」の概念へと結びついているといえよう。また定義からこの相対的貧困は発展途上国のみならず先進国でも問題となる議論である。したがって先進国も対象となるSDGsの枠組みではこの相対的貧困をいかにして解消していくかが重要な論点となる。

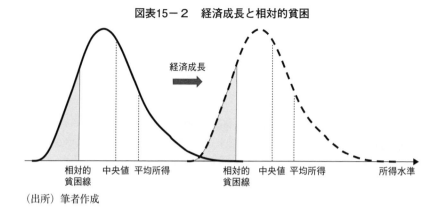

図表15－2　経済成長と相対的貧困

経済成長

相対的　中央値　平均所得　　　相対的　中央値　平均所得　　　所得水準
貧困線　　　　　　　　　　　貧困線

（出所）筆者作成

　ゆえに経済成長と所得格差の関係が注目されることになる（**図表15－1中**
①）。この関係についてはこれまでどのように議論されてきたのだろうか？
不可避の議論としてあげられるのが「クズネッツの逆U字仮説」である。これ
は，アメリカの経済学者でありノーベル経済学賞受賞者でもあるサイモン・ク
ズネッツ（Simon S. Kuznets）により提唱された仮説である。すなわち横軸に
その国の豊かさ，ないし生活水準の指標である一人当たりGDP，縦軸に所得
格差の指標であるジニ係数[10]をとった平面をとり，そこに各国のデータを描い
ていくと，その関係がアルファベットのUの字を逆さまにしたような関係を描
くために「逆U字」と呼称されている。これは次のように①→②→③と推移す
る関係を意味する。
　すなわち①国の経済発展の初期局面では皆等しく貧しいので所得格差は小さ
くなるが，②経済発展が進んでくると徐々に所得格差が大きくなる。そして③
経済発展がある一定段階を超えると今度は所得格差が小さくなるという関係を
表す。非常にわかりやすい仮説であるために，この「逆U字」仮説については
様々な議論が今日でもなされている。現在少なくとも横断面データ（Cross
section data）[11]を用いた実証研究ではこの「逆U字」仮説を支持することは難
しいとされている。とりわけ，一時期ブームを呼んだフランスの経済学者であ
るトマ・ピケティ（Thomas Piketty）の著書『21世紀の資本』ではこの「逆
U字」仮説は特殊な時期についてのみ成立するもので一般的に成立するもので
はないとしている（Piketty, 2013）。この議論に深く影響を受け，「クズネッツ

の逆U字仮説」の拡張という提案をしたのがブランコ・ミラノヴィッチ（Branko Milanović）の「クズネッツ波形（クズネッツサイクル）」の議論である（Milanović 2016）。**図表15－3**に「クズネッツの逆U字仮説」とミラノヴィッチの「クズネッツ波形」の関係を示した。「クズネッツの逆U字仮説」ではアメリカ等先進国の発展段階（＝高い一人当たりGDP）において所得格差は小さく，そこで完結する。しかし**図表15－3**のように「クズネッツ波形」は先進国の段階に入って一旦所得格差が小さくなった後，拡大に転じることが明示されている（図中点線部）。実際**図表15－4**からもわかるように，ベトナムのように低所得国から中所得国へ発展した国の場合，傾向的には横軸の一人当たりGDPが4000～5000ドルあたりまではジニ係数が上昇するが以降は低下し，格差が縮小して逆U字の関係のように見える。しかし高所得国の段階にあるアメリカでは一人当たりGDPが上昇し経済成長が進むとジニ係数が上昇し格差が拡大している。すなわち低所得から中所得段階では逆U字の関係がみられるにしても高所得の段階に入ると経済成長とともに所得が高くなるにつれて，所得格差も再び拡大する傾向がみられ，ベトナムとアメリカの図をつなぎあわせるとミラノヴィッチが主張するようにU字ではなく「サイクル」のような軌跡を描いていることがうかがわれる。

　ではなぜサイクルに沿って低・中所得国と高所得国とで国内の所得格差が拡大する動きがみられるのであろうか？　この問題は現在も世界中の経済学者により研究されており，また一般にも関心の高い難しい問題であるが，例えば先述のピケティやミラノヴィッチはこの問題の原因を比較的明確に指摘したため注目をあびた。ここではミラノヴィッチの近著における議論を簡単に紹介しよう。すなわち先進国では富裕層に資本所得（労働所得以外の例えば利子や配当，株式譲渡益など）が集中し，しかも効率的に運用されるがゆえ，「金持ち」は益々「金持ち」になる。それならば富裕層に多く課税する累進課税等の再分配政策で解決できるのではと考えられるかもしれないが，そうすると富裕層は課税が少ない国へ逃避し，税源そのものが少なくなるという矛盾を抱える。この点については，特定の課税が著しく低い租税回避地（タックスヘイブン：Tax Haven）に富裕層が資本を逃避させる問題としても議論されてきた（Zucman 2017）。したがってこうした租税回避地が存在する限り，富裕層の資本に課税

図表15-3　クズネッツの逆U字仮説とクズネッツ波形（概念図）

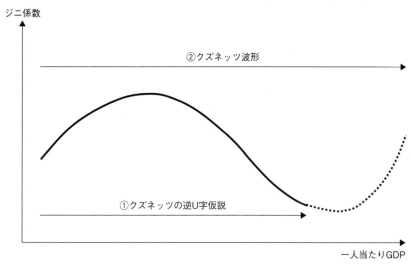

（出所）筆者作成

することが難しくなる。そのためピケティは高度な国際協力と地域的な政治統合により実施される累進的な資本課税を主張し，以降，富裕層への資本課税（富裕税）の議論が本格化している。また，こうした議論が国際ルール策定の試みとして現実化していることは，国際的な不平等をなくす一縷の希望として特に注目してもよいであろう。すなわち2021年6月に開催されたG7財務相会合の共同声明では，世界中の企業活動に対して最低15％の課税がなされるとする「グローバルミニマム課税」や，国境を越えてデジタルサービス（例えばインターネット販売など）を提供する利益率10％超の高収益企業に対し20％税率の課税権を各国に与える「デジタル課税」のルールが盛り込まれた[12]。

　他方新興国や発展途上国では特定の政治権力層による高い成長が達成される可能性はあるが，そうした権力は富と結びつき不平等の進展とともに深刻な汚職問題が発生しうる（Milanović 2019）。ただし，現在の新興国では汚職に対する摘発が近年厳格化しているため，そうした背景は減少しているとみられる。むしろ，先進国のモデルに近くなっており，不動産投資や証券などへの投資が増え，時代のニーズや市場ニーズをしっかり把握し行動に移す者が益々裕福に

図表15－4　一人当たりGDPと所得格差の関係

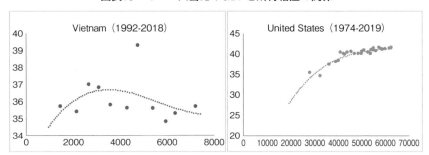

（出所）World Development Indicators（注6参照）を用いて筆者作成
（注）Vietnam（ベトナム）のデータは1992年，1997年，2002年以降は2018年まで2年ごとに
　　得られる。United States（アメリカ）のデータは1974年，1979年，1986年，1991年以降は
　　2019年まで毎年得られる。横軸はその国の所得水準の指標となる一人当たりGDP，縦軸に
　　所得格差の指標となるジニ係数（100を最大としたもの）をとっている。

なる傾向もみられる。ただしサブサハラアフリカの一部の発展途上国では縁故
関係による権力と結びついた不平等の進展（「クローニー資本主義」と呼ばれ
る）が未だにみられるところもある。

　以上のようにいまや国内の不平等問題は先進国，発展途上国の違いに関わら
ず存在する。そしてこのような不平等拡大の世界的傾向は相対的貧困と脆弱性
の問題を益々深刻化させるのである。

3 | 貧困・格差問題への新たなリスクの高まり

　こうした相対的貧困層がどの程度世界に存在し，またどのようにその存在が
変化しているかを把握することは容易ではない。なぜならば相対的貧困の定義
からもわかるように，それは各国の所得格差に依存し，共通の基準線が存在し
ないからである。しかし，今日相対的貧困は確実に悪化している状態といえよ
う。なぜならばこれから述べるように相対的貧困はおろかこれまで順調に削減
が進んでいた極限状態の絶対的貧困に陥る層が世界中で増加するリスクが高ま
り，また実際に増加しているからである。以下，その要因について考えてみよ
う。

3.1　新型コロナウイルスのパンデミックによる貧困層の増加と所得格差の拡大

　この問題については既に多くの既存研究で議論されている（World Bank 2022）。2019年の終わりから世界的な新型コロナウイルスの感染が広まった。これは各国で都市のロックダウンや人々の隔離などを強いることになり，モノ，ヒト，カネの流れは停滞した。日本でも飲食店での自粛営業，インバウンド需要の消滅による観光業の危機があったことは記憶に新しいであろう。新型コロナウイルスの感染により雇用を失い，所得を減少させる人々も多かった。そのため実際に貧困に追いやられた人々，あるいはそうした状態に陥るリスクが高い人々を世界中に生じさせたのである。国際連合の最近の報告書（United Nations et al. 2022）によれば，全世界で1日1.90ドル未満の生活水準で暮らす極限的貧困に9000万人，1日3.20ドルおよび5.50ドル未満で暮らす貧困状態にそれぞれ1億5000万人，1億7000万人がCOVID-19のパンデミックにより追いやられたとされている。

3.2　ロシアのウクライナ侵攻による貧困層の増加

　新型コロナウイルスのパンデミックがまだ収まらない状況の中，2022年2月に突如としてロシアによるウクライナ侵攻が始まった。これは世界の人々の中に新たな貧困層を生み出す大きなリスクとなった。このロシアによるウクライナ侵攻により新たに貧困に追いやられる層は7100万人ともいわれる（UNDP 2022）。そうした状態に陥りやすい潜在的な貧困層，すなわち脆弱性の状態にある人々はもっと多いと考えてもよいであろう。

　さて21世紀の時代に起こったこのような戦争の行方は，戦争当事国の貧困と所得格差にどのような影響を与えるのであろうか？　ベトナムも同じく1975年にベトナム戦争が終結するまで多くの戦禍を経ており，また多大な犠牲を払って南北統一を成し遂げた。ベトナム戦争は第二次世界大戦後，ホー・チ・ミン（Ho Chi Minh）が率いるベトナム民主共和国（北ベトナム）とベトナム共和国（南ベトナム）との間で起こった戦争である[13]。しかしこの戦争はソビエト連邦の支援を受けた北ベトナムとアメリカの支援を受けた南ベトナムの対立で

あり，資本主義国の代表であるアメリカと社会主義国の代表であったソビエト連邦による冷戦下での代理戦争という意味合いを持っていた。大国のエゴが戦争を引き起こす構図は今も昔も変わっていない。

　戦争は終戦を迎えてもその後の復興に長い時間を要する。ベトナムでも戦争が終わり，南北が統一されたのはよいが，家屋や工場，道路等の物的資本や経済を支える男性をはじめとした人的資本の損失は大きく，国民一人ひとりが皆貧しい状態であった。戦時の場合，この「貧困をわかちあう社会主義」路線は戦争という国民にとって目の前の大きな問題により覆い隠されていた。すなわち戦争により民衆はこの貧困状態も仕方がないと思っていたのである（古田2009）。

　しかし1976年に現在のベトナム社会主義共和国が成立してのちは，戦争のない時代となり，貧困を是とする考えを民衆が維持することは次第に困難となった。ゆえに現在のベトナムの市場経済化へと進んでいたのである。ベトナム戦争が終結して半世紀近くなるが，今でもなお新規で建設事業などを進める際には，不発弾等が埋まっていないか時間と費用をかけて入念に調べる必要がある。そのため戦後復興には多くの労力が必要となったが，政府，国民の努力だけではなく，日本をはじめ多くの国や国際機関の力もあり，漸く低所得国から抜け出し中所得国となった。

　現在のロシアのウクライナ侵攻は戦争とナショナリズムが，増加する世界の貧困を覆い隠している状態である。おそらく貧困問題が顕在化するのはこの戦争が終わったときであろう。そしてロシアのウクライナ侵攻は，また各国間の経済格差，所得格差を顕在化させることにもなった。穀物の大きな生産地，輸出地帯であったウクライナからの穀物輸入が困難になったアフリカ諸国は困窮状態へと陥った。またエネルギー資源を抱えるロシアは天然ガスや石油の欧州への供給を欧州とのバーゲニングパワーを向上させる一つの交渉材料とした。ゆえに英国など欧州諸国では電気料金の上限規制が取り払われる等の問題へとつながり，経済的に脆弱，もしくは相対的貧困状態に置かれる人々が生み出されたのである。

3.3　異常気象

　世界中で干ばつ，洪水などの異常気象が絶えない。例えば世界が新型コロナ
ウイルスのパンデミックで大きく揺れている中，ベトナム南部のメコンデルタ
では100年に一度というレベルの干ばつがあり，深刻な水不足，農作物へのダ
メージを招いた。またアフリカでは異常気象によるサバクトビバッタの大量発
生による蝗害（Locust plague）が起こり[14]，食糧供給が心配されたことも記
憶に新しい。これも貧困層ないしそのような状態に陥る可能性（脆弱性）にあ
る人々が最も大きな影響を被る。

4│国際社会の不安定化と国際協力の役割

　以上のように現在の国際社会・経済は，人々が貧困に陥るリスク，不平等が
広がるリスクが格段に大きくなっている。とりわけ先進国に比べ，こうしたリ
スクに脆弱で，ショックからの回復が容易ではないとされているのが新興市場
および発展途上国（Emerging Market and Developing Economies：EMDEs）
である（World Bank, 2022）。
　脆弱性の高い国，経済は前節で述べたようなショックで容易に貧困状態に陥
る人々が多いため，それが社会不安をよび，紛争，暴力へと結びつく可能性が
高い。世界銀行は暴力や紛争により避難等で移動を強いられた人々がどのく
らいいるか推計を発表しているが，それによると2021年の半ばまでに8400万人以
上の人々が避難を強いられたとされている。上記で触れたロシアによるウクラ
イナ侵攻は2022年2月に発生したので，それよりも前に既に構造的に難民が発
生するリスクが高い国際状況になっていたことがわかるが，この避難を強いら
れた人々の85％が発展途上国からであるとされている[15]。
　国際支援の役割はこうした脆弱性から生まれるヒト，モノ，カネの不条理な
流れを変えることにある。例えば上記の国際的な難民の発生は不条理なヒトの
流れであるが，今こうした状況を変えるために発展途上国支援を行う援助供与
国，国際機関は国際的な脆弱性に対応し，その原因の削減と脆弱な状態に置か
れている国々のリスクに対する強靭性（resilience）の構築に重点を置いた支

援を行うようになった。主要援助供与機関の一つである世界銀行は，2020年２月に「FCV（Fragility Conflict Violence）戦略」を発表し，脆弱性（Fragility），紛争（Conflict），暴力（Violence）に苦しむ低・中所得国への集中的支援が極度の貧困（すなわち既述の絶対的貧困線未満で苦しむような人々）の終焉，および上記で触れた「繁栄の共有」の推進という二つの大きな目標を達成するために欠かせない課題であるとした。このFCV戦略につながる一つの節目となったのが2017年７月から2020年６月まで行われたIDA（注１参照）による第18次増資（IDA18）である。これによりFCVに苛まれる低開発の諸国に対し140億ドルの支援がなされたが，これはその前のIDAによる第17次増資（IDA17）の２倍の支援額だったとされる（World Bank 2020, p.viii）。こうしたFCVリスクが高い国に対する支援を包括的な戦略として提示したのが上記のFCV戦略である。

　世界銀行はこのFCV戦略を効率的に進めるためにPolicies（政策），Programming（計画），Personnel（人々），Partnerships（パートナーシップ）の４Pを尺度とし評価することを打ち出している。Policiesは人道的危機，強制移動が生じる状況への対処，治安維持や軍事関係者への対処などが考慮された尺度である。Programmingはプロジェクト開発と民間部門の能力構築による支援を考慮した尺度である。PersonnelはFCVに対する経験とキャリア開発を強化し，この戦略に携わるスタッフのスキル，インセンティブを高めることが考慮された尺度である。そしてPartnershipsは人道支援，開発，平和構築，安全保障に携わる組織間の比較優位や補完性を意識し，そのパートナーシップを強化することを考慮した尺度である。この４Pの中にPoliciesに６つ，Programmingに８つ，Partnershipsに４つ，Personnelに５つ，合計23のターゲットを設けて評価できる態勢を整えている。このように世界銀行のFCV戦略における脆弱性と紛争，暴力のリスクに対する支援と評価の枠組みは今後の国際社会，経済を支援する一つのモデルとして重要であるといえよう。

5 | おわりに——持続的な貧困削減と格差縮小のために

　以上のように21世紀の今日，新型コロナウイルスのパンデミック，ロシアに

よるウクライナ侵攻，異常気象といった世界的なリスク要因があり，その
ショックの強い影響をうけやすいのは絶対的貧困，相対的貧困に陥っている
人々あるいはそうした状態に陥るリスクの高い脆弱性を持つ人々である。

　特に相対的貧困は所得格差と強い関係をもつ概念であり，また格差は縮小，
拡大という動きによって定義される。したがって相対的貧困は一度縮小したと
してもまた増加する可能性も多々ある。さらには脆弱性であるが，この概念は
貧困線の境界線より少し上，あるいは境界線上にある層を指す。一度貧困線を
脱しても脆弱性の状態にある人々は何らかのショックによりまた貧困状態に戻
ることが考えられるから[16]，継続的な関心と支援が必要である。

　また戦争，紛争が人々の心身に与える影響は脆弱性の状態に人々を陥らせ，
貧困層を長期間にわたり生み出す要因となる。筆者はベトナム戦争が終結した
1975年に生誕し，戦中の悲しみを親から聞き，幼少期を戦後の困難の中で過ご
した。筆者の故郷であるベトナム中部はベトナム戦争の激戦地であり，戦後も
丘陵地の畑や水田に弾薬，手りゅう弾，不発弾や地雷が放置，埋まっている状
態であった。特に信管がついている弾薬は光沢があって見た目が綺麗なため子
どもたちがこぞって拾い，何もわからず弾薬を叩いて火薬が暴発，犠牲になる
こともあった。山の畑の方からも大きな鈍い爆発音がすることも日常茶飯事で，
牛をつれて山に草を食べさせにいった子どもや牛が地雷を踏み，貴重な資産で
ある牛を失うとともにその子が足を失ってしまうことも多かった。まだ貧し
かった時代，家畜は貴重な資産であり，それを失うことは貧困に陥ることを意
味していた。そのため地雷で犠牲になった牛の肉を村の裕福な家が購入し助け
てあげていた。足を失った子どもは生涯にわたり身体が不自由となり職に就く
こともできず貧しさに苦しんでいた。ベトナム戦争時に森林に撒かれた枯葉剤
についても同様である。枯葉剤を浴びた母親，あるいは従軍時に曝露した父親
の子どもは身体のみならず，知的障がいを持って生まれて来ることも多かった。
2004年ベトナム中部で農村調査を実施した際，ある貧困世帯を訪れた。その時，
話を聞いたある婦人からでた言葉に戦争の残酷さを感じたことが今でも忘れら
れない。「あの戦争から30年が過ぎたが，私の中ではまだ続いている」。その婦
人の夫は戦争で片足を失い，枯葉剤を浴びたため2人の子どもが障がいをもっ
てうまれ，戦争の傷に向き合い苦しみながら過ごしていた。こうした戦争によ

る人的な被害は，長期にわたる貧困と脆弱な状態を生み出すだけでなく，世代を超えて貧困が続く構造的要因となるため，こちらも持続的な支援は重要である。

　以上のように世界的なリスクが高まる世の中で絶対的，相対的貧困にある人々，ないし脆弱性にある人々を救うためには，一時的な貧困削減と格差縮小の支援施策ではあまり意味がなく，例えば前節であげた世界銀行のFCV戦略のような特定の問題に対する包括的，持続的な支援策とプロジェクト評価が必須であるといえよう。国際社会はこうした貧困，格差，脆弱性から目を逸らさず，継続的な関心を抱き，SDGsの理念に沿った持続的な援助プログラムを構築していくことが極めて大切である。そして戦争を根絶し，人々が幸せになるために，お互いに理解し合い，助け合う一人ひとりの行動が必要である。

課　題

(1)　現在世界において絶対的貧困層が多い国を調べてみましょう。

(2)　一人当たりGDPが最も低い国と一人当たりGDPが最も高い国を調べ，一人当たりGDPの格差がどのくらいあるか確認してください。

(3)　世界の紛争国はどこにあるか，またそれらの国の貧困層がどのくらいいるのか調べてみましょう。

(4)　リスクの高い国際社会・経済は脆弱性を生み，そこから生まれる不条理なヒトの流れとしては本文中でふれたように難民の発生があります。では脆弱性から生まれる不条理なモノ，カネの流れとしてはどのようなものがあるでしょうか？　またそれを解決するにはどのような方法がありますか？

【注】

1　世界銀行（World Bank）は通常，国際復興開発銀行（International Bank for Reconstruction and Development：IBRD）および国際開発協会（International Development Association：IDA）の二つを指す。IBRDは今日，発展途上国への支援のうち，主に中所得国向けの融資を担当しており，IDAはIBRDの融資条件を満たすことが難しい貧困国向けの融資や贈与を担当する。狭義で世界銀行と呼ぶ場合にはIBRDのみを指し，IDAは「第二世界銀行」と呼ばれることもある。これは歴史上IBRDが先に設立されたことによる。1944年7月アメリカのブレトン・ウッズにて国際通貨基金（International

Monetary Fund：IMF）とともにIBRDが設立された（ブレトン・ウッズ体制）。IBRDは第二次世界大戦で疲弊した欧州経済の復興と開発が当初の設立目的であった。しかしその目的がアメリカなどの支援もあり達成されるようになると，1950年代から60年代にかけて独立が相次いだ発展途上国の復興支援へとその使命は移ることになった。

2　詳しくはWorld Bankのウェブサイト（https://www.worldbank.org/en/topic/poverty/brief/global-database-of-shared-prosperity　2022年8月22日閲覧）を参照のこと。

3　トリックルダウンについては絵所（1997）が詳しい。「貧困削減に資する成長」についての一連の議論についてはRavallion（2016, p.445）に詳しい。

4　本章の原稿を執筆中の2022年9月に世界銀行は絶対的貧困線を従来の1日当たり1.90ドルから2.15ドルへと修正したが（https://www.worldbank.org/en/news/factsheet/2022/05/02/fact-sheet-an-adjustment-to-global-poverty-lines　2022年10月29日閲覧）時間的制約から2.15ドルに修正した議論は本章では行うことができなかった。ゆえに本章での絶対的貧困線は1日当たり1.90ドルで議論していることに注意されたい。

5　以下の国連によるWSSD第2章のウェブサイトを参照（https://www.un.org/development/desa/dspd/world-summit-for-social-development-1995/wssd-1995-agreements/pawssd-chapter-2.html　2022年10月30日閲覧）。

6　世界銀行のWorld Development Indicators（https://databank.worldbank.org/source/world-development-indicators　2022年8月16日閲覧）によるとCOVID-19のパンデミックもあり，一人1日1.90ドル未満で生活する人々は2021年までに1億5000万人増えるということが推定された。そうした極度の貧困はサブサハラアフリカに集中している。

7　OECDによる相対的貧困率の定義やデータは以下のOECDのウェブサイトを参照のこと（https://data.oecd.org/inequality/poverty-rate.htm　2022年11月8日閲覧）。

8　2019年国民生活基礎調査の概況については厚生労働省の以下のウェブサイトで閲覧可能である（https://www.mhlw.go.jp/toukei/saikin/hw/k-tyosa/k-tyosa19/index.html　2022年10月30日閲覧）。

9　相対的貧困率を導出するために用いられる世帯の年可処分所得は，世帯人員数の影響をうけるため世帯人員数を調整する必要がある。具体的には世帯可処分所得を世帯人員の平方根で除した等価可処分所得が用いられる。これは光熱費など世帯人員共通にかかる費用は世帯人員が多くなるほど割安傾向になることを考慮するためである。

10　ジニ係数（Gini coefficient）は所得格差を表す一般的な指標であり，0から1の間をとる。0は完全所得平等，1は完全所得不平等を示す。

11　横断面データとはある時点（例えば年など）において国や場所，グループなどについて記録したデータである。対して一つの国や場所，グループなどについて長期間にわたり記録したデータのことを時系列データ（Time series data）という。

12　共同声明原文は以下の英国政府のウェブサイトからダウンロード可能である（https://www.gov.uk/government/publications/g7-finance-ministers-meeting-june-2021-communique　2022年11月1日閲覧）。「デジタル課税」はGoogle, Apple, Facebook（現Meta），Amazon（これらをまとめてGAFAと呼ぶ）など巨額の高収益をあげるIT企業を意識したものである。例えばAmazonなどは物理的施設（例えば支店などで，一般にはPermanent Establishment, 略してPEと呼ぶ）がその国に存在しないからという理由で進出している国からの課税を避けることが問題視されてきた。しかしこの「デジタル課税」ルールでは国境を越えるデジタルサービスに対して課税されるため，上記の理由は課税回避の理由に該当しなくなる。なお，こうした国際的な連帯による課税のアイデア（国際連帯税）は本章冒頭で紹介したMDGs実行資金としてもかつて議論されていたので，貧困や不平等の問題をとりあげ，MDGsを引き継ぐSDGsにも親和性が高い枠組みである。

13 ベトナム南部を手放したくなかったかつての宗主国フランスはベトナム南部の支配を，傀儡政権をたてて継続しようとしたが，アフリカの植民地で独立機運が高まったため，そちらの対応に集中することもあってアメリカが引継ぎ介入することになった。

14 サバクトビバッタによる蝗害については国際連合食糧農業機関（FAO）など主要国際機関が監視を続けている。詳しくはFAOのLocust watchのウェブサイト（https://www.fao.org/ag/locusts/en/info/info/index.html 2022年8月27日閲覧）を参照のこと。

15 世界銀行のFCVへの取り組み概要のウェブページ（https://www.worldbank.org/en/topic/fragilityconflictviolence/overview 2022年8月27日閲覧）より引用。

16 この点については慢性的貧困（chronic poverty）と一時的貧困（transient poverty）の議論も重要である。前者は長期間貧困が続く状態で一般には経済社会構造に起因する貧困，後者はその名の通り一時的な経済ショックにより貧困に陥っている状況を指す。したがって後者は脆弱性と密接な関連をもつ。

【参考文献】

日本語文献：

絵所秀紀 1997.『開発の政治経済学』日本評論社.

黒田かをり 2014.『現行MDGsからの教訓—ポストMDGに向けて』『国際開発研究』23（2），11-22.

古田元夫 2009.『ドイモイの誕生——ベトナムにおける改革路線の形成過程——』青木書店.

欧文文献：

De Janvry, A. and E. Sadoulet 2021. *Development Economics: Theory and Practice*. 2nd ed. New York: Routledge.

Milanović, B. 2016. *Global Inequality: A New Approach for the Age of Globalization*. MA. Belknap Press of Harvard University Press（邦訳は立木勝訳『大不平等——エレファントカーブが予測する未来——』みすず書房 2017年）.

—— 2019. *Capitalism, Alone: The Future of the System That Rules the World*. MA. Belknap Press of Harvard University Press（邦訳は西川美樹訳『資本主義だけ残った——世界を制するシステムの未来——』みすず書房 2021年）.

Piketty, T. 2013. *Le capital au XXIe siècle*. Paris: Seuil（邦訳は山形浩生・守岡桜・森本正史訳『21世紀の資本』みすず書房 2014年）.

Ravallion, M. 2016. *The Economics of Poverty: History, Measurement, and Policy*. New York: Oxford University Press.

United Nations, Asian Development Bank, and United Nations Development Programme 2022. *Building Forward Together: Towards an Inclusive and Resilient Asia and the Pacific*. Bangkok, Thailand: United Nations.

United Nations Development Programme（UNDP）2022. *Addressing the Cost-of-Living Crisis in Developing Countries: Poverty and Vulnerability Projections and Policy Responses*. New York: UNDP.

World Bank 2020. *World Bank Group Strategy for Fragility, Conflict, and Violence 2020-2025*. Washington D.C.: World Bank.

—— 2022. *Global Economic Prospects, January 2022*.Washington DC: World Bank.

Zucman, G. 2017. *La richesse cachée des nations : enquête sur les paradis fiscaux*. Paris: Seuil（邦訳は林昌宏訳『失われた国家の富—タックス・ヘイブンの経済学—』NTT出版 2015年）.

索　引

<執筆者一覧>

＊執筆順

朝比奈　剛	教授	＜はじめに，序章の第１節および第４節，第10章＞
伊藤　康	教授	＜序章の第２節および第３節，第１章＞
小口　広太	准教授	＜第２章＞
藤井　紘司	准教授	＜第３章＞
中倉　智徳	准教授	＜第４章＞
丸浜　千紘	専任講師	＜第５章＞
和田　義人	教授	＜第６章＞
勅使河原　隆行	教授	＜第７章＞
猪熊　ひろか	教授	＜第８章＞
鎌田　光宣	教授	＜第９章＞
櫻井　和典	教授	＜第11章＞
齊藤　紀子	准教授	＜第12章＞
吉田　正人	教授	＜第13章＞
佐藤　哲彰	准教授	＜第14章＞
グェン　トゥイ（NGUYEN Thuy）	専任講師	＜第15章＞

【編者紹介】

千葉商科大学　人間社会学部

1928年に創設された巣鴨高等商業学校を前身とする千葉商科大学の4番目の学部として，2014年に開設。社会学・社会福祉学と経済学・商学・経営学を幅広く学び，「人にやさしい社会」をビジネス・仕事でつくりだせる能力をもった人を育むために教育・研究を行っている。

はじめての人間社会学〈第2版〉
現代社会とSDGs

2020年5月1日　　第1版第1刷発行
2022年4月1日　　第1版第2刷発行
2023年4月25日　　第2版第1刷発行

編　者　千葉商科大学 人間社会学部
発行者　山　　本　　　　継
発行所　㈱　中　央　経　済　社
発売元　㈱　中　央　経　済　グ　ル　ー　プ
　　　　パ　ブ　リ　ッ　シ　ン　グ

〒101-0051　東京都千代田区神田神保町1-31-2
電話　03 (3293) 3371(編集代表)
　　　03 (3293) 3381(営業代表)
https://www.chuokeizai.co.jp
印刷／㈱堀内印刷所
製本／侑井上製本所

© 2023
Printed in Japan